中国社会科学院文库
历史考古研究系列
The Selected Works of CASS
History and Archaeology

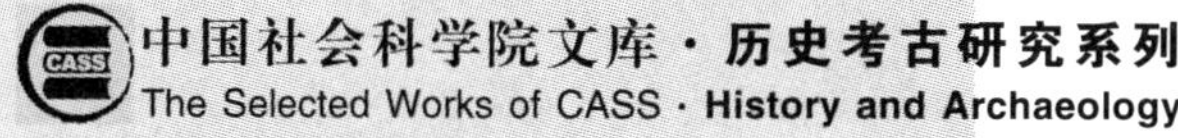

中国社会科学院创新工程学术出版资助项目

中国社会科学院文库·历史考古研究系列
The Selected Works of CASS · History and Archaeology

《孔子家语》公案探源

A Study on the Controversy of *Kongzi Jia Yu*

刘 巍 著

社会科学文献出版社
SOCIAL SCIENCES ACADEMIC PRESS (CHINA)

《中国社会科学院文库》出版说明

《中国社会科学院文库》（全称为《中国社会科学院重点研究课题成果文库》）是中国社会科学院组织出版的系列学术丛书。组织出版《中国社会科学院文库》，是我院进一步加强课题成果管理和学术成果出版的规范化、制度化建设的重要举措。

建院以来，我院广大科研人员坚持以马克思主义为指导，在中国特色社会主义理论和实践的双重探索中做出了重要贡献，在推进马克思主义理论创新、为建设中国特色社会主义提供智力支持和各学科基础建设方面，推出了大量的研究成果，其中每年完成的专著类成果就有三四百种之多。从现在起，我们经过一定的鉴定、结项、评审程序，逐年从中选出一批通过各类别课题研究工作而完成的具有较高学术水平和一定代表性的著作，编入《中国社会科学院文库》集中出版。我们希望这能够从一个侧面展示我院整体科研状况和学术成就，同时为优秀学术成果的面世创造更好的条件。

《中国社会科学院文库》分设马克思主义研究、文学语言研究、历史考古研究、哲学宗教研究、经济研究、法学社会学研究、国际问题研究七个系列，选收范围包括专著、研究报告集、学术资料、古籍整理、译著、工具书等。

中国社会科学院科研局

2006 年 11 月

代序 “公案学”引论

在《〈孔子家语〉公案探源》一书出版之际，我觉得很有必要对书中提出的基要概念“公案学”的意旨，略作交代。

话说“史无定法”是一点也不错的，煞有介事示范“史学理论或方法”，往往不是流于误人子弟就是贻笑大方，所以明智的学者转以“经验谈”之类示人，这在成名成家的硕学大儒是如此，一般的研究经历所昭示的教训也是如此。

当着手清理这一千年悬案时，我自然知道这是史上积重难理的著名公案，但是坦率地说，起初没有方法上的既定策略，也没有理论上的方法论自觉。而当既有研究告一段落、书稿成编的时候，“公案学”的提法自然而然地就涌出来了；而当与友人商定该“关键词”的英文译法，颇不易易，甚且让彼感到“新鲜”的时候，我自忖“新鲜”也者，阐释不够之谓也；事实上，一路检讨下来，“公案”连着“公案”，确有若干思考可以贡献给读者，或可得深度的讨论与批评。职是之故，不避孤陋，以《家语》公案为主，略述上下探索之心路历程与考察要点，以就教于学界之福尔摩斯们。

一 对象

本书探讨的对象，是五大公案。基于相关史实的梳理，我认为，《家语》伪书案至少与中国学术史上的四个公案有难解难分的关系。其一，群经之疏中记载了马昭等的质疑初声，由于马昭为郑学之徒，所以他的指控涉及经学史上的“郑（玄）、王（肃）之争”，这是《家语》案涉及的第一个学术公案。其二，宋代的王柏远本唐颜师古《汉书·艺文志》注“非今所有《家语》”之说，发展出“古《家语》”“今《家语》”文本两分的看法，并提出了王肃托名于孔安国伪造《家语》说。其根源在于，王氏批驳朱子借证于《家语》校正《中庸》，从而为他提出将《中庸》分为两篇的创说扫清道路。这《中庸》分篇案，是《家语》案涉及的第二个学术公案。其三，《家语》伪书案又由于伪《古文尚书》案而扩大与深化，愈演愈成为其中的一个子命题。学者对《家语》的研究，普遍存在一种锻炼成狱之心理趋向，产生了机械移植、推论过度、疏而不证、笼统混淆、牵强附会等问题。其间所滋生的王肃伪造五书之说，又成为近代康有为刘歆遍伪群经说之造端，影响广远。这是《家语》案涉及的第三个学术公案。其四，在《家语》本身的真伪以及由此而涉及的《家语》与诸公案的关联上，“《家语》三序”（包括王肃的“《孔子家语解序》”、以孔安国口吻所写的“孔安国《后序》”、载有孔衍奏书之《后序》）的可靠与否，是一个关键。疑之者以为王肃遍伪群书的证据，信之者则可援以证成《家语》为孔安国“撰集”之说。所以，“《家语》三序”疑信之辨，可谓是《家语》案涉及的第四个学术公案。加上《家语》案本身，本书所处理的对象，共有五大积案矣。本书主题所涉及的公案之众多与关系之重大，在中国学术史上之学案中，罕有其匹。这是所谓“公案学”取径的客观基础。

二　理论

1. 对《家语》文本二元论的结构分析

“《家语》文本二元论”，指的是伪书案中层累积成愈演愈烈的所谓古本《家语》、今本《家语》两分的根深蒂固成见与系统主张。它在当今学界关于《家语》之“今本《家语》可信说”与“重证《家语》伪书说”两派中，均广有市场。

今深入检视其生成演化之来龙去脉，清晰地呈现出三段论来：（1）其来源有二，最早为与王肃同时代之马昭的“王肃增加”说；继之则为唐颜师古的“非今所有《家语》”说。前者缘起于史上经学“郑、王之争”，马说孤证不立；后者之传衍，为文本流传中产生的自然现象，却滋后人误解。（2）上述见解，在宋王柏手里，翻腾演化出“古《家语》”“今《家语》”两分之说，益为牵强武断。（3）到清代获得大体底定的伪《古文尚书》案，其中古文与今文在文体风格上明显截然两分的辨伪思路，被机械地移用到《家语》辨伪上来，这一趋同化的蔓延，使得“《家语》文本二元论”得以加固与定型，牵扯弥深，牢不可破。

前人有“义理”“考据”“词章”兼善为美、密不可分之说，孰谓义理之无关考据？理论确有征服人心的巨大力量，无论是人为建构的还是积习成俗的。在我看来，“《家语》文本二元论”是《家语》伪书说的残存的也是最后的理论根据。然并无确凿之事实可坚人《家语》与伪《古文尚书》一伪亦伪、一体共伪之信，更无坚强的证据足以支持“《家语》文本二元论”这一积疑成伪之成说。此论败，则《家语》王肃伪造之说不攻自破矣。

2. 关于古书古说“托古”理论的反思及其运用

古书古说确有好“依托”之积习，或托诸帝王，或托诸圣贤，不一而足，不外怀揣“无征不信”的心理，欲“高远其说”而得人尊奉也。虽不免有慕古反顾与假借依傍的意识作祟其间，自积极一面视之，则反映了中国学术史、文化史中“统宗”意识的强劲，却是无可厚非的。昔人论之详矣，近儒康有为造《孔子改制考》一书，不论其政治意图的成败得失之效，仅从其“托古改制”的系统论述，自考证学的观点来看，确实触及了古书古说之一部分真相。惟“托古改制”与有意作伪有严格之界限，康氏另一代表作《新学伪经考》及其所立刘歆“遍伪群经”诸说，自其自身今文经学的观点来说，或可谓顺理成章；然从考证学的观点来看，未尝不是自损其说。康有为不过是一个极端的例子，更为普遍的，以现代著作权概念衡诸古人著述之体，没有不扞格而难通的。比如《尚书大传》相传为伏生所授，若必谓无弟子参与其间，可乎？以“托古改制”的观念来看王肃之与《家语》，我们以为王肃若要说“依托”，则所“依托”者必为孔子本人而非其后代孔安国。这是《孔子家语解序》强调《家语》为孔猛“家有其先人之书”所谓“先人”之要害，这也是王氏自序及通篇之注不及“安国”一字的根源，这更是《圣证论》般代孔子圣人立言的思维习惯有以致之者。试想，在王氏心目中，“孔子”与“安国”孰为得“高远其说”之效乎？此可以揭破王柏“王肃杂取”群书“托以安国之名”说之无据矣。不仅此也，王柏之所为，亦可以“托古改制”一说检之。《〈家语〉

考》云:“是以朱子曰:‘《家语》是王肃编古录杂语,其书虽多疵,却非肃自作’,谓今《家语》为先秦古书。窃意是初年之论,未暇深考。故注于《中庸》,亦未及修。故曰‘《家语》为王肃书’,此必晚年之论无疑也。”朱子明明主张《家语》“非肃自作”,却被王氏诬为“初年之论”,而其自造的“《家语》为王肃书”之虚说,则被冠以朱子晚年定论,这不是明目张胆的“托古改制”吗?严格地说,这是一种变形的“托古改制”——“诬古改制”,这倒可以提醒我们注意区分“托古改制”的两种虽不能说泾渭分明,但毕竟是迥然不同的理论形态。尤其有意思的是,在“诬古改制”者王柏眼里看到的“托古改制”者王肃,很蹊跷却也很自然地成为《家语》之“诬古”伪作者。说一句不恭的话,照妖镜竟然照出的是自己的影像,这实在是有点讽刺的意味,其中颇有值得深思之处。

理论就是一面镜子,它是普照的,观者与被照者皆在映中,只有不断的反思与自省,才能达到光明的境界。

三 心理

在《家语》伪书案的形成过程中,可以看到一种演化至日用而不知的心理定势,即愈来愈强烈的锻炼成狱的心理趋向。它的来源也有两方面,一则与经学郑、王之争的副产品——马昭对王肃的不信任态度有关,一则继承了伪《古文尚书》案中对王肃人品心术的质疑。其流变呈现出非常明显的选择性接受之方式。像清人对孔颖达等的疑似之说只采用疑伪方面;后人对颜师古所谓“非今所有《家语》”群趋于疑伪的解释;《经义考》《伪书通考》等对王柏《家语考》的引述与讹传;《经义考》《伪书通考》、顾颉刚等对王应麟一则材料的误用;《经义考》有不同的版本,后人多从载有“马昭曰”云云的那一版的例子;清人把仲裁者张融当成原告的例子;现代学者把陈士珂的《孔子家语疏证》当成支持伪书说的例子;范家相、顾颉刚那“非刘向校录之旧”的“莫须有”之举证例子;等等,说明积疑成伪的心理惯性的形成非一朝一夕之故也,唯不能或不愿全面审视、虚心以待相关材料,偏听偏信、专执自固,自然难于祛除伤人而又自误的心疾。

四　方法

方法的挪用不当，是《家语》伪书案塑成的要素之一。不限于辨伪，在文献学中流行一种源远流长而不可或缺的比较方法，从不同的角度，或称“异文的对读”，或曰“类同举例法”，或谓“文献寻源法”；惟抽离孤悬的运用或牵强附会的移植，极易造成意图与效果之悖反：如本案所显示者——学者由审查伪《古文尚书》衍生出来“伪作之人”，“或云王肃，或云王肃之徒”诸种论说，颇近于“辨伪”之同时而孽生“造伪”之虚说。其中暴露了思路上的漏洞：凡比勘对象的相同或相近之处，即被认为乃抄袭之迹象。这一纰漏依托于思路的趋同化，如“文本二元论”之从伪《古文尚书》案机械挪移至伪《家语》说。又似有坚强的理论根据：几经演变的“一手”说，终于泛滥为“以伪扶伪”等虚矫的指控了。这一方法异化的结果是严重的，或者如陈士珂《孔子家语疏证》之沦为疏而不证，或者如顾颉刚径认《家语》正文与注解皆王肃一手伪造，均适滋歧诬而已也。

五　文本

传本的完整性与历史性问题。借助于出土材料的比勘，学术界对古书流传之复杂性的认知，远逾往昔。对文本之梳理，亦精细至“分篇析章”的地步。唯在《家语》真伪之特定公案上，轻忽传本的完整性与文本流传的历史性及相关说法的本末源流，仍是当前学术界存在的主要问题。

本书从两个方面重审了传本《家语》的完整性。第一，以“注”明“经”。[①] 王肃《家语》“解”中某“宜为”某诸例，显示王氏本人的校勘工作所指向的是相关文献之源同流异或传闻异辞，而非虚托妄造；其中明举书名与未举书名的两类注例，更表明是王氏本人最先提醒读者注意《家语》与相关文献之关系，疑伪之说殊不可通；王肃注解与同时或此前先贤之注的比较，若“大道之行也”之“大道”注，《家语·礼运》王注比

① 如果可以宽泛地将正文作“经”来看的话，本书只是借用传统术语以方便说明。

《礼记·礼运》郑注多“三皇”之说，乃所据文本之整体面貌有所不同，无关乎经学郑、王之争，更不涉及刻意伪造的问题。第二，以“序”明“经”。《家语》伪书案深刻地涉及《家语》之前序（王肃《孔子家语解序》）与后序如何统一理解的问题。宋王柏采取“买椟还珠”的方式，根据《后序》，而提出王肃“托以安国之名”伪作说。清严可均因《孔子家语解序》未提及安国，而认为“肃不言安国撰次也，疑此序及孔衍上书，皆后人依托。”我们则据《圣证论》以证《孔子家语解序》确为王氏手笔，又以肃注通篇皆未涉及“安国”一字（与“王《序》”同）以及《后序》之历历有本诸端，以证王肃所依托者当为孔子而非安国，王氏之不屑一提安国大名与《后序》之实录《家语》为安国“撰集”并不矛盾。王肃之序与《后序》的着眼点不同，而均不涉伪造。

本书也试图从四个方面深化对传本《家语》的历史性理解。（1）在《家语》分卷演变的问题上，进一步论证篇与卷不可混淆的问题，尤其揭示了清儒混淆篇卷以定《家语》之伪不足为据。（2）与所谓《家语》之“增加”说相对应，讨论了《家语》之“遗失”问题。（3）分析了文本流传中产生的文字歧疑例。其中《后序》最为典型，如壁中书的问题、孔安国世次及著述行实问题等。（4）系统考察了与《家语》案相关的诸种论说之发生演变、来龙去脉。

六　关系

在议题的相关性问题上，本书旨在提示一种既特别重视公案与公案之间的关联性而又努力消解牵强附会的纠葛之辩证观点。

在这方面，除了揭示《家语》伪书说与《中庸》分篇案的关系，对理解“《家语》文本二元论”的形塑具有振聋发聩的作用之外，最具有启发性的当然数《家语》伪书案与伪《古文尚书》案的关系了。对“一手”伪造的牵合论之揭底及辨伪方法的生硬移植之梳理，使得所谓伪书公案之相关性理论清晰化起来。这是一柄双刃剑，一方面启示人们注意公案群之间的关联，另一方面也提醒人们警惕有意无意间的牵连纠缠，从而致力于在一种开放的相关性视野之下审视文本的个性。或有助于人们在从事类似公案学的考察上，获致方法论的自觉。此种普遍性的揭示，自然不是某个特定公案所能局限的。在这里，不能不提一个不期然而然的收获：康有为那惊世骇俗的刘歆“遍伪群经”说，竟然脱胎于丁宴的王肃伪造群书说。如果说，在王柏那里，王肃与孔安国在“托”的意义上被勾连起来；王肃与刘歆则在“遍伪”“以伪扶伪”，即“一手”伪造的眼线上被牵扯到一块，结果自然是联系之疏通的同时即是虚说之消解。

何其快哉亦何其妙也！为解开一个公案的上下求索，案件的内在线索，迫使我们不得不涉及一群公案乃至案中之案，而所收获又殊出乎意表。善哉！章学诚之为言也，“辨章学术，考镜源流”，岂有底止乎！至于本书述学文辞之时而激越、时而冷峻，于案主王肃极表一种深刻的同情，“物不得其平则鸣”，自古已然，知我罪我，全在读者！

最后，我必须向读者坦白，最初引起我对《孔子家语》兴趣的，不是关于此书真伪之纷纭聚讼，而是它所呈现的孔子形象以及书中记载的微言大义，如关于孔子述周公之说、孔子与老聃之关系、关于经典建立的有关论述及“素王”之说，等等。本书对《家语》案的考辨，确有孟子所谓的“不得已”。子曰：“必也，使无讼乎！”——这才是著者的最高指导原则。所以本序所谓“引论”，绝不敢奢望在所谓“文成法立”的意义上提供指导性意见，更无一逞私智以法官律师刀笔之吏自负的兴致，只是作为本书的引子，以为读者方便理解之一助，所以序中所有引文概不出注（均见正文），以避烦累，以省篇幅，这样做或更能引起读者阅读与批评的兴趣，所以是名副其实的“抛砖引玉”之“引”论。当然，如果由此等个案而引起有识之士对富有生命活力的中国历史与价值多一份关切的话，就超出了个人的奢望了。

是为序。

刘　巍

2013 年 12 月 28 日

目 录

CONTENTS

前　言

《孔子家语》真伪问题，本来就是中国学术史上的一大公案，近来由于新出土材料的激荡，讨论更为激烈。《孔子家语》最早著录于《汉书·艺文志》，是一部记录孔子及门弟子言行的书。由于卷入了经学学派之争——“郑学”与反“郑学”，由于对不同时代该书著录篇卷歧异的误解，也由于疑辨思潮的波及，历史上逐渐形成的主流的看法为：它就是一部王肃伪造以难郑玄的伪书。虽然间有学者提出异议，但它的伪造案基本上板上钉钉。以至于我们可以看到一个明显的现象：在研究孔子生平与思想的取材上，似乎只有《论语》是可靠的，无论如何，《孔子家语》是必须排除在外的。这种情况到20世纪70年代以后，才有了重大的改变。如学者所指出的：

> 1973年河北定州八角廊出土的汉墓竹简、1977年安徽阜阳双古堆出土的汉墓木牍以及上海博物馆藏战国楚竹书的问世、英藏敦煌写本《孔子家语》的公布，重新开启了新时期人们研究《孔子家语》的大门。借助这些新材料，学术界开始重新认识《孔子家语》这本争论已久的著作。围绕着《孔子家语》的成书、真伪、材料来源、文献价值和注释、版本整理等问题，李学勤、庞朴、胡平生、杨朝明、王承略、宁镇疆、王志平等从一个新的视角，全方位、多角度地对《孔子家语》进行了分析和研究，从而把《孔子家语》的研究推向了一个前所未有的新高潮。①

① 王玉华：《历代〈孔子家语〉研究述略》，《中国史研究动态》2009年第6期，第15~16页。

综合已有的研究成果，最重要的推进有三点：（1）《孔子家语》中有不少材料，可与汉简《儒家者言》《说类》、木牍《儒家者言》章题、战国楚竹书《民之父母》等篇相互比较参证，说明《家语》的有关内容远有渊源；[①]（2）英藏敦煌写本《孔子家语》（编号为“斯一八九一”）保存了“五刑解第卅（此下题有“孔子家语”和“王氏注”字样）”整篇，及对应于今本《家语》第二十九篇《郊问》的篇末12行文字。特别是《五刑篇》篇末题有“家语卷第十”字样，今传本《家语·五刑解》同为第三十篇，则居于第七卷。可证六朝已有多于“十卷”的传本流传，由此可以推证：《汉书·艺文志》著录“二十七卷”，至《隋书·经籍志》云为“二十一卷”，而两《唐书》乃至今本都为十卷。其间的不同，乃分卷方法有异，而非内容有大的缩减或损伤。也就是说，今传本《家语》，渊源有自。[②]（3）《孔子家语》为孔安国所编纂或为汉魏孔氏家学之产物。非王肃所能尽伪，王氏不过藉注此书张己说而已。[③] 出土文献的支持，使人们大大恢复了对今本《家语》可靠性的信心。

近年来的研究趋向，是有越来越多的学者对《家语》持较为信任的态度，越来越强烈地去正视它作为“《论语》类文献”[④] 的可靠性问题。李零的话，确可为代表，他在重新归纳古书体例谈到“古书往往分合无定”的情况时说：

> 还有像《礼记》、《孔子家语》、《孔丛子》等书，皆记孔门弟子言语行事。前人不大怀疑《礼记》，却指后两书为王肃伪作。其实它们都是后人所编，也都各有取材的依据，原始材料有许多是相同或相

① 参见李学勤《竹简〈家语〉与汉魏孔氏家学》，《孔子研究》1987年第2期；胡平生《阜阳双古堆汉简与〈孔子家语〉》，《国学研究》第7卷，2000年；庞朴《话说“五至三五”》，《文史哲》2004年第1期。

② 参见宁镇疆《英藏敦煌写本〈孔子家语〉的初步研究》，《故宫博物院院刊》2006年第2期；张固也、赵灿良《〈孔子家语〉分卷变迁考》，《孔子研究》，2008年第2期；李传军《〈孔子家语〉辨疑》，《孔子研究》，2004年第2期。李文虽仍持“伪书”说，但对分卷的怀疑，从相反方向推动了“分卷变迁”问题的讨论。

③ 李学勤：《竹简〈家语〉与汉魏孔氏家学》，《孔子研究》1987年第2期；胡平生：《阜阳双古堆汉简与〈孔子家语〉》，《国学研究》第7卷，2000年。

④ 参见郭沂《郭店竹简与先秦学术思想》第2卷“文献与史实”第2篇“郭店竹简与《论语》类文献”，上海教育出版社，2001。

> 近的。例如我们从八角廊汉简《儒家者言》和双古堆汉简中的三方木牍可以看出，当时流行的一些“儒家者言”，取材范围极广，内容与大、小戴《记》、《晏子春秋》、《荀子》、《吕氏春秋》、《新书》、《说苑》、《新序》、《韩诗外传》、《孔子家语》、《史记》、《淮南子》等十多种记儒家言的古书相出入，《孔子家语》即在其中。①

不过，借助于出土材料的支持，加上对古书体例的新认识，而对《家语》采取越来越开放的态度是一回事，要达成关于《家语》成书年代与性质大体一致的共识又是一回事。事实上，由于任何一本历史上多少成问题的古书（尤其是有可能古到先秦秦汉的）不可避免地要经历或者说是被卷入“走出疑古时代”学术思潮的洗礼，同时也要经受“中国古典学重建中应该注意的问题”类似反省式的检验，关于《家语》的传统歧见，在今日之学术界重演。

诚如邬可晶在其博士论文中指出的，“从二十世纪八十年代开始，陆续有学者根据新出土古书的材料，对《家语》的真伪问题重新加以讨论。经李学勤、胡平生、王志平、杨朝明等人的研究，《家语》‘重新崛起’，其书直接取材于先秦时代的儒家文献，决非王肃伪造，已经成为一些学者心目中的共识……但是，也有学者通过出土简帛古书与《家语》相关内容的比勘，得出今本《家语》并非《汉书·艺文志》著录的原本，而是较晚编成之本的结论。”比较有代表性的是宁镇疆和日本学者福田哲之的研究。此外，像萧敬伟认定今本《家语》“成书于战国中期或西汉等说法难以成立”，而对传统的“王肃伪作说有利”；李传军虽认为把《家语》“看成伪书是不正确的”，但他得出了《儒家者言》并非《家语》原型，今本《家语》系王肃据《说苑》《礼记》《韩诗外传》等古书撰辑而成的结论；王化平认为《家语》伪书说“当然有问题，但也有一定的道理”，《家语》的某些篇章虽偶有胜处，其整体价值“也未必在《礼记》等书之上，不可过高估计”。所以邬氏对目前学术界关于《家语》研究的学术动态的判断是：

---

① 李零：《出土发现与古书年代的再认识》，氏著《李零自选集》，广西师范大学出版社，1998，第29～30页。

> 由此可见，即使利用了新出土材料，大家对《家语》一书的时代和性质问题仍存分歧，远未达到“已经考察清楚”的地步。①

该作者对该问题所作的结论则最近乎崔述、屈万里的见解：《家语》盖出于“王肃之徒”。② 该论文可以说是汇集了传统上以及新近以来有关《家语》晚出之论证，网罗了出土的和传世的相关文献，充分吸收了有关“辨伪”见解的带有强烈疑伪倾向的代表性成果。其基本断案虽是笔者不能苟同的，但是他所揭示和呈现的学术界在这个问题上存在分歧的严重性却是事实。

在对《孔子家语》真伪的判断上，虽然笔者的观点与上述研究成果截然不同，但不拟更不可能亦步亦趋辩而驳之，只是在论题所涉及的范围内作必要的辨证。从方法的角度论，此类研究所推崇的“一篇篇地研究”甚至“深入到以章节为单位研究的基础上，以归纳法得出结论”，诚然有助于达到“深入细致”的境地，但是分散于诸篇章之比勘，与要达到对《家语》与《左传》《论语》《礼记》《荀子》《史记》《说苑》等古籍的关系有一个大体综合而合理之判断这一目标尚有距离。“充分吸收前人、尤其是清代学者辨《家语》真伪之见解”与自觉不自觉地流于接受与先入之成见相符的说法，实不能判然划清界限，更何况就探讨成见之渊源来说，清代之前的见解流变也很重要。更有意思的是，现有的研究，如邬博士的论文所典型呈现的，多倾向于做这样的划分：“从出土文献和传世古书中与《家语》相同或类似的内容看《家语》的成书时代和性质”，以及“从传世古书中与《家语》相同或类似的内容看《家语》的成书时代和性质”。

① 邬可晶：《〈孔子家语〉成书时代和性质问题的再研究》，第3～5页。复旦大学博士论文（指导教师：裘锡圭），2011年4月。邬氏胪列相关学者的研究成果颇为详细，读者可以参考，恕不一一标出。邬博士与笔者无一面之雅，但慷慨寄赐其论文之pdf版，在此谨致谢忱。

② “今本《孔子家语》乃魏晋时人（王肃之徒、孔子二十二世孙孔猛的嫌疑较大）杂采古书、参以己意编纂而成的一部晚出之书（但不能完全排斥其中保存了部分古本《孔子家语》内容的可能性），跟《汉书·艺文志》著录的古本《孔子家语》并非一事；前人认为《孔子家语》系‘伪书’的看法，似不容易轻易否定。中国古典学第一次重建时的‘疑古学派’，虽然‘对古书搞了不少冤假错案’，需要纠正；但他们对今本《孔子家语》性质的判断，主要继承了前人辨伪的意见，现在看来是得多于失的。”参见邬可晶《〈孔子家语〉成书时代和性质问题的再研究》之《摘要》，第2页。

是的，如此兼顾的研究已具有相当意义上的全面性，与出土文献的比较研究诚然处于优越的地位，因为新的看法至少是由此启动的，但是如此区隔，是否会妨害对《家语》文本本身完整性的尊重呢？与“相似性的内容”一样或者更为重要的，是不同的内容甚至是独有的内容。我们并不是说有关的研究实际上未曾涉及本书在这里所强调的要点，而是说如果合理调整我们的出发点，对文本本身的自主性或许会有更充分的尊重。所以观点的历史性与文本的整体性是两个最重要的问题。

关于《家语》之成书早晚真伪文献价值高低，学术界颇有纷纭之见，而所用方法则大体一致，即学者所斥言之“异文的对读”，或刘笑敢所称“类同举例法”，[①] 此种方法之运用源远流长，为史学比较研究方法中基本取径之一，至今不可废也。惟其易被先入之见所左右，亦颇有不可尽恃之处。职是之故，成见来由之检讨本身为澄清歧见之一大关键。学术界恰恰在此问题上似缺乏深入的讨论。虽然在有关论著尤其是综述性的文章中，《家语》“伪书”案及其争议之点总要被提到，但要么是语焉不详，要么把握不当，尚乏透宗之见。

一个近人热心于举到的例子是王柏。一种典型的看法是，“宋代王柏是提出《孔子家语》伪书说的第一人，他的《家语考》是第一篇全面考察《孔子家语》源流、真伪的文章。”[②] 不仅过高地估计了《家语考》在学术史上的地位与影响，品评亦颇失分寸。还是顾颉刚说得好：

> 可是这等奇巧的事（巍按：指“王肃《孔子家语解自序》”所谓王肃从孔子二十二世孙孔猛得《家语》之事）是不容易给人相信的。所以这书一出来，郑康成的弟子马昭马上就说：“今《家语》系王肃增加，非刘向校录之旧。”（顾氏原注：《玉海》引。[③]）后来颜师古注《汉书》，于《艺文志》“《孔子家语》”条亦注云：“非今所有《家语》。”这个问题到了清代中叶而完全解决，孙志祖作《家语疏证》，范家相作《家语证伪》，逐篇逐章寻出其依据，并指出其割裂改窜的

---

① 参见王化平《由〈孔子家语〉与〈礼记〉、〈说苑〉诸书的关系看其价值》，《古籍整理研究学刊》2011 年第 1 期。

② 王玉华：《历代〈孔子家语〉研究述略》，《中国史研究动态》2009 年第 6 期，第 13 页。

③ 检《玉海》，并无“非刘向校录之旧”之文，其中颇有隙漏。详下文。

痕迹，于是这一宗造伪书的案件就判定了。[①]

笔者引录这一段文字的兴趣不在于顾氏为某某学派之代表人物，而是他以学术史的敏锐眼光，将“《孔子家语》系‘伪书’的看法”之衍生脉络，作了清楚的交代，将《家语》“伪书”说层累积成之几大关节，扼要地揭示了出来：即马昭的“王肃增加”说，所谓颜师古对“今所有《家语》”的质疑，孙志祖、范家相等清代学者的论定。

我们很有必要钻到此公案中去，上下求索，一探底里。

① 顾颉刚：《中国上古史研究讲义》，中华书局，1988，第335页。

第一章　从群经注疏看《家语》公案之缘起

最早著录《孔子家语》的是《汉书·艺文志》六艺略《论语》类："《孔子家语》二十七卷。"唐颜师注曰："非今所有《家语》。"清王先谦《汉书补注》："沈钦韩曰：《隋志》'二十一卷，王肃解。'有孔安国《后序》，即出肃手。并私定《家语》以难郑学。〔晋代为郑学者马昭、张融并不之信。张融云：《春秋》（巍按：《通典》此后有"鲁"字，疑脱）迎夫人，四时通用。《家语》限以冬，不符《春秋》，非孔子之言也。[①] 又同母异父之昆弟死，《家语》孔子以为从于继父而服。马昭云：异父昆弟中，恩系于母，不于继父。[②] 见《通典》。〕《王制疏》'《家语》先儒以为肃之所作，未足可信。'按：肃惟取婚姻、丧祭、郊禘、庙祧与郑不同者，羼入《家语》以矫诬圣人，其它固已有之，未可竟谓肃所造也。"[③]

这段扼要的注解透露了丰富的信息，昭示了《家语》传流的历史性变迁。汉代始著录之《家语》，到了唐朝，不仅卷数有变，本子亦成了问题，而今人称为"王肃注"的，原名"王肃解"。当然，我们在此要探究的更是《家语》伪书说之缘起。且不论沈钦韩本人关于《家语》的见解，虽远本于"先儒"的看法，却已颇为不同。但他指出，以《家语》"为肃之所作，未足可信"之成见，实渊源于以马昭、张融为代表的"郑学"之徒。

---

① 参见（唐）杜佑撰，王文锦、王永兴、刘俊文、徐庭云、谢方点校《通典》卷五九，中华书局，1988，第2册，第1677页。

② 参见南朝宋庾蔚之引马昭说，（唐）杜佑撰，王文锦、王永兴、刘俊文、徐庭云、谢方点校《通典》卷九一，第3册，第2496页。

③ （清）王先谦：《汉书补注》卷三〇《艺文志》，中华书局，1983，上册，第875页上栏。

换言之，《家语》伪书说之初始形态，乃为经学史上“郑学”与反“郑学”争议的产物。这可以作为我们讨论的基础。

一 张融不信《家语》之真相

我们先来看沈钦韩所谓“晋代为郑学者张融并不之信”一事。与马昭的看法如此得势一样，张融诸说有广泛而深远的影响，不仅因为政书之要籍《通典》引之，更在于士子必读的群经之疏已郑重述之。《通典》盖本于贾疏，贾疏并先备录王肃之言，可见张说之所针对。

> 《周礼·地官·媒氏》：“中春之月，令会男女。”（郑注：中春，阴阳交，以成昏礼，顺天时也。）①

贾疏及《玉烛宝典》引王肃《圣证论》云：②

> 吾幼为郑学之时，为谬言，寻其义，乃知古人皆以秋冬。自马氏以来，乃因《周官》而有二月。《诗》“东门之杨，其叶牂牂”，《毛传》曰：“男女失时，不逮秋冬。”三星，参也，十月而见东方，时可以嫁娶。又三时务业，因向休息而合昏姻，万物闭藏于冬，而用生育之时，娶妻入室，长养之母，亦不失也。孙卿曰：“霜降逆女，冰泮杀止。”董仲舒曰：“圣人以男女阴阳，其道同类天道，向秋冬而阴气来，向春夏而阴气去。故古人霜降而逆女，冰泮而杀止。与阴俱近，与阳远也。”（巍按：董氏一段话，今传《十三经注疏》之《周礼注疏》全无）《诗》曰：“将子无怒，秋以为期。”《韩诗传》亦曰：“古者霜降逆女，冰泮杀止，士如归妻，迨冰未泮。”为此验也。而玄云

① 《周礼注疏》卷一四，（清）阮元校刻《十三经注疏》，中华书局，1980，上册，第733页中栏。为便观览，本文凡涉《十三经注疏》经注连引之处，均用括号表示注文内容。下文不复再加说明，读者鉴之。

② 正如孙诒让所说：“贾疏所载，贸乱失次，复多脱误。今依《玉烛宝典》《通典》及臧琳所校补正。”本文所引《圣证论》及下文“张融评”皆据孙氏所校正之文。见（清）孙诒让撰，王文锦、陈玉霞点校《周礼正义》卷二六，中华书局，1987，第4册，第1040～1042页。间有异议，随文出注。

“归，使之来归于己，谓请期时。”来归之言，非请期之名也。或曰亲迎用昏，而曰“旭日始旦”，何用哉？《诗》以鸣雁之时纳采，以昏时而亲迎，而《周官》中春令会男女之无夫家者，于是时奔者不禁，则昏姻之期尽此月矣，故急【念】期会也。[①]《孔子家语》曰：“霜降而妇功成，嫁娶者行焉；冰泮而农业起，昏礼杀于此。”又曰：“冬合男女，春班爵位也。”

王肃《孔子家语解序》[②] 云：“郑氏学行五十载矣，自肃成童，始志于学，而学郑氏学矣。然寻文责实，考其上下，义理不安，违错者多，是以夺而易之。”[③] 看来此言不虚，王肃之学术履历，确是有一段由“幼为郑学”而后翻然立异自树己学的曲折，与后来王阳明浸淫朱子学说、格竹而自悟的例子相映成趣，堪有一比。此处关于古代婚嫁正时之礼的见解，正其例也。正如杜佑所概括的：“按：郑玄嫁娶必以仲春之月；王肃以为秋冬嫁娶之时也，仲春期尽之时矣。”[④] 郑玄根据《周官・媒氏》立论，王肃则广征《诗》及《毛传》《荀子》、董仲舒、《韩诗传》《孔子家语》之言为说。而张融在这个问题上从郑非王。

---

① （清）黎庶昌辑《古逸丛书》（下）所收《玉烛宝典》卷二，江苏广陵古籍刻印社，1994，第 432 页，盖为孙君所本。该本“故急期会也”，《岁时习俗资料汇编》（一）所收《玉烛宝典》卷二，作“故念期会也”，台北：艺文印书馆据日本尊经阁文库藏前田家藏旧钞卷子本景印，1970，第 88 页。似以作“念”为是，“念”“急”两字形近而讹。

② 关于王肃之序，诸本颇有异称，如上海古籍出版社 1987 年影印文渊阁四库全书本（以下简称“四库本”）作“《家语序》”；上海古籍出版社 1990 年影印明覆宋刊本（以下简称“明覆宋本”）作“《孔子家语序》”，（清）严可均辑《全上古三代秦汉三国六朝文（附索引）》（中华书局，1958，第 2 册，第 1180～1181 页）据“毛晋重刻北宋本《家语》”录文称“《孔子家语解序》”，曹书杰主编《魏晋全书》所收《孔子家语》（吉林文史出版社，2006，第 2 册，第 376～377 页）亦作“《孔子家语解序》”。巍按：《序》中有云：“斯皆圣人实事之论，而恐其将绝，故特为解，以贻好事之君子。”又《隋书・经籍志》云：“《孔子家语》二十一卷，王肃解”，故从严氏称“《孔子家语解序》”。

③ 《孔子家语》，第 1 页上栏。以下凡引《家语》，文字则均出于“明覆宋本”，恕不赘注。间有异本异文需要校正参考，随文说明。为避文烦，《孔子家语》或简称《家语》，以下不再说明。

④ （唐）杜佑撰，王文锦、王永兴、刘俊文、徐庭云、谢方点校《通典》卷五九，第 2 册，第 1676～1677 页。

贾疏又引张融评云：

《夏小正》曰："二月，绥多士女，交昏于仲春。"《易·泰卦》："六五，帝乙归妹，以祉元吉。"郑说，六五爻辰在卯，春为阳中，万物以生，生育者嫁娶之贵，仲春之月，嫁娶男女之礼，福禄大吉。《易》之《咸卦》，柔上刚下，二气感应以相与。皆说男下女。《召南·草虫》之诗，夫人待礼，随从在途，采鳖者以诗自兴。又云"士如归妻，迨冰未泮。"旧说云：士如归妻，我尚及冰未泮定纳。其篇义云：嫁娶以春，阳气始生万物，嫁娶亦为生类，故《管子篇·时令》云"春以合男女"。融谨按：《春秋》鲁逆夫人、嫁女，四时通用，无讥文。然则孔子制素王之法，以遗后世，男女以及时盛年为得，不限以日月。《家语》限以冬，不附于《春秋》之正经，如是则非孔子之言。嫁娶也以仲春，著在《诗》、《易》、《夏小正》之文，无仲春为期尽之言；又《春秋》三【四】时嫁娶，[①] 何自违《家语》冬合男女穷天数之语也。《诗》《易》《礼》《传》所载，《咸》、《泰》、《归妹》之卦，《国风·行露》、《绸缪》"有女怀春"、"仓庚于飞，熠耀其羽"、"春日迟迟"、"乐与公子同归"之歌，《小雅》"我行其野，蔽芾其樗"之叹，此春娶之证也。礼，诸侯越国娶女，仲春及冰未散请期，乃足容往反也。秋如期往，淫奔之女，不能待年，故设秋迎之期。《摽有梅》之诗，殷纣暴乱，娶失其盛时之年，习乱思治，故嘉文王能使男女得及其时。陈晋弃周礼，为国乱悲伤，故刺昏姻不及仲春。玄说云"嫁娶以仲春"，既有群证，故孔晁曰："'有女怀春'，《毛传》云：'春不暇，待秋。''春日迟迟'、'女心伤悲'，谓蚕事始起，感事而出。'蔽芾其樗'，喻遇恶夫。'熠耀其羽'，喻嫁娶之盛饰。'三星在隅'，孟冬之月，参见东方，举正昏以刺时。"此虽用毛义，未若郑云"用仲春为正礼"为密也。是以

① "三时嫁娶"，《周礼正义》乙巳本、楚本诸版本同，孙氏保留了《周礼注疏》贾疏旧文，似不如臧琳所校"四时嫁娶"为顺，见前文有"《春秋》鲁逆夫人、嫁女，四时通用，无讥文"可知。臧校见《经义杂记》卷八"王肃《圣证论》"条，（清）阮元、王先谦编《清经解、清经解续编（附索引）》，凤凰出版社（原江苏古籍出版社），2005，第贰册，第 1468 页。

《诗》云“匏有苦叶，济有深涉”，笺云：“匏叶苦而渡处深，谓八月时。时阴阳交会，始可以为昏礼，纳采问名。”又云“士如归妻，迨冰未泮”，笺云：“归妻，使之来归于己，谓请期冰未散，正月中以前，二月可以为昏。”然则以二月为得其实，惟为有故者，得不用仲春。[①]

张融复历引“《诗》《易》《礼》《传》所载”“春娶之证”以驳王肃之说，主张“郑云用仲春为正礼”之论。其间的是非，并不是本书要讨论的。[②] 我们要探究的是，由此而牵涉张融对《家语》缘何而“不之信”的分问题，以及《家语》是否王肃伪造的总问题。

让我们从《家语》在论争双方所据文献中的地位说起。孙诒让云：“昏期之说，荀子以为始于霜降，终于季冬，毛公、韩太傅依以诂《诗》，董子《春秋繁露·循天之道篇》，《易林·复之履》、《家人之损》说并同，此王肃秋冬嫁娶之说所本。《家语·本命篇》注又云：‘二月农事始起，会男女之无夫家者，奔者不禁，期尽此月故也’。此又孔晁说所本。”[③] 孙氏所疏王肃所本，可谓密矣，然首自荀子以降，又举出孔晁以“仲春令会男女，奔者不禁”为“此昏期尽，不待备礼”之说所本——“《家语·本命篇》注”王说，独不及《家语》正文，何哉？盖《家语》为王肃伪造之案，在晚清殆已成定局，故孙君亦以为不便涉及也。然在王肃、张融等争论之当初并无此疑窦，故王氏特举《家语》之典与《周官》相角，而张融亦不驳荀子、不驳董子、不驳《毛传》《韩传》，而独驳《家语》，盖以为擒贼先擒王，非以为轻，实以为重也。此于争议双方为共识，所不必辩者。而张氏之“不之信”乃在于其以为《家语》所记“冬合男女”诸说，与孔子所定之《诗》《易》《礼》等经典所述不合，又与他所理解的“《春秋》鲁逆夫人、嫁女，四时通用，无讥文”之《春秋》大义“不符”，故以为“非孔子之言”。此等之“不信”，乃因《家语》与个人心目中所选

① （清）孙诒让撰，王文锦、陈玉霞点校《周礼正义》卷二六，第4册，第1041～1042页。

② 有兴趣的读者，可以参见（清）孙诒让撰，王文锦、陈玉霞点校《周礼正义》卷二六，第4册，第1043～1044页。

③ （清）孙诒让撰，王文锦、陈玉霞点校《周礼正义》卷二六，第4册，第1042页。

择（即“信”）之经义不合而不予采信。[①] 类如《毛诗正义》所谓“其纬候之书及《春秋命历序》言五帝传世之事，为毛说者，皆所不信”之“不信”，以及“其《大戴礼》《史记》诸书，皆郑（玄）所不信”之“不信”。[②]《史记·五帝本纪》：“太史公曰：学者多称五帝，尚矣。然《尚书》独载尧以来；而百家言黄帝，其文不雅驯，荐绅先生难言之。孔子所传《宰予问五帝德》及《帝系姓》，儒者或不传。（《索隐》：《五帝德》《帝系姓》皆《大戴礼》及《孔子家语》篇名。以二者皆非正经，故汉时儒者以为非圣人之言，故多不传学也。）”[③] 究其极也，不过如司马贞所说，因其“非正经”故“以为非圣人之言”而不信。从张融的例子可见，所谓伪与非伪的一种原型即是信与不信，而其界限，全出于对经典的判教，即是否“孔子之言”，后世所谓是否“孔氏之书”。非因其为王肃之伪造而“不信”，此断断然者也。试想，王肃明白历引《荀子》《毛传》《董子》《韩传》与《家语》并列，并非专据《家语》，亦非晦其所“窃”。若王肃于其间上下其手，岂不是自彰其丑，何劳反对者来抓赃？乃后儒循流忘源，反以王肃公然“自招供”者，加以比勘与引申，以为王肃之罪证，如孙志祖曰：“‘冬合男女，春班爵位’：按‘冬’、‘春’二字王肃所增以证‘霜降嫁娶，冰泮始杀’之说。”[④] 臧琳亦云：“《礼记·礼运》本作‘合男女，颁爵位’，‘冬’、‘春’二字是肃所加以难郑者。”[⑤] 魏按：此绝不可通。何以见得？张融明明说“《家语》限以冬”，是知张氏所见《家语》之本亦为“冬合男女”之类，若非如此，则全失批评之对象。王肃何来上

---

① 张融不采《家语》而从郑义的例子，又如《周礼注疏》卷一八云：“至魏明帝时，诏令王肃议六宗，取《家语》宰我问六宗，孔子曰：‘所宗者六，埋少牢于大昭祭时，相近于坎坛祭寒暑，王宫祭日，夜明祭月，幽（禜）【宗】祭星，雩（禜）【宗】祭水旱。（孙诒让校：汪云“‘禜’皆当作‘宗’，王肃读《祭法》如字，不得用郑义改作‘禜’也。”案：此疑贾氏习忆郑读辄书作禜，而忘王与郑异读也。雪克辑校《孙诒让全集·十三经注疏校记》，中华书局，2009，上册，第157页。）’孔安国注《尚书》与此同。张融（许）【评】（阮校：惠校本“许”作“评”，此误。）从郑君，于义为允。”（清）阮元校刻《十三经注疏》上册，第758页上栏。

② 《毛诗正义》卷一七之一，（清）阮元校刻《十三经注疏》上册，第528页中栏。

③ （汉）司马迁撰《史记》卷一《五帝本纪》，中华书局，1959，第46～47页。

④ （清）孙志祖：《家语疏证》卷四，《续修四库全书》第931册，上海古籍出版社，2002，第231页上栏。

⑤ 臧琳：《经义杂记八》，（清）阮元、王先谦编《清经解、清经解续编（附索引）》第贰册，第1468页。

下其手？

张融不从王肃而从郑说，关涉《家语》的又一个例子是：

> 《礼记·礼运》：夫礼必本于天，动而之地，列而之事，变而从时，协于分艺，其居人也曰养，（郑注：养，当为“义”字之误也。下之则为教令，居人身为义。《孝经说》曰：“义由人出。”）其行之以货力、辞让、饮食、冠昏、丧祭、射御、朝聘。

孔疏：

> 按《圣证论》，王肃以下云：“获而弗食，食而弗肥，字宜曰‘养’。”《家语》曰：“其居人曰养。”郑必破为“义”者，马昭云：“立人之道曰仁与义。又此云‘礼义者，人之大端’，下每云‘义’，故知‘养当为义’也。”张融谨按：“亦从郑说。”①

《家语·礼运第三十二》：

> 夫礼必本于太一，（太一者，元气也。）分而为天地，转而为阴阳，变而为四时，列而为鬼神，其降曰命，（即上所为命，降于天地祖庙也。）其官于天也，（官，为职分也。言礼职分皆从天下来也。）协于分艺，（艺，理。）其居于人也曰养。（言礼之于人身，所以养成人也。）所以讲信修睦，而固人之肌肤之会，筋骸之束者；所以养生送死，事鬼神之大端；所以达天道，顺人情之大窦。②

平心而论，从《家语》下文“而固人之肌肤之会，筋骸之束者；所以养生送死，事鬼神之大端”云云，可知“其居于人也曰养”颇合文理，而郑玄之改读确有未安处，王肃据《家语》正之，实无可厚非，至少亦自成一说。若必以王肃因缘批评郑学而改造《礼记》文辞成《家语》模样，为

---

① 《礼记正义》卷二二，（清）阮元校刻《十三经注疏》下册，第1426页上栏～中栏。

② 《孔子家语》卷七，第83页下栏～84页上栏。

此要作出之论证，比张融之不从王说而非质疑其所据《家语》文本的可靠性，要麻烦得多。

然为此穷于搜寻遁词者犹可以说，难保张融不为王肃所欺，此等说法盖建立于《家语》唯有王肃所注解，即独此一本或王本独为早出的假设上，如范家相所云："王氏所注《家语》，先儒或信或疑。信者亦讥其杂而不纯，疑者但知其增加旧说，未有全指其伪者。一以魏晋以来流传之旧或有所本，一以孔门之书存之为幸，且托于孔猛之所出，当非全诬也。不知是书之源委，自王肃以前从未见诸儒言及，而肃言孔壁所藏、博士所奏，独如此了了，非即肃之供牒耶?"[①] 此也，犹言《家语》文本之流传，自王肃始劈空而起。案诸文献，亦为诬枉之说。

今既知在某些问题上与王肃力持异议者如张融所见之《家语》文本，有与王本相同者。王肃同时又有王基，史称"散骑常侍王肃著诸经传解及论定朝仪，改易郑玄旧说，而基据持玄义，常与抗衡"，是为标准的郑学之徒、积极反对王学者。他有感于"（魏）明帝盛修宫室，百姓劳瘁"，上疏云：

> 臣闻古人以水喻民，曰"水所以载舟，亦所以覆舟"。故在民上者，不可以不戒惧。夫民逸则虑易，苦则思难，是以先王居之以约俭，俾不至于生患。昔颜渊云东野子之御，马力尽矣而求进不已，是以知其将败。今事役劳苦，男女离旷，愿陛下深察东野之弊，留意舟水之喻，息奔驷于未尽，节力役于未困。昔汉有天下，至孝文时唯有同姓诸侯，而贾谊忧之曰："置火积薪之下而寝其上，因谓之安也。"今寇贼未殄，猛将拥兵，检之则无以应敌，久之则难以遗后，当盛明之世，不务以除患，若子孙不竞，社稷之忧也。使贾谊复起，必深切于曩时矣。[②]

王基所举"东野之弊""舟水之喻"两典，分别见于今本《家语》之《颜回第十八》《五仪解第七》，虽然前者亦见于《庄子·达生篇》《荀子·哀公篇》《吕氏春秋·离俗览·适威》《韩诗外传二》《新序·杂事第

① （清）范家相：《家语证伪》卷一一，《续修四库全书》第931册，第191页上栏。
② （晋）陈寿撰《三国志》卷二七《魏志·王基传》，中华书局，1959，第751页。

五》，后者亦见于《荀子·哀公篇第三十一》《新序·杂事第四》，王基并未明言己疏据典所出，所以未必王氏必本《家语》，但也不能排除看到《家语》本子的可能性。无论如何，在王肃的论敌对于与《家语》密切相关之典故如此详熟的情况下，王肃要一手遮天恐非后人所想象的这般容易。不仅如此，与王朗共参议论的田琼也提到了《家语》：

> 魏时或为《四孤论》曰："遇兵饥馑有卖子者；有弃沟壑者；有生而父母亡，无缌亲，其死必也者；有俗人以五月生子妨忌之不举者。有家无儿，收养教训成人，或语汝非此家儿，《礼》，异姓不为后，于是便欲还本姓。为可然不?"博士田琼（严可均：琼，郑康成弟子，建安、黄初间为博士。[①]）议曰："虽异姓，不相为后，礼也。《家语》曰：'绝嗣而后他人，于理为非。'今此四孤，非故废其家祀。既是必死之人，他人收以养活。且褒姒长养于褒，便称曰褒，姓无常也。其家若绝嗣，可四时祀之于门户外；有子，可以为后，所谓'神不歆非类'也。"大理王朗议曰："收捐拾弃，不避寒暑，且救垂绝之气，而肉必死之骨，可谓仁过天地，恩踰父母者也。吾以为田议是矣。"[②]

田琼是"为郑学者"，王朗为王肃的父亲，田氏援据《家语》以议礼，而王朗赞同之。是为郑康成后学明引《家语》之例证，而王肃之父也很可能得见《家语》。英雄欺人，犹可说也，王肃乃欲并其亲父而欺之耶？此亦无辞以自解者。惟所引《家语》之文"绝嗣而后他人，于理为非"，不见于今本，则可知田氏所据本子或与王肃有不同，而更可能的是《家语》未必为王肃所"增加"，其内容却极可能历经流传而有所"遗失"也。文本的历史性似当如此看待，乃为得之尔。

更有意思的是，沈钦韩因为伪书案将张融与马昭捆绑在一起，张融竟被指认为"晋代为郑学者"。[③] 其实，验明正身，张融不但不是原告之一，

① 《全三国文》卷二九，（清）严可均辑《全上古三代秦汉三国六朝文（附索引）》第2册，第1213页上栏。

② （唐）杜佑撰，王文锦、王永兴、刘俊文、徐庭云、谢方点校《通典》卷六九，第2册，第1914～1915页。

③ （清）范家相：《家语证伪》卷一一，《续修四库全书》第931册，第190页上栏已谓"马昭、张融，皆郑康成弟子。"可见此类讹传甚多也。

甚至不足以充当帮腔，反而恰可以作为判定王肃无辜之一独立旁证。

前文已经论及张融对于《家语》之“并不之信”，乃出于主观的经义裁判，其所见《家语》内容与王肃本亦有相同之处，现有文献似也未见他直接提到王肃与《家语》的瓜葛，此固与后世所谓《家语》为王肃伪造之观念相去不可以道里记也。相关的记载倒见于《隋书·经籍志》：“《孔子家语》二十一卷，王肃解。梁有《当家语》二卷，魏博士张融撰，亡。”[①]“梁有《当家语》”的确切意谓，是指南朝齐梁间阮孝绪所编《七录》著录之魏博士张融撰《当家语》，[②] 是其著录当不晚于甚或早于王肃作“解”之《家语》也。宋王应麟撰《玉海》所引有出入：“《隋志》：《孔子家语》二十一卷，王肃解（梁有《家语》三卷，魏博士张融撰，亡）。”[③] 书名不管是“《当家语》”也好，“《家语》”也好，卷数不管是“二卷”也好，“三卷”也好，均为“魏博士张融”所撰，《隋志》将其书与王肃之书并列，可见同为与《家语》有密切关系之人物，如王氏有何可疑之点，张氏应该是最有资格的揭发者，何以未见披露呢？何以只是“未信”本书，而未波及注者呢？这是很令人深思的。何况张氏亦非凡郑玄之说必守、凡王肃之说必反之辈，正如《礼记》孔疏所说：“张融以禘为五年大祭，又以圜丘即郊，引董仲舒、刘向、马融之论，皆以为《周礼》圜丘则《孝经》云南郊，与王肃同，非郑义也。”[④] 又如《孝经》邢疏所说：“其时中郎马昭抗章固执，当时敕博士张融质之。融称：‘汉世英儒自董仲舒、刘向、马融之（伦）【论】，[⑤] 皆斥周人之祀昊天于郊，以后稷配，无如［郑］玄说配苍帝也。然则《周礼》圜丘，则《孝经》之郊。圣人因尊事天，因卑事地，安能复得祀帝喾于圜丘，配后稷于苍帝之礼乎？且在《周颂》“思文后稷，克配彼天”，又《昊天有成命》郊祀天地也。则郊非苍帝，通儒

---

① （唐）魏征、令狐德棻撰《隋书》卷三二《经籍志》，中华书局，1973，第937页。

② 关于《隋志》注中的“梁有”非谓“梁朝有”，而实指“《七录》有”即“《七录》所载”，参见任莉莉所引王应麟、朱彝尊、钱大昕、章学诚、《四库》馆臣、章宗源、黄侃、余嘉锡、姚名达诸家说。任莉莉：《七录辑证·前言》，上海古籍出版社，2011，第7~9页。

③ （宋）王应麟辑《玉海》卷四一，江苏古籍出版社、上海书店联合出版，1987，第2册，第773页下栏。

④ 《礼记正义》卷四六，（清）阮元校刻《十三经注疏》下册，第1587页下栏。

⑤ 孙诒让校：“伦”，《祭法正义》引作“论”。见雪克辑校《孙诒让全集·十三经注疏校记》下册，第596页。

同辞，肃说为长。'"[1] 此类张融皆从王不从郑。又《旧唐书》载唐元行冲著论《释疑》述"郑学""王学"之争及其与张融关系较为近古："子雍规玄数十百件，守郑学者，时有中郎马昭，上书以为肃缪。诏王学之辈，占答以闻。又遣博士张融案经论诘，融登召集，分别推处，理之是非，具《圣证论》。[2] 王肃酬对，疲于岁时。则知变易章句，其难四矣。"[3] 可见，张融的角色相当于法定仲裁者，似非聚讼之两造，皆可与上举两条经疏互证。所以《周礼注疏》有"张融评[4]从郑君"，[5]《礼记正义》有"张融评云"[6] 字样。而近人如马国翰等辑佚《圣证论》每每于引王肃曰、马昭曰之后，称"张融评曰"，亦可见其意也。沈钦韩对张融贸然冠以"晋代为郑学者"的大帽子，系置时代既不确切，又将其与马昭相提并论而不加区分，划分学派更不恰当。岂非皆因牵涉《家语》伪书案而有以致之乎？

二　马昭"王肃所增加说"之源流

其实真正堪称"郑学"之徒，[7] 而在《家语》与王肃关系问题上发表震撼性见解，其影响深远直至今日的毫无疑问是马昭。马氏之说，最著者载于《礼记正义》：

---

① 《孝经注疏》卷五，（清）阮元校刻《十三经注疏》下册，第 2553 页中栏。

② 巍按："具《圣证论》"，四库本作"具呈证论"。

③ （后晋）刘昫等撰《旧唐书》卷一〇二《元行冲传》，中华书局，1975，第 3180 页。巍按：元行冲所述"王肃酬对，疲于岁时。"非谓王氏理屈词穷难以应敌，乃备述当时"郑学"之势力太大，王肃欲立新学之艰难，所以紧接着说："则知变易章句，其难四矣。"元行冲借此对他自己主撰的书"竟不得立于学官"一事浇心中之块垒，因以王肃自比，故其同情正在王肃一边。《新唐书》述此事云："王肃规郑玄数千百条，郑学马昭诋劾肃短。诏遣博士张融按经问诘，融推处是非，而肃酬对疲于岁时。"见（宋）欧阳修、宋祁撰《新唐书》卷二〇〇《儒学传下》，中华书局，1975，第 5692 页。"数十百件"又一变而为"数千百条"，益为夸诞矣，此等事固便于添油加醋，凝为谈资。王注《家语》之遭诟病，是离不开这一背景的。

④ "评"，原为"许"，据阮校改。

⑤ 《周礼注疏》卷一八，（清）阮元校刻《十三经注疏》上册，第 758 页上栏。

⑥ 《礼记正义》卷四〇，（清）阮元校刻《十三经注疏》下册，第 1550 页下栏；卷四六，下册，第 1587 页下栏。

⑦ 虽则身为郑学后辈，亦未必尽符师说，如孔疏曾举出"马昭之言，非郑旨也"，"而马昭虽出郑门，其言非郑意也"诸例。参见《毛诗正义》卷八之二，（清）阮元校刻《十三经注疏》上册，第 395 页上栏；卷二〇之四，上册，第 626 页上栏。

> 昔者，舜作五弦之琴以歌《南风》，夔始制乐以赏诸侯。（郑注：夔欲舜与天下之君共此乐也。南风，长养之风也，以言父母之长养己，其辞未闻也。夔，舜时典乐者也。《书》曰："夔，命女典乐。"）

孔疏：

> 此《南风》歌辞未得闻也。如郑此言，则非《诗·凯风》之篇也。熊氏以为《凯风》，非矣。按《圣证论》引《尸子》及《家语》难郑云："昔者舜弹五弦之琴，其辞曰：'南风之熏兮，可以解吾民之愠兮。南风之时兮，可以阜吾民之财兮。'郑云'其辞未闻'，失其义也。"今按：马昭云"《家语》王肃所增加，非郑所见。又《尸子》杂说，不可取证正经。"故言"未闻"也。①

"《家语》王肃所增加，非郑所见"！此盖即《四库总目提要》所谓"马昭以《家语》为王肃伪作，其说今载《礼记》疏中，言之凿凿。"② 后人述此，不免有所夸张，但是从历史影响的角度来看，我们决可断言：这可以说就是《家语》为王肃伪书说的源头。

我们当首先了解其确切指谓、来由及其引申出来的问题，再看对后世的影响。

度其意，似谓郑君非不见《家语》，乃郑氏所见之本盖为著录于《汉志》之类之正本，非王肃所私注且"增加"了别样内容的私货；连类而及的《尸子》所述则为"杂说"，均失却证据之正当性。恰是对王肃《圣证论》批评郑氏"失其义也"的反唇相讥。

有学者指出："马昭是很强烈地维护师道尊严的人，但更准确地说马昭是为了维护师严而非为了维护道尊。"③ 此说大体得之，惟从"已经破除

---

① 《礼记正义》卷三八，（清）阮元校刻《十三经注疏》下册，第 1534 页上栏。

② （清）纪昀、陆锡熊、孙士毅等原著，四库全书研究所整理《钦定四库全书总目（整理本）》卷三二《孝经章句》，中华书局，1997，上册，第 421 页。

③ 李学勤主编，王志平著《中国学术史·三国、两晋、南北朝卷》上卷，江西教育出版社，2001，第 148 页。

了经学的神圣性”的角度驳马昭，恐不能服尊经者之心。其实“尸子”其人身份，正未必“杂”。阮元《春秋穀梁传注疏校勘记序》云：“《六艺论》云‘穀梁善于经’，岂以其亲炙于子夏，所传为得其实？与公羊同师子夏，而郑氏《起废疾》则以穀梁为近孔子，公羊为六国时人。又云‘传有先后，然则穀梁实先于公羊矣。’今观其书，非出于一人之手，如隐五年、桓六年并引尸子，说者谓即尸佼，佼为秦相商鞅客，鞅被刑后遂亡逃入蜀，而预为征引，必无是事。或传中所言者非尸佼也。”[①] 郑氏所谓“善于经”之《穀梁传》中一再称引及之“尸子”，当为传经之先师（盖非是《尚书正义》所谓“古书尸子、慎子之徒”[②]），何以“不可取证正经”呢？如此或可杜佞郑学者之口（郑学诚可敬，惟事事曲护则成“佞郑”）。此等之观念自不可执之太过，不但不必“不可取证正经”，甚至不妨用之解史，《史记·乐书》：“昔者舜作五弦之琴，以歌《南风》。”《集解》：“郑玄曰：‘《南风》，长养之风也，言父母之长养己也。’王肃曰：‘《南风》，育养民之诗也。其辞曰‘南风之熏兮，可以解吾民之愠兮。’’”《索隐》：“此诗之辞出《尸子》及《家语》。”[③] 此正化经疏为史注之一个好例也。平心而论，王肃之批评，用过去的经学语言来说，可称著有明文，用今天的持论标准来看，亦非孤证。无可厚非。

与“《家语》王肃所增加，非郑所见”的指控相比，这些都不算什么。首先要搞清楚的是，如此严重的指控是缘何而来的？大体上较为清楚的，它是郑学之徒马昭应对王肃之反郑学的产物，更准确地说是一种无力的疲软反应的极端例子，只要将其与另一个相似的例子略事比较便可明了。《周礼·天官·玉府》：

> 凡王之献金玉、兵器、文织、良货贿之物，受而藏之。（郑注：谓百工为王所作，可以献遗诸侯。古者致物于人，尊之则曰献，通行曰馈。《春秋》曰“齐侯来献戎捷”，尊鲁也。文织，画及绣锦。）

---

① （清）阮元：《春秋穀梁传注疏校勘记序》，（清）阮元校刻《十三经注疏》下册，第2362页。

② 《尚书正义》卷五，（清）阮元校刻《十三经注疏》上册，第141页中栏。

③ （汉）司马迁撰《史记》卷二四《乐书》，第1197页。

贾疏：

> 云“古者致物于人，尊之则曰献”者，名【若】（据阮校正）正法，上于下曰馈【赐】（据阮校正），下于上曰献。若尊敬前人，虽上于下亦曰献，是以天子于诸侯云献。按《月令》“后妃献茧”，郑注“谓献于后妃”。知此王之献金玉非是献金玉于王者，按下《内府职》“凡四方之币献之金玉”，彼是诸侯献王，入内府藏之，不得在此，故知金玉是“献遗诸侯”者也。况诸侯中兼有二王之后。二王之后，王所尊敬，自然称献也。若王肃之义，取《家语》曰“吾闻之，君取于臣曰取，与于臣曰赐。臣取于君曰取【假】（据阮校正），与于君谓之献”，以此难郑君。郑君弟子马昭之等难王肃，“《礼记》曰‘尸饮五，君洗玉爵献卿’况诸侯之中有二王之后，何得不云献也?”云“通行曰馈”者，言通行者，上于下，下于上，及平敌相于，皆可云馈。康子馈药，阳货馈孔子豚，皆是上于下曰馈。《膳夫职》云“王馈用六谷”，及《少牢》《特牲》称馈食之礼，并是于尊者曰馈。朋友之馈，虽车马不拜，是平敌相馈。故郑云“通行曰馈”。“《春秋》曰齐侯来献戎捷，尊鲁也”者，按庄公三十一年，《公羊》云：“齐侯来献戎捷。齐，大国也，曷为亲来献戎捷？威我也。”《左传》云：“非礼也。凡诸侯有四夷之功，则献于王。中国则否。”《穀梁》云：“齐侯来献捷者，内齐侯也。”注云：“泰曰：齐桓内救中国，外攘夷狄，亲倚之情，不以齐为异国，故不称使，若同二国也。”然《三传》皆不解献义，今郑引者，以齐大国专【于鲁】（据阮校正），言来献，明尊之则曰献，未必要卑者于尊乃得言献。[①]

古代赠送物品之礼辞，郑玄据《周礼》经文，并援引《公羊》之义，以为只要一方对另一方有尊敬之意便可曰“献”，“未必要卑者于尊乃得言献”。王肃则据《家语》孔子之言“吾闻之，君取于臣曰取，与于君曰赐。臣取于君曰假，与于君谓之献。”以为只有卑者对尊者，如臣下敬奉君上

① 《周礼注疏》卷六，（清）阮元校刻《十三经注疏》上册，第678页下栏。

物品乃得曰“献”,[①] 故郑说不通。在他看来，郑所援引的齐侯送鲁君物品的例子与“王之献（臣下如诸侯等）”，即天子赐属下的例子不可等量齐观。所以很可能王肃不仅斥言郑注之无根，并疑及《周礼》之“献”一辞之不确。马昭则据《礼记》“君献卿”以玉爵，即君献臣之例，并“诸侯之中有二王之后”当为天子所尊之说，驳王以通郑说、以护郑注。然《礼记》之地位在王肃心目中盖如《家语·后序》所谓为“变除”《家语》之余，与《家语》不可同日而语，故王、马或终不免于各尊所信，此吾人可以悬揣者也。到底谁是谁非，并不是本书要讨论的。有意思的是，马氏并不在此处说：“《家语》王肃所增加，非郑所见。”盖因为此处尚有《礼记》可据，尚有别说可以应对，故无须为此决绝之言也，由此反观前例，所谓“《家语》王肃所增加，非郑所见”，似实出于马氏应对失据之不得已，殊不意竟成王肃的致命伤，岂不可怪？

问题更在于杀手锏虽未在此处亮出，而王肃所引《家语》亦未必不在“《家语》王肃所增加，非郑所见”的范围内，如孙悟空之跳不出如来掌心般，此则益见马说之统制力也。如范家相认为《家语》该节“此见《韩诗外传》，亦见《新序》，其文略同。”[②] 孙志祖也说“此袭《韩诗外传》五《新序杂事第五篇》。”[③] 今均详录于下，看是否如此。

《家语·正论解第四十一》：

> 孔子适季孙，季孙之宰谒曰：“君使求假于田，特【将】与之乎（《魏晋全书》校勘记：丛刊本“将”作“特”，据备要本改[④]）？”季孙未言。孔子曰：“吾闻之：‘君取于臣谓之取，与于臣谓之赐，臣取于君谓之假，与于君谓之献。’”季孙色然悟曰：“吾诚未达此义。”遂命其宰曰：“自今已往，君有取之，一切不得复言假也。”[⑤]

---

① 《榖梁传》载，庄公三十一年“六月，齐侯来献戎捷。（献，下奉上之辞也。《春秋》尊鲁，故曰献。）”范宁之说，盖本王肃。《春秋榖梁传注疏》卷六，（清）阮元校刻《十三经注疏》下册，第2388页下栏～2389页上栏。

② （清）范家相《家语证伪》卷九，《续修四库全书》第931册，第171页下栏。

③ （清）孙志祖《家语疏证》卷五，《续修四库全书》第931册，第249页下栏。

④ 曹书杰主编《魏晋全书》第2册，第369页。

⑤ 《孔子家语》卷九，第110页下栏。

《韩诗外传》卷五《第三十四章》：

孔子侍坐于季孙，季孙之宰通曰："君使人假马，其与之乎?"孔子曰："吾闻君取于臣谓之取，不曰假。"季孙悟，告宰通，曰："自今以往，君有取谓之取，无曰假。"故孔子正假马之名，而君臣之义定矣。《论语》曰："必也正名乎。"《诗》曰："君子无易由言。"言名正也。①

《新序》卷五《杂事·第十六章》：

孔子侍坐于季孙，季孙之宰通曰："君使人假马，其与之乎?"孔子曰："吾闻君取于臣谓之取，不曰假。"季孙悟，告宰曰："自今以来，君有取谓之取，无曰假。"故孔子正假马之名，而君臣之义定矣。《论语》曰："必也正名。"《诗》曰："无易由言，无曰苟矣。"可不慎乎?②

巍按：《公羊·定公八年》冬，何休之注亦有与之极相关者，一并录之："不言取而言窃者，正名也。定公从季孙假马，孔子曰：'君之于臣，有取无假，而君臣之义立。'"③ 徐彦疏："云'不言取而言窃者，正名也'者，正所以不言盗取而言窃者，盗是卑贱之称，是以不得言取也。窃者，是其正名，是以即引《家语》以证之。定公从季孙假马，孔子曰'君之于臣有取无假，而君臣之义立'者，《家语》文。"④

其间的不同，如许维遹引"周廷寀云：(《韩诗外传》)'通'《家语·正论(解)》作'谒'。按下云'告宰通'，则'通'自是宰名，与《家语》异。"石光瑛则认为："《韩诗外传》五下文有'告宰通曰'之语，则通是宰名无疑，王肃谬以为通谒之义，遂于此改通为谒，荒陋可笑如此。"

① (汉)韩婴撰，许维遹校释《韩诗外传集释》卷五，中华书局，1980，第200~201页。

② (汉)刘向编著，石光瑛校释，陈新整理《新序校释》卷五，中华书局，2009，中册，第720~721页。

③ 阮校云："今《家语》无'君臣之义立'。"

④ 《春秋公羊传注疏》卷二六，(清)阮元校刻《十三经注疏》下册，第2340页下栏~2341页上栏。

又如：屈守元引“周（廷寀）云：（《韩诗外传》）‘侍坐’，《家语·正论》云：‘适’。”屈氏亦以为“‘适’字乃伪造《家语》者欲尊崇孔子而妄改。”[①] 不过我们仍然不能排除传闻异辞的可能性，故书“通”与“谒”形近而讹，不能谓必无其事，而《家语》《韩诗外传》《新序》均为尊孔者所编制，或者《家语》之“撰集”者与孔氏更有关系，因而在选词上与众不同，此犹可说也。但王肃若必本此两种文献，何以不一并抄之？因对于王肃来说，此等皆为小节，似不必斤斤计较；真正重要的不同，是《家语》“与于臣谓之赐”及“与于君谓之献”两句为《韩诗外传》与《新序》所无，则范家相、孙志祖所谓承袭之说不免落空。对此，铺张《家语》为王肃伪作说者，非谓此等文字为王肃所窜入，则不能圆其说，如石光瑛之言曰：“盖肃特著在此，以为难郑张本。其私心，千载下尚可以窥见也。”[②] 马昭尚说不出来的，后人不惮烦说之之例类如此。笔者认为，王肃之“难郑”正如其自述的，原本如马融、郑玄般偏据《周礼》，所学不复为其牢笼后，乃更据《诗》说、《荀子》《董子》《家语》等立论（见前文《周礼》贾疏所引“王肃论云：“吾幼为郑学之时”云云。）之类，此处近是。王肃见《周礼·天官·玉府》“凡王之献”云云经文之可疑并郑注之不通，乃据《家语》正之，若徒见有《韩诗外传》《新序》诸文，则未见得郑学有何不妥，因其只提到“取”与“假”的关系，未涉及有关“献”的定义问题。郑学之徒马昭对此也只是采取了另寻义据别为界说的对策，对《家语》此处之文字并无訾议，就《家语》本文来看，孔子不限于“取”“假”连类而及“献”“赐”以明礼制，博喻以开导季孙，也是合乎情理的，未见有何生硬勉强之处。贾疏说“《三传》皆不解献义”，其他经典似亦无有界说“取”“假”“献”“赐”诸义简明扼要如《家语》者。这是王肃重视《家语》的一个理由。其间似只有郑学与王学势力之较量消长，必谓《家语》为王肃伪造，那是凿之过深了。反过来说，更为重要的是，郑玄似未见《家语》此段文字，若寓目及之，如此有关系之文字，渊博精深如郑氏，必不会毫无讨论，而等待后学来饶舌了。

---

① 屈守元笺疏《韩诗外传笺疏》卷五，巴蜀书社，1996，第514页。

② （汉）刘向编著，石光瑛校释，陈新整理《新序校释》卷五，中册，第721页。

进而言之，此《家语》是否如马昭所说“王肃所增加，非郑所见”之《家语》这一问题所导出的更为深沉内在的逻辑指向是：我们首先要问马昭本人有没有见到古已有之的、未为“王肃所增加”《家语》旧本？如果他手头即有，据旧本校之，斥言王肃之伪劣行径即可，何劳托言“非郑所见”？此等证据只消摆出一二条即可说明问题，不烦屡举，后世之为经注疏者如孔颖达之类博洽之士决不会轻易漏过，吾人何其不幸，竟不获睹及一鳞半爪？若非得之目验或传闻，又有何资格指控他人“增加”？换言之，马昭之说的逻辑起点正是“非郑所见”，推论结果才是“《家语》王肃所增加”。也就是说，马氏之义的恰当表述，或曰内在结构，其实应该是《家语》此说，“非郑所见”（说穿了：非郑所知），是故“《家语》王肃所增加”。盖为取信于人，乃倒辞言之。

由此引申出一个值得讨论的问题是：郑玄是否见过《家语》呢？有证据表明，郑玄很可能确未见过《家语》。群经注疏向称古说之渊薮，颇有助于搜讨，我们就从此入手。除了马昭提到的一条，上文又讨论的一条外，《礼记正义》有同样重要的一例。《礼记·曾子问第七》：

> 子游问曰：“丧慈母如母，礼与？”孔子曰：“非礼也。古者男子外有傅，内有慈母，君命所使教子也，何服之有？昔者鲁昭公少丧其母，有慈母良，及其死也，公弗忍也，欲丧之。有司以闻曰：‘古之礼，慈母无服。（郑注：据国君也。良，善也。谓之慈母，固为其善。国君之妾子于礼不服也。昭公年三十，乃丧齐归，犹无戚容，是不少，又安能不忍于慈母？此非昭公明矣，未知何公也。）今也君为之服，是逆古之礼而乱国法也。若终行之，则有司将书之，以遗后世，无乃不可乎？’公曰：‘古者天子练冠以燕居。’公弗忍也，遂练冠以丧慈母。丧慈母自鲁昭公始也。”

孔疏：

> 云“昭公年三十乃丧齐归”者，按襄三十一年襄公薨，《左传》云：“昭公十九犹有童心。”是即位时年十九也。昭公十一年，其母齐

归薨而无慼容，是年三十，非少孤也。按《家语》云："孝公有慈母良。"今郑云"未知何公"者，郑不见《家语》故也。或《家语》王肃所足，故郑不见也。①

由此可知，郑君认为《礼记》的"鲁昭公"事迹与《左传》不合，《曾子问》的记载有误，孔子提到的鲁君断非"鲁昭公"，不知是哪一位。应该说郑氏不愧大儒，其考证是严谨的，其质疑是有理据的。但是因为他很可能没有见到《家语》，所以不能斥言其人应为鲁"孝公"，《家语》中的"孝公"行事正与《曾子问》孔子所提到的鲁君相合。但是因为此处据王肃本《家语》立论，而马昭又有"《家语》王肃所增加，非郑所见"的话，所以孔疏又据之云："或《家语》王肃所足，故郑不见也。"从中可以看到，马昭说法的影响之大；同时，从其说只被作为"或"说存异，而主张"郑不见《家语》故也"，也可见如此虚说已不能羁绊饱学之士了。试想，如果，郑玄视野所及有类如王肃注本的《家语》，渊深博通如郑氏或可以不必采用渺遥的关于舜乐之前说，他岂会错过此等直接相关的文献，而劳神费力地去考证它呢？而学者若思不出此途，竟意欲弥缝乃至铺张关于郑玄神话的话，岂不唯有随声附和"《家语》王肃所增加，非郑所见"之一途吗？

而《周礼》贾疏与孔颖达的看法似不相同，认为郑氏之注多本于《家语》，如：

1.《周礼·秋官·小司寇》："及大比，登民数，自生齿以上，登于天府。(郑注：大比，三年大数民之众寡也。人生齿而体备。男八月而生齿，女七月而生齿。)"贾疏："云男八月、女七月而生齿者，按《家语·本命》：'男子八月生齿，八岁而龀齿。女子七月而生齿，七岁而龀齿。'男子阳，得阴而生，得阴而落。女子阴，得阳而生，得阳而落。故男偶女奇也。"②

2.《周礼·秋官·朝士》："凡得获货贿、人民、六畜者，委于朝，告于士，旬而举之，大者公之，小者庶民私之。（郑注：玄谓人民之小者，

① 《礼记正义》卷一八，（清）阮元校刻《十三经注疏》下册，第1393页下栏~1394页上栏。

② 《周礼注疏》卷三五，（清）阮元校刻《十三经注疏》上册，第874页中栏。

未龀之【七】[1] 岁以下。)”贾疏：“云‘玄谓人民之小者，未龀七岁以下’者，按《家语·本命》：‘男子七岁而龀齿，女子八岁而龀齿。’此言七岁，据男子，若女子则八岁，皆别【刑】（据阮校正）人所生。”[2]

3.《周礼·秋官·司民》：“司民掌登万民之数，自生齿以上皆书于版，辨其国中与其都鄙及其郊野，异其男女，岁登下其死生。(郑注：登，上也。男八月女七月而生齿。版，今户籍也。下犹去也。每岁更著生去死。)”贾疏：“云‘男八月女七月而生齿’者，《家语·本命篇》，疏已具于上。”[3]

4.《周礼·秋官·司厉》：“凡有爵者与七十者与未龀者，皆不为奴。(郑注：有爵，谓命士以上也。龀，毁齿也。[4] 男八岁女七岁而毁齿。)”贾疏：“云‘男八岁、女七岁而毁齿’者，《家语·本命篇》之文也。”[5]

不过，贾疏所揭《家语·本命篇》（见今本《家语·本命解》第二十六）之文均复见于《大戴礼记·本命第八十》，所以很可能郑注据《大戴礼》为说，未必“《家语·本命篇》之文也”，当然，从中亦可见《家语》在唐代学者心目中之地位，或亦不在《大戴礼》之下。正如孔疏所谓“《家语·执辔篇》《大戴礼·本命篇》皆云‘人十月而生’”,[6] 是其例也。另外，贾氏既认为此等处皆为郑玄所本，则必非“王肃所增加”者，这也是一种看法。

“郑不见《家语》”的说法，又见于《毛诗正义·东门之杨》：

> 东门之杨，其叶牂牂。(兴也。牂牂然，盛貌。言男女失时，不逮秋冬。笺云：杨叶牂牂，三月中也。兴者，喻时晚也，失仲春之月。)

---

① 阮校本“之”，彭林据宋椠八行本作“七”，与贾疏所引合。参见（汉）郑玄注，（唐）贾公彦疏，彭林整理《周礼注疏》卷四二，上海古籍出版社，2010，下册，第1375页。

② 《周礼注疏》卷三五，（清）阮元校刻《十三经注疏》上册，第878页上栏~中栏。

③ 《周礼注疏》卷三五，（清）阮元校刻《十三经注疏》上册，第878页下栏。

④ 孙诒让校：“以上”下，蜀石经无“也”字，“龀毁齿也”四字，蜀石经作“龀者”。雪克辑校《孙诒让全集·三经注疏校记》上册，第283页。

⑤ 《周礼注疏》卷三六，（清）阮元校刻《十三经注疏》上册，第882页中栏。

⑥ 《毛诗正义》卷二〇之二，（清）阮元校刻《十三经注疏》上册，第615页上栏。

孔疏：

〇传“牂牂”至“秋冬”。〇正义曰：此刺昏姻失时，而举杨叶为喻，则是以杨叶初生喻正时，杨叶已盛喻过时。毛以秋冬为昏之正时，故云男女失时，不逮秋冬也。秋冬为昏，无正文也。《邶风》云“士如归妻，迨冰未泮”，知迎妻之礼，当在冰泮之前。荀卿书云：“霜降逆女，冰泮杀止。”霜降，九月也。冰泮，二月也。然则荀卿之意，自九月至于正月，于礼皆可为昏。荀在焚书之前，必当有所凭据。毛公亲事荀卿，故亦以为秋冬。《家语》云：“群生闭藏为【乎】阴，而为化育之始，故圣人以合男女，穷天数也。霜降而妇功成，嫁娶者行焉。冰泮而农业起，昏礼杀于此。”又云：“冬合男女，春颁爵位。”《家语》出自孔家，毛氏或见其事，故依用焉。《地官·媒氏》云：“仲春之月，令会男女。于是时也，奔者不禁。”唯谓三十之男，二十之女，所以蕃育人民，特令以仲春会耳。其男未三十，女未二十者，皆用秋冬，不得用仲春也。〇笺“杨叶”至“之月”。〇正义曰：笺亦以杨叶之盛，兴晚失正时也。郑言“杨叶牂牂，三月中”者，自言叶盛之月，不以杨叶为记时也。董仲舒曰：“圣人以男女阴阳，其道同类，叹【观】天道向秋冬而阴气来，向春夏而阴气去，故古人霜降始逆女，冰泮而杀止，与阴俱近而阳远也。”郑以昏姻之月唯在仲春，故以喻晚失仲春之月。郑不见《家语》，不信荀卿，以《周礼》指言“仲春之月，令会男女”，故以仲春为昏月。其《邶风》所云，自谓及冰泮行请期礼耳，非以冰之未泮已亲迎也。毛、郑别自凭据，以为定解，诗内诸言昏月，皆各从其家。①

笔者不厌其烦抄录此段文字，不光为取证于兹，也是看到它对于今人明了此类书之体例（包括用语习惯）颇有帮助，以便于我们对出自这类书的观点采取恰当的态度。至少有四点是值得注意的：第一，《孔疏》因为《毛传》与《家语》观点相近，而推测其有可能以是以《家语》为根据的，所以我们也不能排除毛氏见过《家语》的可能性。但是因为两者又与

① 《毛诗正义》卷七之一，（清）阮元校刻《十三经注疏》上册，第 377 页下栏。

《荀子》相通，这就难说了。怀疑的观点会说《家语》抄自《荀子》，相反的观点，也可以参证《家语·后序》说荀子既然与《家语》关系如此密切，为什么不是《荀子》本于《家语》呢？或者也可能《家语》与《荀子》同源，在逻辑上均可各备一说，但这些显然都不是孔疏的见解。第二，郑玄是根据《周礼》立说的，如果仅仅孤立地以此一首诗的传笺之异来看，那么只能说所谓“郑不见《家语》”也不过是疏家的臆度之辞，但是联系上文的讨论来看，已非孤证，如此斩钉截铁的断语，已经完全不受马昭的观点的支配了。第三，对于毛、郑之异，疏家采取“各从其家”的策略，这提醒我们要特别注意唐人义疏之学中非常重要的“疏不破注”的戒律，涉及郑玄时尤其不可轻忽其“礼是郑学”的原则，如果用一种相对通达或者说是较为超越的观点来看的话，对于某些片面的疏辞不必过于认真。笔者认为马昭“《家语》王肃所增加，非郑所见”的话，就属于被过度重视的典型事例。第四，孔疏说：“郑不见《家语》，不信荀卿”，用语颇见分晓，其义却未必不可以相通。《毛诗正义》另一段的语意与之颇为相近：“孙卿、《家语》未可据信，故据《周礼》三十之男，二十之女，昏用仲春也。”① 屡屡出现的“不信”一词尤堪玩味，此处之“不信”，显然不指对《荀子》文本的可靠性有何怀疑，只是对其义理不予采纳，正与前文已讨论到的“其《大戴礼》《史记》诸书，皆郑（玄）所不信”、张融以为《家语》此类见解“非孔子之言”皆为同一类型，皆主于经典之判教，而意不在文献之辨伪，其间确有波及连带纠缠不清的关系，今人讨论及此则不能不有严谨的分辨，正是在这一意义上，“增加”与“不信”（或“未信”）是绝不可等量齐观的。在张融之后、唐代以前对《家语》颇有訾议的要以南朝宋人庾蔚之为最著名，他的理由也是“未信”：

> 自以同生成亲，继父同居，由有功而致服，二服之来，其礼乖殊。以为因继父而有服者，失之远矣。马昭曰：“异父昆弟，恩系于母，不于继父。继父，绝族者也。母同生，故为亲者属，虽不同居，犹相为服。王肃以为从于继父而服，又言同居，乃失之远矣。”子游、狄仪，或言齐缞，或言大功，趋于轻重，不疑于有无也。《家语》之

① 《毛诗正义》卷一之五，（清）阮元校刻《十三经注疏》上册，第291页中栏。

言，固所未信。子游古之习礼者也，从之不亦可乎。[①]

所谓“《家语》之言”，当指《通典》上文所录“王肃《圣证论》”所“引《孔子家语》”曰：“郑人有同母异父之昆弟死，将为之服，因颜亥而问礼于孔子。曰：‘继父同居者，则异父昆弟从为之服；不同居者，继父且犹不服，况其子乎！’”[②] 此据中华书局标点本迻录文字，有的学者径将“《家语》之言，固所未信”视为马昭之言，那是将“子游”以下全部亦点入马昭语中，似未见其不可，无论如何庾氏之见全本于马说而来。但这里的“不信”，则未必就是指斥文本的不可靠，则是可以断言的。因为同一个庾蔚之，对前文提到过的婚嫁之礼郑、王之争的看法是：“王、郑皆有证据，以人情言之，王为优矣。”[③] 这是不是说对王氏所据《家语》之言，有的“未信”、有的“信”，不可一概而论呢？哪里就必认定其为伪书了呢？若必以“《家语》之言，固所未信”为马昭之言，则庾蔚之辈对具有强烈的“王肃增加”意味的马氏之说，看来也没有亦步亦趋、太过认真。

话说回来，先儒往往以义理判教左右对文本真伪的看法，纠结混殽，任情褒贬，实难辞其咎。

今录唐人之疏缘此对《家语》充满怀疑甚或归罪于王肃的例子如下：

1.《尚书正义》：“此等之书，说五帝而以黄帝为首者，原由《世本》。经于暴秦，为儒者所乱。《家语》则王肃多私定，《大戴礼》《本纪》出于《世本》，以此而同。”[④] 巍按：孔颖达因《家语》与“今《世本·帝系》及《大戴礼·五帝德》……太史公《五帝本纪》皆以黄帝为五帝”，且“说五帝而以黄帝为首”，与伪《书·大序》以黄帝列“伏牺、神农、黄帝”“三皇”之末之说不合，而云然也。

2.《毛诗正义》：“《家语》云：‘卫庄公易朝市。孔子曰：“绎之于库

① （唐）杜佑撰，王文锦、王永兴、刘俊文、徐庭云、谢方点校《通典》卷九一，第3册，第2496页。

② （唐）杜佑撰，王文锦、王永兴、刘俊文、徐庭云、谢方点校《通典》卷九一，第3册，第2495页。

③ （唐）杜佑撰，王文锦、王永兴、刘俊文、徐庭云、谢方点校《通典》卷五九，第2册，第1678页。

④ 《尚书正义》卷一，（清）阮元校刻《十三经注疏》上册，第114页上栏。

门之内，失之矣。”’则卫有库门。鲁以周公立库，而卫亦有库门者，《家语》言多不经，未可据信。或以康叔贤，亦蒙褒當（巍按：疑‘當’作‘賞’）故也。”[①] 巍按：孔颖达以此与《明堂位》所记：“库门，天子皋门”之制不合，而云然也。然《礼记正义》疏《明堂位》此条郑注则云：“卫亦有库门，故《家语》云：‘卫庄公反国，孔子讥其绎之于库门内，祊之于东方，失之矣。’是卫有库门也。”[②] 是则又以《家语》为可据。同为孔颖达领衔之疏，而自相违反如此，何去何从？《家语》到底该不该信呢？

3.《仪礼注疏》：“以此言之，生时男子冠，妇人笄。今死妇人不笄，则知男子亦不冠也。《家语》云孔子之丧，袭而冠者。《家语》王肃之增改，不可依用也。”[③] 巍按：贾公彦据郑玄注《礼》，而认为“生时男子冠，妇人笄。今死妇人不笄，则知男子亦不冠也”。故有此说。

4.《礼记正义》：“王肃云‘君臣同制，尊卑不别’，其义非也。又‘王下祭殇五’者，非是别立殇庙，七庙外亲尽之祖，禘祫犹当祀之。而王肃云下祭无亲之孙，上不及无亲之祖，又非通论。且《家语》云先儒以为肃之所作，未足可依。”[④] 巍按：孔颖达因王肃论礼与郑玄不合，而有此说。

5.《礼记正义》：“而贾逵、马融、王肃之等以五帝非天，唯用《家语》之文，谓大皞、炎帝、黄帝五人之帝【帝之】[⑤] 属，其义非也。又先儒以《家语》之文，王肃私定，非孔子正旨。”[⑥] 巍按：孔颖达因从郑玄之义，不从贾逵、马融、王肃等的见解，而有此说。

6.《春秋左传正义》：“《家语》云：‘子鉏商采薪于大野，获麟焉，折其前左足，载而归。叔孙以为不祥，弃之于郭外。使人告于孔子，孔子曰：“麟也。”然后取之。’王肃云：‘传曰“狩”，此曰“采薪”，时实狩猎，鉏商非狩者，采薪而获麟也。传曰“以赐虞人”，此云“弃之于郭外”，弃之于郭外，所以赐虞人也。’然肃意欲成彼《家语》，令与经、传

---

① 《毛诗正义》卷一六之二，（清）阮元校刻《十三经注疏》上册，第 511 页中栏。
② 《礼记正义》卷三一，（清）阮元校刻《十三经注疏》下册，第 1490 页上栏。
③ 《仪礼注疏》卷三五，（清）阮元校刻《十三经注疏》上册，第 1130 页下栏。
④ 《礼记正义》卷一二，（清）阮元校刻《十三经注疏》下册，第 1335 页中栏～下栏。
⑤ 孙诒让校：“之帝”二字宜乙。雪克辑校《孙诒让全集·十三经注疏校记》下册，第 471 页。
⑥ 《礼记正义》卷二五，（清）阮元校刻《十三经注疏》下册，第 1444 页下栏。

符同，故强为之辞，冀合其说，要其文正乖，不可合也……《家语》虽出孔家，乃是后世所录，取《公羊》之说饰【节】（据阮校正）之以成文耳，不可与《左氏》合也。”[①] 巍按：孔疏非是，《家语》记“获麟”事，与公羊家说不同。

这些地方或许都有马昭“增加”说的影子，但与其说是本源于马说，不如说是借题发挥，任意牵合助阵以张己说、以实践“疏不破注”的原则而已，而《家语》为王肃“私定”之说、“《家语》言多不经，未可据信”之说、《家语》为王肃“增改”之说、《家语》为王肃“所作”之说，正是如此这般风云际会地被演绎出来的。其然，岂其然乎？

今再录唐人之疏缘此以为《家语》合理可信的例子如下：

1.《礼记正义》：“此一节论子夏、子张居丧顺礼之事。此言子夏、子张者，按《家语》及《诗传》皆言子夏丧毕，夫子与琴，援琴而弦，衎衎而乐；闵子骞丧毕，夫子与琴，援琴而弦，切切而哀，与此不同者，当以《家语》及《诗传》为正。”[②]

2.《春秋左氏传正义》：“《家语》曾子问此事，孔子云：‘晏平仲可谓能辟害也。不以己是而驳人之非。孙辞以辟咎，义也。’夫《家语》虽未必是孔子之言，要其辞合理，故王肃与杜，皆为此说。”[③]

是故疏家亦未必认《家语》为伪书，不过随文疏解而已。所谓“当以《家语》及《诗传》为正”、所谓“其辞合理”，与前引所谓“私定”、所谓“言多不经，未可据信”云云，相去又几何哉？孔颖达是最好的例子。同一孔颖达也，或假借“先儒”之言以《家语》为王肃“所作”“私定”；或以为“《家语》出自孔家，毛氏或见其事”；或以为“《家语》虽出孔家，乃是后世所录”；或以为“虽未必是孔子之言，要其辞合理”；对同一条《家语》所记“卫有库门”之事，或以为可据，或以为“未可据信”。纷纭之论，岂有定准？孔君不过领衔而已，异人之说，不能尽同，亦事所可有。不意至后世乃积非成是，蔚为壮观。沈钦韩曰：“《隋志》‘二十一卷，王肃解’有孔安国《后序》，即出肃手。并私定《家语》以难郑

① 《春秋左传正义》卷五九，（清）阮元校刻《十三经注疏》下册，第2173页上栏。

② 《礼记正义》卷七，（清）阮元校刻《十三经注疏》上册，第1285页下栏。

③ 《春秋左氏传正义》卷三三，（清）阮元校刻《十三经注疏》下册，第1964页下栏。

学。"[1] 我们知道，"孔安国后序，即出肃手" 本出于宋王柏之说，"私定《家语》" 唐人已经演绎成型了，但似尚未有明文说到"以难郑学" 的！（详下文）所以笔者认为在《家语》为王肃伪造案锻炼成狱的过程中，马绍的"增加" 说虽有发凡起例的功效，群经之疏又有推波助澜的作用，但都只能负一部分的责任。

① （清）王先谦：《汉书补注》卷三〇《艺文志》，上册，第875页上栏。

第二章 前王肃时代《家语》之流传

一 王肃之前《家语》的踪迹

话又说回来，我们不能不承认马昭之说的巧妙，其巧妙之处在于，马昭似不能不承认王肃之前，已有《家语》传世的事实。王肃不能一手遮天，故马昭只能派给他“增加”这一任务。到王肃伪造说风行之后，马说反而成为较为包容性的看法而赢得诸多学者的信从。真又是天道好还之一例也。惟马氏之说，即使权当被告，亦当尽其款曲，而王肃之前《家语》流传之踪迹，作为王肃本《家语》的背景是必须讨论的，今略为钩沉之。对理解马说得势之所以然之故或亦不无小补云尔。

前文已提到：张融所见《家语》与王肃同；郑学之徒田琼已经援引《家语》；《毛诗正义》以为“《家语》出自孔家，毛氏或见其事，故依用焉”；[①]《礼记正义》也说：“而贾逵、马融、王肃之等以五帝非天，唯用《家语》之文，谓大皞、炎帝、黄帝五人帝之[②]属”，[③] 毛公、贾逵、马融等均先于王肃，而已有用《家语》之文，凡此皆有助于我们一窥王肃之前《家语》传世之一斑。《十三经注疏》中此类例子不可枚举，今再列其较为可靠者如下：

---

① 《毛诗正义》卷七之一，（清）阮元校刻《十三经注疏》上册，第 377 页下栏。

② 据孙诒让校正，参见前文。

③ 《礼记正义》卷二五，（清）阮元校刻《十三经注疏》下册，第 1444 页下栏。

1.《毛诗正义·干旄》：

子子干旄，在浚之郊。素丝纰之，良马四之。（纰，所以织组也。總纰于此，成文于彼，愿以素丝纰组之法御四马也。笺云：素丝者，以为缕以缝纰旌旗之旒縿，或以维持之。浚郊之贤者，既识卿大夫建旄而来，又识其乘善马。四之者，见之数也。）

孔疏：

言“總纰于此，成文于彼”者，《家语》文也。”[①]

《正义》谓毛公本于《家语》，巍按：《家语·好生第十》“孔子曰：‘为此诗者，其知政乎！夫为组者，稔纰于此，成文于彼，言其动于近，行于远也。执此法以御民，岂不化乎！《竿旄》之忠告至矣哉！’（《竿旄》之诗者，乐乎善道告人。取喻于素丝良马如组纰之义。）”[②] 从上下文来看，《毛传》有取于《家语》的可能性确是很大的，何况除《家语》外，似未见其他文献有如此一致的记载。

2.《毛诗正义·绵》：

“虞芮质厥成，文王蹶厥生。（质，成也。成，平也。蹶，动也。虞、芮之君，相与争田，久而不平，乃相谓曰：“西伯，仁人也，盍往质焉?”乃相与朝周。入其境，则耕者让畔，行者让路。入其邑，男女异路，班白不提挈。入其朝，士让为大夫，大夫让为卿。二国之君，感而相谓曰：“我等小人，不可以履君子之庭。”乃相让，以其所争田为闲田而退。天下闻之，而归者四十余国。笺云：虞、芮之质平，而文王动其绵绵民初生之道，谓广其德而王业大。）”

孔疏：

① 《毛诗正义》卷三之二，（清）阮元校刻《十三经注疏》上册，第319页上栏~中栏。
② 《孔子家语》卷二，第28页上栏。

> “盖往归【质】（据阮校正）焉”，《家语》作“盍”。“盍”训“何不”也。此相劝之辞，宜为“盍”也。入其邑，谓入城中也。男女异路，谓如《王制》云：“道路，男子由右，妇人由左。”注云：“以为地道尊右故也。”斑白，谓年老，其发白黑杂也。以其年老不自提举其挈，有少者代之也。士让为大夫，大夫让为卿，为选大夫为卿，则各以尊爵相让也。《家语》、书传并有其事，与《毛传》小异大同，由异人别说故也。[①]

阮元校云：“‘盖’、‘盍’古同用字耳”，不必计较。[②] 惟孔疏认为《家语》《尚书大传》《毛传》记载西伯以仁让折服虞、芮诸国事迹大同小异，为“异人别说”之故，这比后人必以《家语》抄录诸本之说远为通达。兹录以比较证明之。

《家语·好生第十》：

> 虞、芮二国争田而讼，连年不决，乃相谓曰：“西伯仁也，（西伯，文王。）盍往质之。”（盍，何不。质，正也。）入其境则耕者让畔，行者让路；入其朝，士让为大夫，大夫让于卿。虞、芮之君曰：“嘻！吾侪小人也，（侪，等。）不可以入君子之朝。”远【遂[③]】自相与而退（《魏晋全书》校勘记：丛刊本“遂自相与而退”作“远自相与而退”，据备要本改[④]），咸以所争之田为闲田也。孔子曰：“以此观之，文王之道，其不可加焉，不令而从，不教而听，至矣哉。”[⑤]

《尚书大传》：

> 虞人与芮人质其成于文王，入文王之境则见其人萌让为士大夫，入其国则见士大夫让为公卿。二国相谓曰：“此其君亦让以天下而不

---

① 《毛诗正义》卷一六之二，（清）阮元校刻《十三经注疏》上册，第512页上栏。

② 《毛诗正义》卷一六之二校勘记，（清）阮元校刻《十三经注疏》上册，第513页下栏。

③ 陈士珂本同。

④ 曹书杰主编《魏晋全书》（2），第317页。

⑤ 《孔子家语》卷二，第26页。

居也。”让其所争，以为闲田。”（《文选·西征赋》注。〇又《毛诗·绵》正义。）①

《说苑·君道》：

> 虞人与芮人质其成于文王，入文王之境，则见其人民之让为士大夫；入其国，则见其士大夫让为公卿；二国者相谓曰：“其人民让为士大夫，其士大夫让为公卿，然则此其君亦让以天下而不居矣。”二国者，未见文王之身，而让其所争，以为闲田，而反。孔子曰：“大哉文王之道乎！其不可加矣！不动而变，无为而成，敬慎恭己而虞、芮自平。”故《书》曰：“惟文王之敬忌。”此之谓也。②

范家相认为《家语》“叙虞、芮质成，本毛苌《诗传》，其下述孔子之言，本《说苑》。”③ 孙志祖也认为此处“袭《毛传》成文”。④ 今综观诸本文辞，当以《说苑》为晚出。“然则此其君亦让以天下而不居矣”一语，直类后世疏注之文、引申之辞，非复故书质朴含蓄之旧观，引孔子之言后益以“《书》曰”云云收尾，则为《说苑》统一之体例。《家语》并鲁直之文与引经之例不抄，岂真是作伪者深心熟谋之所致哉？再以事辞相衡，自以《家语》与《毛传》较近，然如“天下闻之，而归者四十余国。”此等发明西伯王道之语不抄，岂作伪者又过于低劣乎？因所谓王道者，非二国归之之谓，乃天下归之之谓也。较为可能的是，《毛传》别有所本，广收博采，约成文辞。后人已不能谨遵古者“传闻异辞”之训，必一条鞭法般地强古人以就我，其然，岂其然乎？

又，《毛诗正义·皇矣》：

> 维此二国，其政不获。维彼四国，爰究爰度。（二国，殷、夏也。彼，彼有道也。四国，四方也。究，谋。度，居也。笺云：二国，谓

① 参见董治安主编《两汉全书》第1册，山东大学出版社，1999，第179页。

② （汉）刘向撰，向宗鲁校证《说苑校证》卷一，中华书局，1987，第8~9页。

③ （清）范家相：《家语证伪》卷二，《续修四库全书》第931册，第105页下栏。

④ （清）孙志祖：《家语疏证》卷一，《续修四库全书》第931册，第203页上栏。

今殷纣及崇侯也。正，长。获，得也。四国，谓密也、阮也、徂也、共也。度亦谋也。殷、崇之君，其行暴乱，不得于天心。密、阮、徂、共之君，于是又助之谋。言同于恶也。）

孔疏：

桀、纣身为天子，制天下之命，虽是有道之国，皆服而从之，与之谋为非道。故王肃云："彼四方之国，乃往从之谋，往从之居。"其秦亡【奏云】（据阮校正）"《家语》引此诗，乃云：'纣政失其道，而执万乘之势，四方诸侯固犹从之谋度于非道，天所恶焉。'"传意当然也。文王三分天下有其二，所以得有四方之国从纣谋居者，此说纣之初恶，文王未兴也。下云"憎其用大位行大政"，由其诸侯从之，故言政位大耳。若天下怨叛之后，无复大位大政，天意何以憎之？以此知毛氏之意，从之谋谓未叛时也。①

巍按：王肃之奏所引《家语》，今本无之，盖后世流传中有"遗失"也（参见前文"增加"与"遗失"之辨）。此处内容亦述文王之行王道，与《家语·好生》篇密切相关。孔疏"传意当然也"，是说《毛传》与《家语》一致，是也。有意思的是《家语》亦只是泛说"四方诸侯固犹从之"，而亦未及《毛传》所述"归者四十余国"之详情。可以作为《毛传》别而所据而非《家语》抄袭《毛传》之旁证。总之，就此条来看，与其盲从范家相、孙志祖之说，不如相信孔疏之见为得耳。

上述诸条，是比较有根据的王肃之前《家语》传本中的例子。兹再录数条笔者疑莫能明、尚待考究之例，以备研究者博观焉。

3.《毛诗正义·生民》：

《大戴礼·帝系篇》："帝喾卜其四妃之子，皆有天下。上妃，有邰氏之女，曰姜嫄，而生后稷；次妃，有娀氏之女，曰简狄，而生契；次妃，陈锋氏之女曰庆都，生帝尧；下妃，娵訾之女曰常仪，生

① 《毛诗正义》卷一六之四，（清）阮元校刻《十三经注疏》上册，第519页上栏~中栏。

挚。”以尧与契俱为喾子。《家语》、《世本》其文亦然。故毛为此传及《玄鸟》之传，司马迁为《五帝本纪》皆依用焉。其后刘歆、班固、贾逵、马融、服虔、王肃、皇甫谧等，皆以为然。①

“以尧与契俱为喾子”，孔疏以为被毛公、司马迁等诸儒所采之文献中就有《家语》，可备一说。

4.《周礼注疏·春官·太卜》：

掌《三梦》之法，一曰《致梦》，二曰《觭梦》，三曰《咸陟》。〔梦者，人精神所寤可占者。致梦，言梦之所至，夏后氏作焉。咸，皆也。陟之言得也，读如“王德翟人”之德。言梦之皆得，周人作焉。杜子春云：“觭读为奇伟之奇，其字当直为奇。”玄谓觭读如【为】（据阮校正）诸戎掎之掎，掎亦得也。亦言梦之所得，殷人作焉。〕

贾疏：

云“读如王德翟人之德”者，按僖二十四年《左传》云：“王德翟人，以其女为后。”德亦为得义，故读从之，故杜子春读“觭”为“奇伟”之奇，读从《家语》。“玄谓觭读如【为】（据阮校正）诸戎掎之掎，掎亦得也”者，按襄十四年《左传》云：“戎子驹支曰：秦师不复，我诸戎实然。譬如捕鹿，晋人角之，诸戎掎之。”是掎为得也。②

魏按：贾疏谓杜子春读《周礼》此处从《家语》，子春在王肃之前，似此亦为《家语》流传较早之例，但尚有疑点。《家语·三恕第九》：“丘尝闻君子之言道矣，听者无察，则道不入。（言听者不明察，道则不能入也。）奇伟不稽，则道不信。（稽，考也。听道者不能考校奇伟，则道不见信。此言苟非其人道不虚行。）”③虽有“奇伟”之文；《荀子·非相篇第

① 《毛诗正义》卷一七之一，（清）阮元校刻《十三经注疏》上册，第528页中栏。

② 《周礼注疏》卷二四，（清）阮元校刻《十三经注疏》上册，第803页上栏～中栏。

③ 《孔子家语》卷二，第22页。

五》卷三唐杨倞注："足以为奇伟偃却之属（杨倞注：奇伟，夸大也。偃却，犹偃仰，即偃蹇也。言好雄口辩，适足以自夸大偃蹇而已。）"[①] 亦有之，然皆一见；至太史公则用例有两条：一见其论张良"余以为其人计魁梧奇伟"，[②] 一见其叙"鲁仲连者，齐人也。好奇伟俶傥之画策"。[③] 恕不多举，凡此皆在子春之前，不知贾疏何以知其必"读从《家语》"？也许贾氏认为《家语》所出当在《荀子》《史记》之前，故如此说，但前引贾氏《仪礼注疏》又有"《家语》王肃之增改，不可依用也"之说，或者此等为非贾氏意中王肃所"增改"之部分？不知此处是否如前者贾氏疏郑注认为必出《家语》一般之一厢情愿？疑莫能明。但是对《家语》之重视，一目了然。也许贾氏尚有我们未及见的文献信息，或者笔者的理解有误，录之谨供参考。

二　为王肃本所有而非伪造之《家语》材料示例

《家语·七十二弟子解第三十八》：

> "琴牢，卫人，字子开，一字张。（陈士珂：《史记》无。）与宗鲁友，闻宗鲁死，欲往吊焉，孔子弗许，曰：'非义也。'"[④]

《家语》此条，为《史记·仲尼弟子列传》所无，亦不见于他种文献，几乎可以说是王肃注本所独有之材料，《孔子家语解序》亦特为重视：

> 《语》云："字【牢】曰：'予【子】云：吾不试，故艺。'"谈者不知为谁，多妄为之说。《孔子家语》：弟子有琴张，一名牢，字子开、子张【亦字张】，卫人也。宗鲁死，将往吊，孔子止焉。[⑤]

---

① （清）王先谦撰，沈啸寰、王星贤点校《荀子集解》卷三，中华书局，1988，第 89 页。
② （汉）司马迁撰《史记》卷五五《留侯世家》，第 2049 页。
③ （汉）司马迁撰《史记》卷八三《鲁仲连列传》，第 2459 页。
④ 《孔子家语》九卷，第 98 页上栏。
⑤ 《孔子家语》第 1 页下栏，间有讹字或异文，据四库本校正。

王肃认为据此可以破“谈者”之“妄说”，故以此例渲染“孔子二十二世孙有孔猛者”所传《家语》本之优胜。后儒论“琴张”者多从其说，而怀疑《家语》为王肃伪造者，亦集矢于此，颇有渺不得定论之势。今试略分析之，或有补于该案之探究也。

《汉书·古今人表第八》列有“琴牢”一人，居“中上”，与之颇有关系。然王念孙以为当作“琴张”，作“琴牢”者为后人误据王肃之伪书《家语》所改而致。《读书杂志》说：

> “牢”本作“张”，后人据《家语》改之也。《人表》所载，皆经传所有。昭二十年《左传》及《孟子·尽心》篇皆作“琴张”，《庄子·大宗师》篇作“子琴张”，无作“琴牢”者。《论语·子罕》篇“牢曰：子云‘吾不试，故艺。’”郑注以为子牢，盖据《庄子·则阳篇》“长梧封人问子牢”之文，然亦不以为琴张。牢与琴张本非一人也。惟《家语·弟子》篇始云“琴牢，卫人，字开，一字张。”又《序》云：“《语》云：‘牢曰：子云“吾不试，故艺”’，谈者不知为谁，多妄为之说。”《孔子家语·弟子》：“有琴张，一名牢，字子开、亦字张，卫人也。”是琴牢字张，始见于《家语》，乃王子雍所伪撰，何得据之而改《汉书》乎？（杜预《左传注》“琴张，字子开，名牢。”殆为《家语》所惑。）贾逵、郑众注《左传》以琴张为颛孙师，而服虔驳之曰：“子张少孔子四十余岁，孔子是时四十，知未有子张。”赵岐注《孟子》，亦以琴张为子张，云“子张善鼓琴，号曰琴张”。如《汉书》有“琴牢”，则《论语》郑注、《孟子》赵注、《左传》贾、郑、服三家注，何不据之以释“牢曰”及“琴张”乎？然则《人表》不作“琴牢”明甚。①

其子王引之复申之于《经义述闻》：

> 贾、郑二家之说，固无明征，王肃《家语》亦不足信……（《庄

① （清）王念孙：《读书杂志》卷四之三《汉书第三》“琴牢”条，江苏古籍出版社，2000，第209页下栏~210页上栏。

子·则阳篇》）司马彪注以子牢为琴牢，亦为《家语》所误。[①]

王氏父子之说，颇有同调。[②] 刘宝楠认为《读书杂志》"其说良然"，并引申其说云：

> 《白水碑》琴张、琴牢并列，此（巍按：指《汉书·古今人表》）及《左传》杜注皆为《家语》所惑，不足凭也。自《家语》"琴牢"之名出，唐赠琴牢南陵伯，宋赠顿丘侯，改赠阳平侯，则皆由《家语》之说误之矣。窃谓琴张非子张，服氏之辨最确。而子牢非琴张，则郑此注（巍按：即"郑曰：'牢，弟子子牢也。'"）最当。《庄子·则阳释文》引司马彪云："即琴牢，孔子弟子。"与杜预同误。《史记·仲尼弟子列传》无牢名，当是偶阙。[③]

《读书杂志》之说，王先谦用以补注《汉书·古今人表》；[④]《经义述闻》与刘宝楠《论语正义》之说，被程树德收入《论语集释》；[⑤]《读书杂

---

① （清）王引之：《经义述闻》卷一九"琴张，字子开，名牢"条，江苏古籍出版社，2000，第463页下栏。

② 郭庆藩关于《庄子·则阳篇释文》有很长的一段按语云："琴张，孔子弟子，经传中无作琴牢子牢者。惟《孔子家语·弟子》有'琴张，一名牢，字子开，亦字张，卫人也。'是琴〔张〕始见于《家语》，其书乃王子雍所伪撰，不足为据。贾逵、郑众注《左传》，以琴张为颛孙师。服虔驳之云：'子张少孔子四十余岁，孔子是时四十，知未有子张。'赵岐注《孟子》，亦以琴张为子张，云：'子张善鼓琴，号曰琴张。'（盖又据《礼记》'子张既除丧'数语而附会者也。）尤为不经。琴张、子牢，本非一人也，司马此说非。《汉书·古今人表》作'琴牢'，亦浅学者据《家语》改之也。如《汉书》有琴牢，则贾、郑、服各注早据之以释牢曰琴张矣。《论语》郑注、《孟子》赵岐注及《左传》同。"见（清）郭庆藩撰，王孝鱼点校《庄子集释》卷八下，中华书局，1961，第4册，第898页。郭氏之见，似颇袭王氏之说，也可能"英雄所见略同"，今无从质言。惟所谓"《论语》郑注、《孟子》赵岐注及《左传》同。"极其不通，或有脱文？而郭氏称"赵岐……云：'子张善鼓琴，号曰琴张。'（盖又据《礼记》'子张既除丧'数语而附会者也。）"则可备一说。

③ （清）刘宝楠撰，高流水点校《论语正义》上册，中华书局，1990，第332页。

④ 参见王先谦《汉书补注》卷八《宣帝纪》上册，第373页。间有省略，甚至错讹，如将"谈"字误为"读"字。

⑤ 参见程树德撰，程俊英、蒋见元点校《论语集释》卷一七《子罕上》，中华书局，1990，第2册，第584页。

志》与刘氏之说，王叔岷又纳之于《庄子校诠》。[①] 凡治经、史、子者，皆奉为圭臬，可谓影响极大，浸成定论。而其立说之骨干，一言以蔽之，即为《家语》为王肃伪造之说是也。站在此说之立场上，“为《家语》所误”者，据王叔岷、刘宝楠所统计，有杜预之《左传注》、司马彪之《庄子注》、《汉书》之传世本，以及“唐赠琴牢南陵伯，宋赠顿丘侯，改赠阳平侯”等说。或以为“孔子之后一人而已”的朱子，其《四书章句集注》：“牢，孔子弟子，姓琴，字子开，一字子张。”[②] 则亦被王肃《家语》所牢笼，其他更毋庸论也。此可见《家语》之说势力之大，亦可见王、刘诸说攻驳之猛。

惟亦间有异说。治《汉书》者，与王念孙同年生，而《人表考》早于《读书杂志》成书的梁玉绳曰：

> 琴牢：“牢”始见《论语》，即“琴张”，（《左昭廿》、《孟子》）琴姓，（《广韵注》）名牢，字子开，一字张，卫人。（《昭廿注》、《家语序》及《弟子解》，而《孟子》赵《注》谓子张善琴，号琴张，恐误；又《仓颉碑》分琴牢、琴张为二人，唐追封亦二琴并列，非也。）亦曰“子牢”。（《庄子·则阳》。）亦曰“子琴张”。（《庄子·大宗师》。）开元唐赠南陵伯（《通典》五十三；《通考》四十三），真宗封顿丘侯，徽宗政和元年改阳平侯。（《宋志》、《通考》。）[③]

年纪小王引之近十岁的沈钦韩亦云：

> 琴牢：《庄子·大宗师》“子琴张”，又《则阳篇》“长梧封人问子牢曰：‘君为政焉勿卤莽，治民焉勿灭裂。”司马彪云即琴牢。[④]

---

① 王叔岷撰《王叔岷著作集·庄子校诠》卷四《杂篇·则阳第二十五》，中华书局，2007，下册，第1017页。

② （宋）朱熹撰，朱杰人、严佐之、刘永翔主编《朱子全书》，上海古籍出版社、安徽教育出版社，2002，第陆册之《四书章句集注》第141页。

③ 梁玉绳：《人表考》，二十五史补编委员会编《史记两汉书三史补编》，北京图书馆出版社，2005，第壹册，第286页上栏。

④ （清）沈钦韩等撰《汉书疏证（外二种）》卷八，上海古籍出版社，2006，第1册，第253页上栏。

前者不废《家语》之说，并通之于《左》《孟》《庄子》《汉书》，后者亦不以王氏之理校为然，甚至持司马彪之说以合会《汉书》。然此等不过轻微的发声而已。

治《孟子》者，如焦循则申赵岐之说（今不备录），而以《汉书》为可据：

> 《汉书·古今人表》以子张与曾晳相次，列于第三，而以琴牢列于第四，似亦以子张即琴张，而琴牢别为“牢曰子云”之牢，别无琴张之名。赵氏生王肃前，未见有《家语》，自不知琴张即琴牢，以子张释之，非无本也。

而亦痛驳王肃、《家语》，并援引陈鳣之《论语古训》云：

> 王肃《家语叙》云：“《语》云‘牢曰：子云“吾不试，故艺。”’谈者不知为谁，多妄为之说。”《孔子家语》：“弟子有琴张，一名牢，字子开、亦字张，卫人也。”肃云谈者，即指郑氏。夫《论语》记弟子不应称名，《汉白水碑》琴张、琴牢判为二人，肃臆说不可信。[①]

《家语》及王《序》关于“琴张”此条，遭王念孙、王引之父子，陈鳣等大学者的重拳，似势难翻身。然犹有待发之覆。

今先从陈鳣之说辨起。陈说颇有市场。黄式三《论语后案》亦录此段文字，径作为“牢曰：子云‘吾不试，故艺。’”章之“后案”，[②] 其实很有问题。

其一，所谓“夫《论语》记弟子不应称名”之例，不能成立。我们只要找出一条《论语》中记孔子弟子称名的材料，此例便不通矣，今试举两条。

> 哀公问于有若曰：“年饥，用不足，如之何？”有若对曰：“盍彻乎》？”曰：“二，吾犹不足，如之何其彻也？”对曰：“百姓足，君孰

---

① 焦循撰，沈文倬点校《孟子正义》卷二九，中华书局，1987，下册，第 1026～1027 页。

② （清）黄式三撰，张涅、韩岚点校《论语后案》，凤凰出版传媒集团凤凰出版社（原江苏古籍出版社），2008，第 231 页。

与不足？百姓不足，君孰与足？"[①]

冉求曰："非不说子之道，力不足也。"子曰："力不足者，中道而废。今女画。"[②]

《史记·仲尼弟子列传》："有若，少孔子四十三岁。"《索隐》："《家语》云'鲁人，字子有，少孔子三十三岁。'今此传云'四十二岁'，不知传误，又所见不同也？"《正义》："《家语》云'鲁人，字有，少孔子三十三岁'，不同。"[③] 巍按：明覆宋本《家语》作"有若，鲁人，字子有，少孔子三十六岁。"[④] 在岁数上与《索隐》与《正义》所引出入三年，《正义》所引"字有"，疑应为"字子有"，夺"子"字。《史记》未举其字，而《家语》有记载"字子有"。又《家语·七十二弟子解》："冉求，字子有，仲弓之族，有才艺……"[⑤]《史记·仲尼弟子列传》："冉求字子有，少孔子二十九岁。为季氏宰。"[⑥] 则均以冉求字子有，无异辞。如此则《论语》称名"有若""冉求"，白纸黑字，毋庸再辩者，可见陈鳣"《论语》记弟子不应称名"之说，不能成立。然而更值得注意的是，据《家语》记载，有若与冉有均字"子有"，我很怀疑《论语》之编纂者为了不至于将同字的两人混淆，才出具二人之名，这可视为变例。这种特殊情况使得太史公也不详有若之字了。那么，琴牢在《论语》中称名为"牢"是否也是这种情况呢？《家语·七十二弟子解》"琴牢，卫人，字子开，一字张。（陈士珂：《史记》无[⑦]）"；[⑧] 又"颛孙师，陈人，字子张。"[⑨]《史记·仲尼弟子列传》同。[⑩] 由此我们认为，很可能《论语》之编纂者为了不至于将字"张"的琴牢与字"子张"的颛孙师混淆，亦出具其名，适符同一变例，而这同一类情况让太史公对他连名连字两不知了，更何况郑玄？王肃

① 《论语注疏》卷一二，（清）阮元校刻《十三经注疏》下册，第2503页中栏。

② 《论语注疏》卷六，（清）阮元校刻《十三经注疏》下册，第2478页下栏。

③ （汉）司马迁撰《史记》卷六七《仲尼弟子列传》，第2215～2216页。

④ 《孔子家语》卷九，第96页下栏。

⑤ 《孔子家语》卷九，第95页下栏。

⑥ （汉）司马迁撰《史记》卷六七《仲尼弟子列传》，第2190页。

⑦ 陈士珂辑《孔子家语疏证》卷九，上海书店，1987，第227页。

⑧ 《孔子家语》卷九，第98页上栏。

⑨ 《孔子家语》卷九，第96页上栏。

⑩ （汉）司马迁撰《史记》卷六七《仲尼弟子列传》，第2203页。

因为有传自孔家的新材料，对之特为敏感，岂料后人无识，反以为伪乎？

其二，陈氏提到“《汉白水碑》琴张、琴牢判为二人”，确是很重要的史料，但是否就足以证明“肃臆说不可信”呢？

众所周知，清代学者或不免有“凡汉皆是”的鄙陋，尤以乾嘉学者为甚。他们勤于搜求证据，但思想方法有时流于简单粗暴，未能充分合理运用所得材料，殊为可惜。此处就是一例。

陈氏列举的“《汉白水碑》琴张、琴牢判为二人”，与梁玉绳揭示的“《仓颉碑》分琴牢、琴张为二人”，均可证明汉时流传着琴张、琴牢非为一人的说法，这一说法与《家语》、王《序》的说法有所不同，但是未必不可相通，它反映汉人对同字之孔门弟子加以区分的努力，不可拘泥视之。在这个问题上，似也不可只论“汉”不“汉”而不论是与非。

其三，上述汉碑证明，相传确有“琴牢”其人，而非乌有先生，《汉书·古今人表第八》有“琴牢”，是很自然的。王氏父子偏据《家语》伪书说，有失于武断。既然流行有“琴张、琴牢判为二人”的说法，而汉儒如贾逵、郑众、赵岐皆主琴张为子张说，则汉人的主流意见是“子张”（即他们认为的“琴张”）与“琴牢”非一人，“子张”已经前列于《古今人表》“上下”，则此处当为“琴牢”，如果列为“琴张”，则无异于一人而占两位，殊不可通。又《古今人表》此处位列“中上”，此确定不移者也，“曾皙”前列为“上下”，此亦确定不移者也，《孟子》云“如琴张、曾皙、牧皮者，孔子之所谓狂矣。”王念孙说“《人表》所载，皆经传所有。”更准确地说“《人表》所载，皆本于经传”，则“琴张”当与“曾皙”同列，岂有降一格处理之理？而若以《家语》的看法衡之，则无论此处为“琴牢”或“琴张”，皆可通也，因为同是一人，举名与书字，无大关系。更可能与《论语》的编纂者一般，为了不至于将字“张”的琴牢与字“子张”的颛孙师混淆，而特笔为“琴牢”。从诸文献所载其行事看，列于“中上”，亦颇合适。照这一种看法，则班固与王肃所注之《家语》实为同一见解也。岂可不谓渊源有自乎？

总之，《家语》此条为王肃本独有而非伪造的可能性是存在的，与班固所见《家语》一致的可能性也是存在的。

第三章 唐宋学者有关《家语》伪书理论之演成

一 颜师古"非今所有《家语》"说及唐人之主流见解

后世之持《家语》为伪书说者，一则远本马昭针对王肃所指控的云云之说，一则近据所谓唐颜师古对于今本《家语》之质疑，似亦有坚明之证据。举其要者，如南宋王柏《家语考》援引师古注以为立论之前提：

> 班固曰："《孔子家语》二十七卷"（卷与篇不同），颜师古已注云："非今所有之《家语》"。①

由此出发铺张其"古之《家语》""后之《家语》""今之《家语》"，截然三分，渐定型化为古今两分、以古非今的二元论，并推演其"今之《家语》"为王肃伪托之说。

清代崔述亦据之推论今本《家语》之伪：

> 《汉书·艺文志》云："《孔子家语》二十七卷"，师古曰："非今所有《家语》。"则是孔氏先世之书已亡，而此书出于后人所撰，显然可见。②

---

① 王柏：《家语考》，氏著《鲁斋集（附录，补遗）》卷之一，王云五主编《丛书集成初编》本，商务印书馆，据《金华丛书》本排印，1936，第1册，第10~11页。

② 崔述：《洙泗考信录》卷之一，（清）崔述撰著，顾颉刚编订《崔东壁遗书》，上海古籍出版社，1983，第265页上栏。

范家相亦据此引申出《家语》文本“今”“古”之辨，讥弹王肃道：

> 《汉志》：“《孔子家语》二十七卷”颜师古曰：“非今所有《家语》也。”其所谓“今《家语》”者，即王肃所出之四十四篇，而“古《家语》”亦未详及，小司马作《史记索隐》引用亦是“今《家语》”，而文稍不同，诸如《六经》疏义、《六臣文选注》《唐类函》《艺文类聚》所用尽是“今《家语》”，则自王肃以前，“古《家语》”之亡可知。使其现存，肃亦难以作伪也。①

同样坚执王肃伪作说的孙志祖，亦袭“今”“古”之分，而认为纵使颜氏亦未见“古《家语》”也：

> 《汉书·艺文志》有“《孔子家语》二十七卷”，颜师古曰：“非今所有《家语》。”疑师古但以卷数不同，故知非今《家语》，亦未必见古《家语》也。②

有意思的是，对今本《家语》持维护立场的陈士珂，针锋相对，也就颜师古之说发难云：

> 夫事必两证而后是非明，小颜既未见安国旧本，即安知今本之非是乎？③

其实两造均多假设之辞，然《汉志》颜注为争议之焦点，则毫无疑义，如学者所说，自颜说出，“于是《家语》的真伪问题成为学术史上一大公案。”④

然则，颜注是否真于王肃伪造说有利，或者说颜师古是否真如陈氏所

---

① （清）范家相：《家语证伪》卷一一，《续修四库全书》第931册，第188页下栏、189页上栏。

② （清）孙志祖《家语疏证》卷六，《续修四库全书》第931册，第258页上栏。

③ 见《孔子家语疏证·序》所引陈士珂的看法。

④ 见李学勤《孔子家语通解·序》第1页，载杨朝明、宋立林主编《孔子家语通解》，齐鲁书社，2009。

说以为“今本”“非是”？这还是一个尚未解决的问题。尽管已有学者从古籍传流篇卷分合不可能与古尽同的角度作种种猜测，但是似乎均对颜氏对其所见“今所有”之《家语》的完整见解未能有深切的了解，更枉论唐人对《家语》的一般看法了。陈士珂说得对，“夫事必两证而后是非明”！我们不应当对此条注文作孤立的理解，所幸颜注《汉书》本书就尚有两条注文涉及《家语》，值得引出作综合的考察。

首先必须说明，颜师古对《家语》之说确有深致怀疑的。《汉书·艺文志》儒家类：“谰言十一篇。（班固自注：不知作者，陈人君法度。）”如淳曰：“谰音粲烂。”师古曰：“说者引《孔子家语》云‘孔穿所造’，非也。”清王先谦《汉书补注》：“周寿昌曰：今马国翰依《孔丛子》录出三篇，其说甚辨而未可据。颜云非穿所造，亦以王肃伪造之《家语》未足信也。先谦曰：官本作‘十篇’。”[①] 颜氏所引“说者引《孔子家语》云”，今在《后序》：

> 子直生子高，名穿，亦著儒家语十二篇，名曰《讕言》（范家相本作“《谰言》”[②]；孙志祖与范本同，校曰：“毛本讹讕”。[③]），年五十七而卒。[④]

颜师古不知为何未采《家语》之说，我们只知道他明斥此说之非，但是周寿昌说“颜云非穿所造，亦以王肃伪造之《家语》未足信也”，却是非常偏颇的，颜氏确以为此条“未足信也”，但是“王肃伪造之”却是周氏自加的。因为我们将看到颜氏在另一处颇有采取《家语》内容的。

《汉书·艺文志》六艺略《书》类：“易曰：‘河出图，雒出书，圣人则之。’故《书》之所起远矣，至孔子纂焉，上断于尧，下讫于秦，凡百篇，而为之序，言其作意。秦燔书禁学，济南伏生独壁藏之。汉兴亡失，求得二十九篇，以教齐鲁之间。讫孝宣世，有欧阳、大小夏侯氏，立于学

---

① （清）王先谦：《汉书补注》卷三〇《艺文志》，上册，第879页下栏。

② （清）范家相：《家语证伪》卷一一，《续修四库全书》第931册，第185页上栏。

③ （清）孙志祖：《家语疏证》卷六，《续修四库全书》第931册，第258页下栏。

④ 参见影印《文渊阁四库全书》本《孔子家语》卷一〇。

官。《古文尚书》者，出孔子壁中。（师古曰：‘《家语》云孔腾字子襄，畏秦法峻急，藏《尚书》《孝经》《论语》于夫子旧堂壁中，而《汉记·尹敏传》云孔鲋所藏。二说不同，未知孰是。’）”清王先谦《汉书补注》：“沈钦韩曰：《孔丛·独治篇》‘陈余谓子鱼曰：秦将灭先王之籍，而子为书籍之主，其危矣！子鱼曰：吾将先藏之。’《家语序》云‘孔腾子襄’，子襄即子鱼弟，容得同计也。《隋志》与《释文》《史通》并作‘孔惠’。”[①]

表面看来，颜注将《家语》与《汉记》的说法并列，以为“二说不同，未知孰是。”亦在疑信之间，似比前者明斥《家语》的看法好不了多少，但自另一面视之，则看重《家语》此条文献价值过于《汉记》，故先述之，如果考虑到当时乃至前后之语境，则更可见颜师古对《家语》之特为尊重矣。

关于藏书之主人公为谁，除颜师古罗列的两说（一主“孔腾”，一主“孔鲋”）之外，尚有主“孔惠”一说的，其中沈钦韩注文提到的陆德明《经典释文·序录》远在颜师古注《汉书》之前，其言曰：

> 及秦禁学，孔子之末孙惠壁藏之。（《家语》云：“孔腾，字子襄，畏秦法峻急，藏《尚书》《孝经》《论语》于夫子旧堂壁中。”《汉纪·尹敏传》以为孔鲋藏之。）
>
> 《古文尚书》者，孔惠之所藏也。[②]

陆德明的看法，颜师古不容不知，他之注引《家语》《汉记》，[③] 或即本于陆氏所为。惟陆氏只当或说聊备一格，而另辟一主说。颜师古全不采纳，只取陆氏或说之两种，岂不可见对于《家语》《汉记》之说的重视吗？

事实上，颜师古的取舍多少反映了唐人对《家语》有关内容特为尊重

---

① （清）王先谦：《汉书补注》卷三〇《艺文志》，上册，第868页下栏。

② （唐）陆德明撰，吴承仕疏证，张力伟点校《经典释文序录疏证（附经籍旧音二种）》，中华书局，2008，第50、60页。

③ 其中“《汉纪》”，吴承仕以为当依颜注作“《汉记》”，疑为传写之讹，盖谓《东观汉记》。参见（唐）陆德明撰，吴承仕疏证，张力伟点校《经典释文序录疏证（附经籍旧音二种）》，第51页。

之一斑。作为唐代官方法定《五经正义》之一的《尚书正义》，疏解晚《书》伪孔序，就独用《家语》：

> 及秦始皇灭先代典籍，焚书坑儒，天下学士，逃难解散，我先人用藏其家《书》于屋壁。〔孔疏："我先人用藏其家书于屋壁"者，《史记·孔子世家》云，孔子生鲤，字伯鱼。鱼生伋，字子思。思生白，字子上。上生求，字子家。家生箕，字子京。京生穿，字子高。高生慎，慎为魏相。慎生鲋，鲋为陈涉博士。鲋弟子襄，为惠帝博士、长沙太守。襄生中（忠）。中（忠）生武。武生延陵【年】及安国，【安国】为武帝博士、临淮太守。[①]《家语·序》云："子襄以秦法峻急，壁中藏其家《书》。"是安国祖藏之。〕[②]

《正义》所引"《家语·序》"之文，今在《后序》，非原文照搬，而是随机约取，以符合上下文语境。所以笔者将"书"字均加书名号，因此处单论《书》学史，不及《孝经》《论语》，否则晚《书》伪孔序下文"济南伏生，年过九十，失其本经"之"其"字就没有着落了。古书引文，正有其例。如果此文可据，则后人所称《家语》之"《后序》"，唐代称为"《家语·序》"。此似为见在文献中以《家语序》名义称引《家语》之早出者也，颇值得注意。《五经正义》之修撰，经始于唐太宗贞观十二年（638），至唐高宗永徽四年（653）颁行天下，历岁十有六载。[③] 颜师古于贞观十一年受太子承乾之命为班固《汉书》作注，贞观十五年书成上献，耗时四年。[④] 虽历时有长短之别，但大体上为同时代的著述，而颜注《汉

① 其间异文，参见（汉）孔安国传，（唐）孔颖达正义，黄怀信整理《尚书正义》卷一，上海古籍出版社，2007，第24页黄氏校勘记："《正字》云：'脱一"安国"，"忠"误"中"，"延年"误"延陵"。'今按：《正字》是，'安国'二字当重，一属下。今《史记·孔子世家》'中'作'忠'，'延陵'作'延年'。"巍按："中"字不必校改，存异文可也，其余皆可从。

② 《尚书正义》卷一，（清）阮元校刻《十三经注疏》上册，第115页上栏。

③ 参见张宝三撰《五经正义研究》，华东师范大学出版社，2010，第17～23页；张岂之主编、刘学智副主编，刘学智著《中国学术思想编年·隋唐五代卷》，陕西师范大学出版社，2006，第195～199页。

④ 参见张岂之主编，刘学智副主编，刘学智著《中国学术思想编年·隋唐五代卷》，第166～168、277页。

书》之完成尚早于《五经正义》若干年，两者对此段《家语》的相关内容的处理的不同，大概只是限于《正义》为法定官方教材（《旧唐书》卷四《高宗本纪》所谓“每年明经令依此考试”），所以不便或不容有异说存在，而颜师古《汉书注》毕竟为私家著述，故要自由一些，而对《家语》的重视，则似是一致的。

从中我们体会到颜师古学术精神中，较为包容、较为客观的面向。由此而反观他所谓《汉志》所著录者“非今所有之《家语》”这一句话，可见这是一个描述文本差异的中性判断，他对“今所有之《家语》”之记载有所取有所不取，恐怕无论如何都谈不到对该文本之可靠性加以整体性质疑，更不用说是辨伪的地步了。事实上，真正值得注意的倒是他在涉及《家语》的文字里，尤其是关系到文本的传流问题上，并没有牵扯到“王肃”，这比某些“先儒”要谨慎得多，还是制造了更大的谜团呢？

从他所承受的家学来看，其祖颜之推为先代之闻人，所著《颜氏家训》有一处明引《家语》：

> 《家语》曰：“君子不博，为其兼行恶道故也。”《论语》云：“不有博弈者乎？为之，犹贤乎已。”然则圣人不用博弈为教；但以学者不可常精，有时疲倦，则傥为之，犹胜饱食昏睡，兀然端坐耳。至如吴太子以为无益，命韦昭论之；王肃、葛洪、陶侃之徒，不许目观手执，此并勤笃之志也。能尔为佳。古为大博则六箸，小博则二焭，今无晓者。比世所行，一焭十二棋，数术浅短，不足可玩。围棋有手谈、坐隐之目，颇为雅戏；但令人耽愦，废丧实多，不可常也。①

这是颜之推教训子弟不要沉湎于博戏，想必颜师古当从小默念谨记于心头的。他引《家语》今在《五仪解》，并没有全文照录，而是约引，文字特见精审。他引《家语》置于《论语》之前，可见他认为其中的道理要比《论语》所述更为全面得当，《家语》文本可与《论语》相伦比。有意

① 王利器撰《颜氏家训集解》卷七，中华书局，1993，第590～591页。

思的是，他举的名人轶事中竟有王肃一例。王肃是注《家语》的特出之士，他的修为，不知是否真的本于《家语》的熏陶，无论如何，颜之推是推崇他的“勤笃之志”的，如果王肃是造伪的妄人，颜氏似不便提出他来作为子弟的榜样的。当然，祖孙之间，见解可以不同，但在中国古代，家教的力量也不可小觑。颜注《汉志》那句话，完全不必只往不利于王肃的方向作专执的理解。

再来看稍晚于颜师古的刘知幾的例子。

《史通・古今正史》说：“《古文尚书》者，即孔惠之所藏，科斗之文字也。”① 盖本于陆德明以“孔惠”为藏主之说，不取《家语》归之“孔腾”的记载，与颜师古不同。不过，该书有数处提到《家语》，可以了解刘氏对《家语》的面面观。近有学者综合讨论《史通》之“引书”，关于《孔子家语》者共检得六条。今亦迻录之如下：

1.《六家》：如君懋（王劭字。）《隋书》，虽欲祖述商、周，宪章虞、夏，观其所述，乃似《孔子家语》、临川《世说》，可谓画虎不成，反类犬也。故其书受嗤当代，良有以焉。②

2.《摸拟》：昔《家语》有云：“苍梧人娶妻而美，以让其兄，虽为让，非让道也。（巍按：见《家语・六本》，稍有异文）又扬子《法言》曰：“士有姓孔字仲尼，其文是也，其质非也。”如向之诸子，所拟古作，其殆苍梧之让、姓孔字仲尼者欤？③

3.《杂述》：在昔三坟、五典、春秋、梼杌，即【皆】上代帝王之书，中古诸侯之记。行诸历代，以为格言。其余外传，则神农尝药，厥有《本草》；夏禹敷土，实著《山经》；《世本》辨姓，著自周室；《家语》载言，传诸孔氏。是知偏记小说，自成一家。而能与正史参行，其所由来尚矣。④

4.《疑古》：又孔门之著录也，《论语》专述言辞，《家语》兼陈

① （唐）刘知幾著，（清）浦起龙通释，王煦华整理《史通通释》卷一二，上海世纪出版有限公司上海古籍出版社，2009，第 307 页。
② （唐）刘知幾著，（清）浦起龙通释，王煦华整理《史通通释》卷一，第 3 页。
③ （唐）刘知幾著，（清）浦起龙通释，王煦华整理《史通通释》卷八，第 205 页。
④ （唐）刘知幾著，（清）浦起龙通释，王煦华整理《史通通释》卷一〇，第 253 页。

事业。而自古学徒相授，唯称《论语》而已。由斯而谈，并古人轻事重言之明效也。[①]

5.《点烦》：《孔子家语》曰：鲁公索氏将祭而忘其牲。孔子闻之，曰："公索氏不及二年矣。"一年而亡。门人问曰："昔公索氏亡其祭牲，而夫子曰'不及二年必亡'。今果如期而亡，夫子何以知然？"（巍按：见《家语·好生》，"果如期而亡"作"过期而亡"，文意有出入）[②]

6.《点烦》：《家语》曰：晋将伐宋，使觇之，宋阳门之介夫死，司城子罕哭之哀。觇者反，言于晋侯曰："宋阳门之介夫死，而司城子罕哭之哀。民咸悦矣，宋殆未可伐也。"（巍按：见《家语·曲礼子贡问》）[③]

上述六条，可分三类。第2条犹如文士之用典，第5、6两条类似直引而衡之以史体，可不置论。余下三条则反映刘知幾对《家语》之观感，特别值得注意。论者曰："刘知幾之前，马昭、颜师古皆有疑伪之论，然刘氏未从其说，惟时有轻蔑之辞，《六家》篇以其与《世说新语》并言，《杂述》篇以其为偏记小说。此书既为编录《论语》之残剩，如孔安国《后序》所云'属文下辞，往往颇有浮说，烦而不要者，亦由七十二子各为首尾（巍按：《家语》原文作"各共叙述首尾"[④]）加之润色，其材或有优劣，故使之然也。'则知幾之言亦非过，或正唐人主流之见也。"[⑤] 愚以为所谓颜师古"有疑伪之论"，正在未定之天，刘知幾对马昭辈的"疑伪之论"确非亦步亦趋。他说："《论语》专述言辞，《家语》兼陈事业。"分辨甚为精到；他的"轻蔑"之意，源于对《家语》浮辞太盛的不满，更是站在史体立场上立论的严肃。《家语》地位的滑落，正折射出魏晋南北朝以来史学的发达。不过他说："《家语》载言，传诸孔氏。"颇具"疑古""惑经"精神的他却是相信《家语》是渊源有自"其所由来

① （唐）刘知幾著，（清）浦起龙通释，王煦华整理《史通通释》卷一三，第353页。
② （唐）刘知幾著，（清）浦起龙通释，王煦华整理《史通通释》卷一五，第405页。
③ （唐）刘知幾著，（清）浦起龙通释，王煦华整理《史通通释》卷一五，第406页。
④ 参见影印《文渊阁四库全书》本《孔子家语》卷一〇。
⑤ 马铁浩著《〈史通〉引书考》，学苑出版社，2011，第68页。

尚矣”的。[①]

《隋书·经籍志》有云：“初，汉武帝时，鲁恭王坏孔子旧宅，得其末孙惠所藏之书，字皆古文。”[②] 同是唐人著述，于藏《书》之人，亦主“孔惠”，与陆德明、刘知幾为同调，不取《家语》“孔腾”说，然亦以为“其《孔丛》《家语》并孔氏所传仲尼之旨”。[③] 作为正史的《经籍志》，其看法有很大的权威性，综合而观，于“唐人主流之见”，亦可以思过半矣！

二 王柏的王肃“托以安国之名”伪作说

事实上，真正敲定《孔子家语》为王肃伪作的，既非王肃同时稍后之马昭，亦非唐代颜师古，而是南宋王柏。然王氏之说，只能算是一种歧出之见，不足以代表有宋一代的看法，在当时也没有多大的影响。因此在讨论王氏的看法之前，略述宋人的主流看法，以了解王氏立论的背景很有必要。

马端临《文献通考·经籍考》著录《论语》类：“《孔子家语》十卷，王肃注”。录《后序》中以孔安国的口气所写，自“《孔子家语》者，皆当时公卿士大夫及七十二弟子之所谘访交相对问言语也”至“将来君子不可不鉴”一段；以及“博士孔衍”的上奏自“臣祖故临淮太守安国，逮仕于孝武皇帝之世，以经学为名，以儒雅为官，赞明道义，见称前朝”，至“奏上，天子许之，未即论定而遇帝崩，向又病亡，遂不果立”一段；随即综述宋儒之说云：

> 晁氏曰：序注凡四十四篇，刘向校录止二十七篇。后王肃得此于孔子二十四世孙猛家。
>
> 《朱子语录》曰：《家语》杂，记得不纯，却是当时书；《孔

① 有学者却说：“可能是受马昭‘《孔子家语》王肃所增加’评论的影响，疑古先驱刘知幾曾说《孔子家语》‘受嗤当代’。”见杨朝明《代前言：〈孔子家语〉的成书与可靠性研究》，第24页，收入杨朝明、宋立林主编《孔子家语通解》。那是将王劭之《隋书》误会为《孔子家语》，失之远矣。

② （唐）魏征、令狐德棻撰《隋书》卷三二《经籍志》，第915页。

③ （唐）魏征、令狐德棻撰《隋书》卷三二《经籍志》，第939页。

丛子》是后来自[1]撰出。又《与吕伯恭书》曰：遗书愚意所删去者，亦须抄出，逐段略注删去之意，方不草草。若只暗地删却，久远易惑人。记《论语》者只为如此，留下《家语》，至今作病痛也。

陈氏曰：孔子二十二世孙猛所传。魏王肃为之注。肃辟郑学，猛尝受学于肃，肃从猛得此书，与肃所论多合，从而证之，遂行于世。云博士安国所得壁中书也，亦未必然。其间所载，多已见《左氏传》、《大戴礼》诸书。[2]

马氏所录《后序》文字，扼要交代《家语》之来历，为见在较早之文献，故为今日校勘《后序》之学者所看重。所载晁公武、朱子、陈振孙三家之说，各不相同，而均无如王氏之极端者，如果马氏得悉之，当无缘遗漏。晁说颇有错误，如学者所指出：把《汉志》著录的“二十七卷”说成“二十七篇”，此“篇”当“卷”之误；把“二十二世孙”讹为“二十四世孙”；更严重的是，“师古所云今之《家语》即王肃《家语》，为肃伪托。公武以之与《汉志》《家语》相比，误矣。”[3] 岂止“相比”而已，简直就是认为流传至今的“魏王肃序注”之“《孔子家语》十卷”本渊源，即《汉志》所著录之本。这是与颜师古不同的记载，让人觉得对类似著录家的记载不可太过认真。陈振孙之说已大起疑云，怀疑的方式，所谓“其间所载，多已见《左氏传》《大戴礼》诸书”，颇有类于王柏，而结论则止于疑其“未必”“博士安国所得壁中书也”。仍相信《家语》为“孔子二十二世孙猛所传”。

从学术史的角度来看，最重要，且与王柏关系最密的，是朱子的见解。马端临所选朱子这两条看法，尚不足以充分反映其见解的重要性。朱子毕生精力所萃的《四书章句集注》中之《中庸章句》，取证于《家语》，分定《中庸》之第二十章，引起并世及后世学者的争议，不仅关乎《中庸》之分

① 巍按：“自”《语类》原文作“白”，此处疑误。详下文。

② （宋）马端临著，上海师范大学古籍研究所、华东师范大学古籍研究所点校《文献通考》卷一八四，中华书局，2011，第9册，第5427~5429页。

③ 参见（宋）晁公武撰，孙猛校证《郡斋读书志校证》卷四，上海古籍出版社，1990，上册，第140页。

章乃至分篇，也牵扯到《家语》之真伪，徐复观生动地称它为《中庸》“第二十章的问题”，[①] 是与《家语》公案密不可分的大公案，不可不述。[②]

（一）朱子《中庸章句》取证于《家语》的努力

为方便讨论起见，先录《家语》有关内容，再录《中庸章句》相涉及紧要者如下（加记号者，为比较所得差异处）。

《家语·哀公问政第十七》：

> 哀公问政于孔子。孔子对曰：“文武之政，布在方策，（方，板。）其人存则其政举，其人亡则其政息。天道敏生，人道敏政，地道敏树，夫政者，犹（巍按：陈士珂《孔子家语疏证》本无“犹”字[③]）蒲卢也，〔蒲卢，蜾螺（巍按：《孔子家语通解》：‘一作蠃’。[④]）也，谓土蠭也取螟蛉而化之。以君子为政化百姓亦如之者也。〕待化以成，故为政在于得人，取人以身，修道以仁。仁者，人也，亲亲为大；义者，宜也，尊贤为大。亲亲之杀，尊贤之等，礼所以生也。礼者，政之本也，是以君子不可以不修身。思修身，不可以不事亲；思事亲，不可以不知人；思知人，不可以不知天。天下之达道有五，其所以行之者三，曰，君臣也、父子也、夫妇也、昆弟也、朋友也。五者，天下之达道，智仁勇三者，天下之达德也。所以行之者，一也。或生而知之，或学而知之，或困而知之，及其知之，一也。或安而行之，或利而行之，或勉强而行之，及其成功，一也。”公曰：“子之言美矣至矣，寡人实固，不足以成之也。”孔子曰：“好学近乎智，力行近乎

① 徐复观：《中国人性论史》，华东师范大学出版社，2005，第66～68页。

② 关于《中庸》分章、分篇之学术史的回顾，可参见程元敏撰《王柏之生平与学术》，第叁编“理学与《四书》学”之“第三章：《中庸》说”部分。氏著《王柏之生平与学术》，华东师范大学出版社，2011。关于朱子方面的材料及系年，本文主要参考束景南著《朱熹年谱长编》，华东师范大学出版社，2001。另外，徐复观《中国人性论史》第五章“从命到性——《中庸》的性命思想”；郭沂《郭店竹简与先秦学术思想》第三篇“郭店竹简与子思学派及其文献”；梁涛《郭店竹简与思孟学派》第五章“思孟学派的形成：子思学派研究（下）”之第二节“郭店竹简与《中庸》”，中国人民大学出版社，2008，上述诸书均有涉及此公案者，可以参阅。顾名思义，本文集中围绕《家语》展开论述。

③ 陈士珂辑《孔子家语疏证》卷四，第117页。

④ 杨朝明、宋立林主编《孔子家语通解》，第209页。

仁，知耻近乎勇，知斯三者，则知所以修身；知所以修身，则知所以治人；知所以治人，则能成天下国家者矣。”公曰：“政其尽此而已乎?”孔子曰：“凡为天下国家有九经，曰修身也、尊贤也、亲亲也、敬大臣也、体群臣也、子庶民也、来百工也、柔远人也、怀诸侯也。夫修身则道立，尊贤则不惑，亲亲则诸父兄弟不怨，敬大臣则不眩，体群臣则士之报礼重，子庶民则百姓劝，来百工则财用足，柔远人则四方归之，怀诸侯则天下畏之。”公曰：“为之奈何?”孔子曰：“齐（巍按：或作“斋”，字通）洁盛服，非礼不动，所以修身也；去谗远色，贱财【货】而贵德，所以尊贤也；爵其能，重其禄，同其好恶，所以笃亲亲也；官盛任使，所以敬大臣也；（盛其官委任使之也。）忠信重禄，所以劝士也；（忠信者与之重禄也。）时使薄敛，所以子百姓也；日省月考，既廪称事，所以来百工也；（既廪食之多寡称其事也。）送往迎来，嘉善而矜不能，所以绥【缓】远人也；继绝世，举废邦【国】，治乱持危，朝聘以时，厚往而薄来，所以怀诸侯也。治天下国家有九经，其所以行之者，一也。凡事豫则立，不豫则废，言前定则不跲，（跲，踬。）事前定则不困，行前定则不疚，道前定则不穷。在下位不获于上，民弗可得而治矣；获于上有道，不信于友，不获于上矣；信于友有道，不顺于【乎】亲，不信于【乎】友矣；顺于【乎】亲有道，反诸身不诚，不顺于【乎】亲矣；诚身有道，不明于善，不诚于身矣。诚者，天之至道也；诚之者，人之道也。夫诚，弗勉而中，不思而得，从容中道，圣人之所以体定【定体】也；诚之者，择善而固执之者也。”公曰：“子之教寡人备矣，敢问行之所始。”孔子曰：“立爱自亲始，教民睦也；立敬自长始，教民顺也；教之慈睦，而民贵有亲；教（之）以敬，而民贵用命。民既孝于亲，又顺以听命，措诸天下，无所不可。”公曰：“寡人既得闻此言也，惧不能果行而获罪咎。”①

《中庸章句》：

哀公问政。子曰：“文武之政，布在方策。其人存，则其政举；

① 《孔子家语》卷四，第 48 ~ 49 页，参校以陈士珂本卷四，第 117 ~ 118 页。

其人亡，则其政息。人道敏政，地道敏树。夫政也者，蒲卢也。故为政在人，取人以身，修身以道，修道以仁。（为政在人，《家语》作“为政在于得人”，语意尤备。）仁者，人也，亲亲为大。义者，宜也，尊贤为大。亲亲之杀，尊贤之等，礼所生也。在下位不获乎上，民不可得而治矣！（郑氏曰：“此句在下，误重在此。”）故君子不可以不修身；思修身，不可以不事亲；思事亲，不可以不知人；思知人，不可以不知天。天下之达道五，所以行之者三。曰君臣也，父子也，夫妇也，昆弟也，朋友之交也，五者天下之达道也。知、仁、勇三者，天下之达德也。所以行之者一也。或生而知之，或学而知之，或困而知之，及其知之，一也；或安而行之，或利而行之，或勉强而行之，及其成功，一也。”子曰：“好学近乎知，力行近乎仁，知耻近乎勇。”（“子曰”二字，衍文。）知斯三者，则知所以修身；知所以修身，则知所以治人；知所以治人，则知所以治天下国家矣。凡为天下国家有九经，曰：修身也，尊贤也，亲亲也，敬大臣也，体群臣也，子庶民也，来百工也，柔远人也，怀诸侯也。修身则道立，尊贤则不惑，亲亲则诸父昆弟不怨，敬大臣则不眩，体群臣则士之报礼重，子庶民则百姓劝，来百工则财用足，柔远人则四方归之，怀诸侯则天下畏之。齐明盛服，非礼不动，所以修身也；去谗远色，贱货而贵德，所以劝贤也；尊其位，重其禄，同其好恶，所以劝亲亲也；官盛任使，所以劝大臣也；忠信重禄，所以劝士也；时使薄敛，所以劝百姓也；日省月试，既禀称事，所以劝百工也；送往迎来，嘉善而矜不能，所以柔远人也；继绝世，举废国，治乱持危，朝聘以时，厚往而薄来，所以怀诸侯也。凡为天下国家有九经，所以行之者一也。（一者，诚也。一有不诚，则是九者皆为虚文矣，此九经之实也。）凡事豫则立，不豫则废。言前定则不跲，事前定则不困，行前定则不疚，道前定则不穷。在下位不获乎上，民不可得而治矣；获乎上有道，不信乎朋友，不获乎上矣；信乎朋友有道，不顺乎亲，不信乎朋友矣；顺乎亲有道，反诸身不诚，不顺乎亲矣；诚身有道，不明乎善，不诚乎身矣。诚者，天之道也；诚之者，人之道也。诚者不勉而中，不思而得，从容中道，圣人也。诚之者，择善而固执之者也。博学之，审问之，慎思之，明辨之，笃行之。（此“诚之”之目也。学、问、思、辨，所以择善而为知，学而知也。笃行，所以固执而为仁，利而行也。程子曰："五者废其一，非学也。"）有弗学，学之弗能弗措也；有弗问，问之弗知弗措也；有弗思，思之弗得弗措也；有弗辨，辨之弗明弗措也；有弗行，行之弗笃弗措也。人一能之，己百之；人十能之，己千之。果能此道矣，虽愚必明，虽柔必强。

右第二十章。此引孔子之言，以继大舜、文、武、周公之绪，明其所传之一致，举而措之，亦犹是耳。盖包费隐，兼小大，以终十二章之意。章内语诚始详，而所谓诚者，实此篇之枢纽也。又按：《孔子家语》亦载此章，而其文尤详。"成功一也"之下，有"公曰：子之言美矣！至矣！寡人实固，不足以成之也"。故其下复以"子曰"起答辞。今无此问辞，而犹有"子曰"二字，盖子思删其繁文以附于篇，而所删有不尽者，今当为衍文也。"博学之"以下，《家语》无之，意彼有阙文，抑此或子思所补也欤？①

从相关材料来看，朱子于《中庸章句》第二十章中的见解，持之甚坚，未有移易。朱子坦承《家语》在文字上有胜过《中庸》的地方，如"《家语》作'为政在于得人'"，相比《中庸》作"为政在人"，"语意尤备"，在内容方面也有"其文尤详"的好处。更重要的是，他根据《家语》的记载，判定自"博学之"以上，至"子曰：'文武之政，布在方策'"云云，为孔子一人之言，乃同时应答哀公之语。所以他认为《中庸》此章中第二次出现的"子曰"为"衍文"。因若有此"子曰"二字，则"好学近乎知，力行近乎仁，知耻近乎勇"为子思引孔子之语，此下则为子思发挥孔子见解的论说。

今综述其晚年定论似不费力，然朱子当日得之、持之，却颇不简单。乾道八年（1172），时年四十三岁，朱子《大学章句》《中庸章句》草成，寄挚友张栻、吕祖谦讨论，南轩即来书相质，取证于《家语》，即成一大焦点：

① 《四书章句集注》，（宋）朱熹撰，朱杰人、严佐之、刘永翔主编《朱子全书》第陆册，第44～49页。

但《家语》之证终未安。《家语》其间驳杂处非一，兼与《中庸》对，其间数字不同，便觉害事。以此观之，岂是反取《家语》为《中庸》耶？又如所引证“及其成功一也”之下，有哀公之言，故下文又有“子曰”字。观《家语》中一段，其间哀公语有数处，何独于此以“子曰”起之耶？某谓传世既远，编简中如“子曰”之类亦未免有脱略。今但当玩其辞气，如明道先生所谓“致”与“位”字非圣人不能言，子思盖传之耳。此乃是读经之法。若必求之它书以证，恐却泛滥也，不知如何？①

张栻的批评，要点有三：一是《家语》“其间驳杂处非一”。若如朱子所说，则《中庸》“取”于《家语》，这是对朱说的归谬法。二是《中庸》中的“子曰”不是“衍”文，而是见在太少，或为“脱略”所致，即是说《中庸》此章文字多为子思之言，而非全为孔子之语。三是因他对《家语》取不信任态度，所以又以明道先生为例，主张“读经之法”不“必求之它书以证”。

朱子复函申明己见曰：

所引《家语》，只是证明《中庸章句》，要见自“哀公问政”至“择善固执”处只是一时之语耳。于义理指归初无所害，似不必如此力加排斥也。大率观书但当虚心平气以徐观义理之所在，如其可取，虽世俗庸人之言有所不废；如有可疑，虽或传以为圣贤之言，亦须更加审择。自然意味平和，道理明白，脚踏实地，动有据依，无笼罩自欺之患。若以此为卑近不足留意，便欲以明道先生为法，窃恐力量见识不到它地位，其为泛滥，殆有甚焉。此亦不可不深虑也。且不知此章既不以《家语》为证，其章句之分当复如何为定耶？《家语》固有驳杂处，然其间亦岂无一言之得耶？一概如此立论，深恐终启学者好高自大之弊，愿明者熟察之。②

---

① （宋）张栻撰，（宋）朱熹编，刘永翔、许丹校点《南轩先生文集》卷二〇《答朱元晦秘书》，朱杰人、严佐之、刘永翔主编《朱子全书外编》第4册，华东师范大学出版社，2010，第317～318页。

② 《晦庵先生朱文公文集（贰）》卷三一，（宋）朱熹撰，朱杰人、严佐之、刘永翔主编《朱子全书》第贰拾壹册，第1342页。

朱子的回应也有三点：一是点明《家语》有助于证明《中庸》文中“自‘哀公问政’至‘择善固执’处”均为同时说的话，从“义理”上讲是一贯的，并无伤害。深味此言，朱子将这一大段话归于孔子或归于子思，这种区分在“义理”上似未见得有多么严重的考虑。其用心所在，在于如何将这一章讲得尽可能贯通而已。就此而论，徐复观说“经过王肃这样的连接，于是这一整段话，都变成了孔子一人答鲁哀公的话，这便是朱元晦把它一起定为第二十章的原因”,[①] 恐怕稍有偏颇。二是指出取证于《家语》，具有鼎定《中庸》“章句之分”的特殊价值。三是表明对《家语》不取一概排斥的态度，在学术上一本平心静气的精神。这一点的意义或将超越具体问题的讨论，极为重要。以后复有函件往来论及之者，而张氏似不能心折于朱子之说：“《中庸》所引《家语》之证，非是谓《家语》中都无可取，但见得此章证得亦无甚意思，俟更详之。”[②]

朱子的另一位朋友吕祖谦亦有书相商及此：

> 而“哀公问政”以下六章，虽载在《家语》，皆同时问答之言，然安知非子思裁取之以备《中庸》之义乎?[③]

吕祖谦之意与张栻颇有不同，似于朱子取证于《家语》一事较为宽容，不过以为非孔子之语而子思之言，所以有子思“裁取”《家语》以为《中庸》之说。朱子闻之颇有同感，复书有云：

> “哀公问政”以下数章，本同时答问之言，而子思删取其要，以发明传授之意，鄙意正谓如此。旧来未读《家语》，尝疑数章文意相属，而未有以证之。及读《家语》，乃知所疑不缪耳。[④]

---

① 徐复观：《中国人性论史》，第 67 页。

② （宋）张栻撰，（宋）朱熹编，刘永翔、许丹校点《南轩先生文集》卷二〇（书：答朱元晦秘书），朱杰人、严佐之、刘永翔主编《朱子全书外编》，第 4 册，第 323 页。

③ 见黄灵庚、吴战垒主编《吕祖谦全集》第 1 册《东莱吕太史集》之《东莱吕太史别集》卷八，浙江古籍出版社，2008，第 418 ~ 419 页。

④ 《晦庵先生朱文公文集（贰）》卷三三，（宋）朱熹撰，朱杰人、严佐之、刘永翔主编《朱子全书》第贰拾壹册，第 1450 页。

此信向密友道出如何治《中庸》而取证于《家语》的甘苦，以及子思"删取"《家语》而成《中庸》的意思。朱子后来向门人亦屡屡道及之：

> 汉卿问"哀公问政"章。曰："旧时只零碎解。某自初读时，只觉首段尾与次段首意相接。如云'政也者，蒲卢也，故为政在人，取人以身，修身以道，修道以仁'，便说'仁者，人也，亲亲为大。义者，宜也，尊贤为大'，都接续说去，遂作一段看，始觉贯穿。后因看《家语》，乃知是本来只一段也……（贺孙。广录意同，别出。）
>
> 问："《中庸》第二十章，初看时觉得涣散，收拾不得。熟读先生《章句》，方始见血脉通贯处。"曰："前辈多是逐段解去。某初读时，但见'思修身'段后便继以'天下之达道五'，'知此三者'段后便继以'为天下国家有九经'，似乎相接续。自此推去，疑只是一章。后又读《家语》，方知是孔子一时间所说……（广）①
>
> 此亦犹"子曰好学近乎智，力行近乎仁，知耻近乎勇"，《家语》答问甚详；子思取入《中庸》，而删削不及，反衍"子曰"两字。（义刚）②

上述《朱子语类》前两条颇能呼应《家语》助证《中庸章句》的经历，后一条则概括了《中庸》此章本于《家语》之说。文中"反衍'子曰'两字"，尤可与张栻的信相印证。我很怀疑今本《中庸章句》中的"'子曰'二字衍文"之说乃是与张栻讨论的结果，即是应对他的质疑而提出来的，未必一开始就如是主张。不仅如此，朱子将前人所分的"六章"合并定为第二十章也有一个过程。即他开始以《家语》论证此"六章"或"数章"只是"同时问答之言"（《语类》所谓"遂作一段看"）。后来才定为一章（张栻后一封信所谓"此章"）。

《朱子语类》中尚有数条，颇可见朱子对《家语》的通体感觉：

---

① 《朱子语类（叁）》卷六四，（宋）朱熹撰，朱杰人、严佐之、刘永翔主编《朱子全书》第拾陆册，第 2110 页。

② 《朱子语类（肆）》卷八七，（宋）朱熹撰，朱杰人、严佐之、刘永翔主编《朱子全书》第拾柒册，第 2944 页。

1. 如《家语》云："山之怪（巍按：《家语·辩物》作"木石之怪"）曰夔魍魉，水之怪曰龙罔象，土之怪羵羊。"皆是气之杂揉乖戾所生，亦非理之所无也。专以为无则不可。①

2. 据此文及《家语》所载，伯子为人亦诚有太简之病。谢氏"因上章而发明"之说是。(榦)

3. 问："子谓仲弓曰：'犁牛之子，骍且角。'伊川谓多一'曰'字，意以仲弓为犁牛子也。考之《家语》，仲弓生于不肖之父。（巍按：见《家语·七十二弟子解》"冉雍，字仲弓……"）其说可信否?"曰："圣人必不肯对人子说人父不善。"（谟）

4. 先生令接读问目"南容三复白圭"。云："不是一旦读此，乃是日日读之，玩味此诗而欲谨于言行也。此事见《家语》（巍按：见《家语·弟子行》），自分明。"（时举）

5. 如季武子之死，倚门而歌事，及《家语》所载芸瓜事（巍按：见《家语·六本》"曾子耘瓜，误斩其根……"），虽未必然，但如此放旷，九伯事何故都当（入声）在他身上？所以孟子以之与琴张、牧皮同称"狂士"。(必大)

6. "'六言、六蔽、五美'等话，虽其意亦是，然皆不与圣人常时言语一样。《家语》此样话亦多，大抵《论语》后数篇间不类以前诸篇。"(淳)②

7. 问："'师或舆尸'，伊川说训为众主，如何?"曰："从来有'舆尸血刃'之说，何必又牵引别说？某自小时未曾识训诂，只读白本时便疑如此说。后来从乡先生学，皆作众主说，甚不以为然。今看来只是兵败舆其尸而归之义。小年更读《左传》'形民之力，而无醉饱之心'，意欲解释'形'字是割剥之意，'醉饱'是厌足之意，盖以为割剥民力而无厌足之心。后来见注解皆以'形'字训'象'字，意云象民之力而无已甚。某甚觉不然，但被'形'字无理会，不敢改他底。近看《贞观政要》有引用处，皆作'刑民'，又看《家语》亦作'刑民'（巍按：

① 《朱子语类（壹）》卷三，（宋）朱熹撰，朱杰人、严佐之、刘永翔主编《朱子全书》第拾肆册，第 158 ~ 159 页。

② 《朱子语类（贰）》卷三〇、三一、三九、四〇、四七，见（宋）朱熹撰，朱杰人、严佐之、刘永翔主编《朱子全书》第拾伍册，第 1088、1108、1405、1434、1633 页。

见《家语·正论解》"楚灵王汰侈……"。）字，方知旧来看得是。此是祭公箴穆王之语，须如某说，其语方切。"（砺）[①]

8. 问："'春，王正月'，是用周正，用夏正?"曰："两边都有证据，将何从？某向来只管理会此，不放下，竟担阁了。吾友读书不多，不见得此等处。某读书多后，有时此字也不敢唤做此字。如《家语》周公祝成王冠辞：'近尔民，远尔年，啬尔时，惠尔财，亲贤任能。'〔巍按：见《家语·冠颂》："使王近于民，（常得民之心也。）远于年，（寿长。）啬于时，（啬，爱也。于时不夺民时也。）惠于财，亲贤而任能。"〕近尔民，言得民之亲爱也；远尔年，言寿也。'年'与'民'叶，音纫；'能'与'财'叶，囊来反，与'时'叶，音尼。'财'音慈。"（淳）

9. "《左传》'形民之力，而无醉饱之心'，杜预煞费力去解。后王肃只解作'刑罚'之'刑'，甚易晓，便是杜预不及他。李百药也有两处说，皆作'刑罚'字说。"（义刚。十二年）"'形民之力，而无醉饱之心'，《左传》作'形'字解者，胡说。今《家语》作"刑民"注云"伤也"，〔巍按：亦见《家语·正论解》"楚灵王汰侈……刑民之力，而无有醉饱之心（长而字，刑伤民力，用之不胜不节，无有醉饱之心，言无厌足。）"〕极分晓。盖言伤民之力以为养，而无餍足之心也。又如《礼记》中说'耆欲将至，有開必先'，《家语》作'有物将至，其兆必先'为是。盖'有'字似'耆'字，'物'字似'欲'字，'其'字似'有'字，'兆'字篆文似'開'字之'門'，必误无疑。今欲作'有開'解亦可，但无意思尔。王肃所引证，也有好处。后汉郑玄与王肃之学互相诋訾，王肃固多非是，然亦有考援（巍按："援"四库本作"据"。）得好处。"（僩）

10. "……《家语》中说话犹得，《孔丛子》分明是后来文字，弱甚。天下多少是伪书，开眼看得透，自无多书可读。"（贺孙）

11. "……'不在此位也'（巍按：当指《礼记·射义》中文字），吕与叔作'岂不在此位也'，是。后看《家语》乃无'不'字

---

① 《朱子语类（叁）》卷七〇，（宋）朱熹撰，朱杰人、严佐之、刘永翔主编《朱子全书》第拾陆册，第 2342 ~ 2343 页。

（巍按：见《家语·观乡射》），当从之。”（贺孙）

12.“《礼记》‘耆欲将至，有開必先’（巍按：见《礼记·孔子闲居第二十九》），《家语》作‘有物将至，其兆必先’（巍按：见《家语·问玉》“孔子曰：‘入其国，其教可知也……”），却是。疑‘有物’讹为‘耆欲’，‘其兆’讹为‘有開’。故‘耆’下‘日’亦似‘有’，‘開’上‘門’亦似‘兆’。若说‘耆欲’，则又成不好底意。”（义刚）①

13.《家语》虽记得不纯，却是当时书。《孔丛子》是后来白撰出。（道夫）

14.《家语》只是王肃编古录杂记，其书虽多疵，然非肃所作。《孔丛子》乃其所注之人伪作。读其首几章皆法《左传》句，已疑之，及读其后序，乃谓渠好《左传》便可见。（扬）②

上述第10、13、14三条，语意相同，可以代表朱子对《家语》的总体判断，所以马端临《文献通考》将之录入，认为《家语》最多可说为王肃所“编”，而非其伪“作”。具体来看，朱子对《家语》有信（如第1、2、4、8条），有疑（如第3、6条），或在疑信之间（如第5条）；但从他用《家语》来校正《礼记》经文（如第11、12条），又用《家语》及王肃注校正《左传》经注来看，他是相信王肃所裒辑的《家语》文本是远有渊源的。他对《家语》的这一态度，在给密友吕祖谦的书函中流露无遗。马端临所录朱子致吕氏信的原话是这样说的：

《遗书》（巍按：指《程氏遗书》）节本已写出，愚意所删去者亦须用草纸抄出，逐段略注删去之意，方见不草草处。若只暗地删却，久远却惑人也。记《论语》者，只为不曾如此，留下《家语》，至今作病痛也。③

① 《朱子语类（肆）》卷八三、八三、八四、八七，（宋）朱熹撰，朱杰人、严佐之、刘永翔主编《朱子全书》第拾柒册，第2849、2864、2888、2943、2986页。

② 《朱子语类（伍）》卷一三七，（宋）朱熹撰，朱杰人、严佐之、刘永翔主编《朱子全书》第拾捌册，第4233页。

③ 《晦庵先生朱文公文集（贰）》卷三三，（宋）朱熹撰，朱杰人、严佐之、刘永翔主编《朱子全书》第贰拾壹册，第1460页。

朱子明确地表达了两层意思。一是《家语》为《论语》“删”润之余。两者虽有纯杂之别，但却是同源的。二是《家语》混有驳杂之材料，而学者对此书不能充分加以利用，深寄感慨。

从这一角度来看，朱子似甚自信自己的《中庸章句》对《家语》的处理，可以说是去粗取精、化腐朽为神奇的典范。然而学不过三传，即有后学由此入手，起而攻之，腾空出奇，务为翻案，此人正是王柏。①

（二）王柏《家语考》纠谬

就学术渊源而言，王柏与朱子关系密切。《四库全书总目提要》云：“《宋史·儒林传》称其少慕诸葛亮之为人，自号‘长啸’。年逾三十，始知家学之原。（按，柏之祖师愈，受业于杨时，其父瀚，亦及朱子、吕祖谦之门，故史文云然。）与其友汪开之著《论语通旨》，至‘居处恭，执事敬’，惕然叹曰：‘长啸非圣门持敬之道’。亟更以‘鲁斋’。盖其天资卓荦，本一桀骜不驯之才，后虽折节学问，以镕炼其气质，而好高务异之意，仍时时不能自遏。”② 四库馆臣点出王氏才性与其学风之关系，颇为扼要，“好高务异”四字尤其堪称允评，不可移易。惟其述王氏与朱子之学脉渊源，尚不够明晰。束景南《朱熹年谱长编》有云：“王会之即王柏，其祖师愈问学于朱熹，其父瀚为朱熹弟子，王柏则受业黄榦弟子何基之门，卒于咸淳十年。”③ 可补其阙。是王氏为朱子三传门徒。王柏著作极丰，“于《中庸》，谓古有二篇，‘诚明’可为纲，不可为目，遂定‘中庸’、‘诚明’各十三章。”④ 王氏力复“古《中庸》”之真态，而有古分二篇之说，其说影响广远，然为证成其说，波及《家语》，炮制出王肃伪托之说，发为《家语考》专论，则为《家语》伪书案上举足轻重之一环，流

① 朱子之后、王柏之前，饶鲁（双峰）已不取《家语》为证，而拆“哀公问政”章为二，参见程元敏《王柏之生平与学术》上册，第511页。但是，影响远不及王柏，故存而不论。

② （清）纪昀、陆锡熊、孙士毅等原著，四库全书研究所整理《钦定四库全书总目（整理本）》卷一六四，下册，第2182页。

③ 束景南著《朱熹年谱长编》，第1236页。

④ 程元敏：《王柏之生平与学术》下册，《附：王柏之诗经学》上编“第一章，王柏生平简介”，第3页。

传浸盛，不可不辨。近来学者颇有指出其为武断者，[①] 但从学术史的角度，揭露其所以然之故，对匡清此类模糊影响之谈，尤有必要。《家语考》[②] 通篇文字不长，今逐段解析之，以发其妄：

> 1. 予每读《中庸集注》，以《家语》证《中庸》之有缺有衍，私窃疑之，因书与赵星渚言，答曰：文公谓《家语》为先秦古书，无可疑者。因求《家语》之始末，而益有大可疑，请从而论之。

巍按：此见考订《家语》之缘起，正为朱子《中庸章句》而发。讨论之学友主要者为赵星渚，此君持朱子对《家语》之见解，而王氏此考正为反驳朱子之说也。《鲁斋集》中有书致赵氏云：

> 先贤以《家语》为先秦古书，此句稍宽，竟不知为何人所录，疑其为子思以后子孙所编。如疑颜子窃饭之类，诚为可鄙，决不出于子思之前明矣。若以子思之言证《家语》之失，可也。以《家语》证子思之书，于义有所未安。窃谓一部《论语》，门弟子问仁者多矣，夫子止语之求仁之方，未尝有仁字亲切一训，至孟子方有"仁者，人也；义者，宜也"之语，则疑其得于子思，未必夫子之言也。[③]
>
> 朱子之说《中庸》，至矣，精矣，而某妄有所疑。朱子平时谓《家语》为孔丛子伪书，今于《集注》，反取之以证《中庸》之误，愚尤惑焉。哀公问政，"子曰"云云，止"其政息"，窃意夫子之答只此数语。自"人道敏政"而下至"及其成功一也"，皆子思之言。又举夫子三句以证之，故又著"子曰"字，恐非妄也。此下子思又自说去，《家语》中间又举"哀公曰"，此恐不足信。某妄谓其中"仁者，

① 如张固也、赵灿良说："总之，王柏对《家语》的看法，只能说是并不高明的后序读后感。他笃信后序而疑今本之伪，其实没有多少坚实的证据，正像不能轻易相信其伪书说，他对后序的迷信也难以成为我们立论的根据。"氏著《从〈孔子家语·后序〉看其成书过程》，《鲁东大学学报（哲学社会科学版）》2009 年第 5 期，第 1 页。

② 王柏：《鲁斋集（附录，补遗）》卷之一《家语考》，王云五主编《丛书集成初编》本，第 1 册，第 8 ~ 11 页。以下凡引《家语考》不再出注。

③ 王柏：《鲁斋集（附录，补遗）》卷之七，王云五主编《丛书集成初编》本，第 2 册，第 138 页。

人也；义者，宜也。”此非夫子平时语，自是孟子得于子思者，其为子思之言明矣。未审高见以为然否？①

此两信盖写在王氏撰《家语考》之前，因其对《家语》尚未有已见，只是持“先贤”范围内的说法（“疑其为子思以后子孙所编”，也许还是“先秦古书”，或者是采用了《家语·后序》的看法），以及所谓“朱子平时”对《家语》的见解以攻《中庸章句》之说。王氏对《中庸》中“子曰”的看法与张栻颇为相近，又以《孟子》证以“仁者人也义者宜也”的话为子思之言，也可备一说。但是他说“朱子平时谓《家语》为孔丛子伪书”却是对朱子《家语》观的断章取义，朱子分明持《家语》与《孔丛子》严肃的区别观，已见上引《朱子语类》，不仅此也，《家语考》下文又敷衍出朱子晚年定论之说，益见其肆意妄为。诚如王说，朱子乃一初级逻辑不通之人，哪里值得将其说作为讨论的前提呢？

2. 考古非易事也，此先儒之所甚谨，岂后学之所当妄议？必学博而理明，心平而识远，殆庶几乎得之。盖学不博，不足以该贯群书之言；理不明，不足以融会群书之旨；心不平，则不能定轻重之权；识不远，则不能断古今之惑。

巍按：此节论“考古”所当秉持的态度，其道理之严正，未见有过于此者，可惜王氏之所为，今只就其于《家语》案上之持论观之，已适见其背道而驰。

3. 予不敏，何足以知之？窃尝谓，学者莫不读《论语》也，自汉以来，诸儒名家，亦莫不笺释《论语》也，至我本朝，伊洛紫阳诸老先生出，而《论语》之义始大明：曰脱简、曰错简、曰衍文、曰缺文、曰某当作某，始敢明注于下。然未有定《论语》为何人所集也。固尝曰：此《鲁论》也，此《齐论》也；此为子贡之门人记矣，此为

---

① 王柏：《鲁斋集（附录，补遗）》卷之七，王云五主编《丛书集成初编》本，第2册，第136页。

闵子之门人记矣，此成于有子、曾子之门人矣。然子贡、闵子、有子之门人，后世不闻其有显者。惟曾子传得其宗，當（巍按：原作“富”，四库本作“當”，形近而讹，据四库本正）时执删纂之柄者，岂非子思乎？吾闻夫子年三十有五而弟子益进，辙环天下几四十年，登其门者凡三千人，其格言大训宜不胜其多也，岂《论语》五百章所能尽哉？于此五百章之中，而高第弟子之言居十之一，七十子之言不能【尽】（巍按：四库本多“尽”字）载也，三千人之姓名不能尽知也，况其言乎？呜呼！《论语》之书精则精矣，而于夫子之言未可谓之大备也。宜乎诸子百家各持其所闻而发越推阐，莫知所以裁之，毫厘之差、千里之谬固有不能免者。

巍按：此节论宋儒治《论语》超迈前代之处及其不足。然从其私定子思为《论语》裒集者之说，以及夸张地致憾于《论语》所存“夫子之言”“未可谓之大备”云云之说来看，皆腾空论，并无实据。

4. 予读《家语》而得《论语》之原。其序谓“当时公卿大夫士及诸弟子，悉集录夫子之言，总名之曰《家语》”，斯言得之矣。正如今程子、朱子之语录也。盖颜子之所闻，曾子未必知也，子贡之所闻，子游未必知也，齐、鲁之君问答，二国不能互闻也。以今准古，揆之以事，度之以理，不有以大会萃为一书，则散漫而无统、浩博而难求，门人何以别其精微？故曰《家语》之原乎。然记者非一人，录者非一人，才有高下，词有工拙，意有疏密，理有粹粗，纷然而来，兼收并蓄，亦不得而却也。于斯时也，七十子既丧而大义已乖，骎骎乎入于战国矣，各剽略其所闻，假托其所知，纵横开阖、矫伪饰非，将之以雄辞诡辨，以欺诸侯、以戕百姓，其祸根盘结于海内。紫乱朱、郑乱雅，大道晦蚀，异端抢攘。诬圣言、误后世，此有识者所以夙夜寒心，思有以拯之，不得不于《家语》之中采其精要简明者，集为《论语》，以正人心、以明圣统、以承往绪、以启来哲，为悠远深长之计。其滔滔横溃于天下者，固不能遽遏绝也。俟其祸极而势定，则大本大原正大光明，巍然与日月并行于天下，万世之下莫不于此而宗之，其功又岂在禹下哉？当是时也，任是责者，非子思子，吾将畴归？故曰集《论语》者必子思子也；始著书以幸后学者，亦必子思子也。《艺文志》有《曾子》十八篇，此不过记录之书也。《子思》二十三篇，若《中庸》《大学》，则子思著作之书也。以《论语》之体段，推《家语》之规模，大概止记【录】（巍按：四库本多“录”字）而已。

巍按：此节论证分为两层，先本于《家语》之“序”（今文在《后序》）而推断《家语》（即下文所谓“古《家语》”）为“《论语》之原”；然后根据《艺文志》著录等推断将《家语》缩编精“集”为《论语》者为子思。乍视之炳炳烺烺，创见迭出，细案之，全不可通。

《家语·后序》中以孔安国口吻写的那篇，起首即云：“《孔子家语》者，皆当时公卿士大夫及七十二弟子之所谘访交相对问言语者。既而诸弟子各自记其所问焉，与《论语》《孝经》并。时弟子取其正实而切事者别出为《论语》，其余则都集录名之曰《孔子家语》。凡所论辨流判较归，实自夫子本旨也。属文下辞，往往颇有浮说烦而不要者，亦犹七十二子各共叙述首尾加之润色其材或有优劣故使之然也。”[①] 此序谓《家语》与《论语》同源，即“实自夫子本旨也”，然而《论语》与《家语》有精粗之别，一则是《论语》先编，取材“正实而切事者”，《家语》为汇集“余”料之后编，故“颇有浮说烦而不要者”。二则从编者的角度来看，是由于弟子的水平不同所致。《家语》为孔门弟子编辑裁集《论语》之“余”，并非有关孔子言论的总汇，更非《论语》之材料来源，此断断然者，所以《序》又云“与《论语》《孝经》并”。王氏乃片面截取符合其关于古《论语》、古《家语》想象之文字，完全不顾上下文，甚至不能忠实直引原文，断章取义来贸然立说。而《艺文志》所著录《曾子》与《子思》，同属于孔门传人之著述，却强分“记录之书”与“著作之书”，将一切美事集于孔子之孙。如学者所指出的：“谓《学》《庸》共出子思一手，鲁斋之前未尝有人说”，[②] 于此可见一斑。其诬古武断则适才开篇，其致思之方，乃尽出于臆“推”之一途是矣。

① 参见影印《文渊阁四库全书》本《孔子家语》卷一〇。

② 参见程元敏《王柏之生平与学术》上册，第536页。

5. 然精要简明既萃于《论语》，则其余者存于《家语》，虽不得为纯全之书，其曰先秦古书，岂不宜哉？虽然，予尝求《家语》之沿革矣，其序故曰："当秦昭王时，荀卿入秦，王问儒术，卿以孔子语及弟子言参以己论献之。"卿于儒术，固未醇也，而昭王岂能用儒术者哉？可谓两失之，此《家语》为之一变矣。于是以其书列于诸子，得逃焚灭之祸。秦亡，书悉归汉。高堂生得《礼古经》五十六卷、经七十篇、记百三十一篇。注云："七十子及后学所记"。此岂非《家语》之遗乎？河间献王得而上之，宣帝时后仓明其业，乃为《曲台记》，授戴德、戴圣、庆育三家。大戴删其繁为八十五篇，小戴又删为四十六篇，育无传焉。马融传《小戴礼》，又足《月令》《明堂》《乐记》三篇。郑康成受业于融，为之注解。究其原，多出于荀卿之所传，故《戴记》中多有荀卿之书。班固曰："《孔子家语》二十七卷"（卷与篇不同），颜师古已注云："非今所有之《家语》"。成帝时，孔子十三世孙衍，上书言："戴圣近世小儒，以曲礼不足，乃取《孔子家语》杂乱者及子思、孟轲、荀卿之书以裨益之，总名曰'《礼》'，遂除《家语》本篇，是灭其原而存其末也。"以是观之，《礼记》成而《家语》又几于亡矣。予于是有曰：《论语》者，古《家语》之精语也。《礼记》者，后《家语》之精语也。

魏按：此节据《家语・后序》及《艺文志》颜师古注，逞其"《论语》者，古《家语》之精语也。《礼记》者，后《家语》之精语也"之臆说，这是理想化古代的看法。《后序》云："孔子既没而微言绝，七十二弟子终而大义乖。六国之世，儒道分散，游说之士各以巧意而为枝叶。唯孟轲、孙卿守其所习。当秦昭王时，孙卿入秦，昭王从之问儒术。孙卿以孔子之语及诸国事、七十二弟子之言凡百余篇与之，由此秦悉有焉。"《家语・后序》明明记荀卿保存传播《家语》之功，王氏却逆向用证，反认定为荀卿"变"乱《家语》之赃物，还无端推测荀子"参以己论献之"云云；《后序》载孔衍奏云："戴圣近世小儒，以《曲礼》不足，而乃取《孔子家语》杂乱者，及子思、孟轲、孙卿之书以裨益之，总名曰《礼记》，今尚见其已在《礼记》者，则便除《家语》之本篇，是灭其原而存其末，不亦难乎！"《家语・后序》所载孔衍上书明明说戴圣《礼记》为

“灭其原而存其末”，而至王氏口中，《礼记》反为“其”“精语”。证据与结论之间全然反背，至于熟视无睹者！至于王氏所引颜师古之说，不过文致其杜撰之“古《家语》”“后《家语》”，以及下文“今之《家语》”三分法之说而方便设辞也，其实与颜说原旨距离颇远。颜师古注“非今所有之《家语》”，盖谓《艺文志》所著录者，为古《家语》，两者文本上有不同。或者是说，一为《汉志》著录本，一为孔家所传王肃注本，二种本子不同。王氏以该本为“后《家语》”，已经历一番沉沦，至于颜师古所见“今所有之《家语》”亦即王氏下文所谓“今之《家语》”，则不仅有古今之异（如颜师古所认为者），而且有真伪之辨（这是颜师古意想不到的）。也就是说王柏将颜师古的记载作了大不利于王肃也大不利于今本《家语》的发挥。这一逻辑导向的形成，虽与王氏粗率的学风有关，也未必不是其复古之念有以致之也。而其读史注的任意不通，下文还会碰到。当然更重要的是与《中庸》案有关。

> 6. 今之《家语》十卷，凡四十有四篇，意王肃杂取《左传》、《国语》、荀、孟、二戴之绪余，混乱精粗，割裂前后，织而成之，托以安国之名。舍珠玉而存瓦砾，宝康瓠而弃商鼎，安国不应如是之疏也。且安国，武帝时人，孔壁之藏，安国之所守也，不能以金石丝竹之遗音正曲台之繁芜，其功反出于二戴之下，必不然矣。是以朱子曰：“《家语》是王肃编古录杂语，其书虽多疵，却非肃自作”，谓今《家语》为先秦古书。窃意是初年之论，未暇深考。故注于《中庸》，亦未及修。故曰“《家语》为王肃书”，此必晚年之论无疑也。

巍按：此节的论证结构是：先认定《礼记》优于《家语》，再认定孔安国必然高明于“二戴”（《后序》关于扬安国贬抑“戴圣近世小儒”的话加强了他的判断），则安国之书必然优于“二戴”所编的《礼记》。今既知《家语》不如《礼记》，则《家语》必非安国所编，而《家语·后序》有以孔安国口吻说的“乃以事类相次，撰集为四十四篇”云云，暗示是孔安国所编定，则此本必为为之作注的王肃伪托。从文献上看，是“王肃杂取《左传》《国语》、荀、孟、二戴之绪余，混乱精粗，割裂前后织而成之，托以安国之名。”这一说法与朱子的见解显相违背，所以一口咬定那是朱子的“初年之论”。

“王肃杂取《左传》《国语》、荀、孟、二戴之绪余，混乱精粗，割裂前后织而成之，托以安国之名”一句，后人引用最多，最能代表王柏之见。其影响力是很多专书都无法比拟的。对于没有看到过《家语考》全文的人们来说，尤其能开放出巨大的想象空间，它明确提出了关于《家语》王肃伪书说的大假设，或是一个大创意。在此，我想举几个例子说明这一说法的反响乃至演义。

宋、元之际的《文献通考》未著王氏之说，而清初一部著名的大书《经义考》则唯恐将其漏列：

> 王氏（柏）《家语考》（未见）。郎瑛曰：王文宪公《家语考》一篇，以四十四篇之《家语》乃王肃自取《左传》、《国语》、《荀》、《孟》、二戴《记》，割裂织成之。孔衍之《序》，亦王肃自为也。[①]

朱彝尊“未见”《家语考》，可见王柏之《鲁斋集》并不易得，所以他只能得自传闻，因此所述颇有不尽不实之处。首先是漏掉了“托以安国之名”之说，使得王的看法不完整；最重要的是“孔衍之《序》，亦王肃自为也”，更是捕风捉影之谈。所谓“孔衍之《序》”就让人莫名其妙，《后序》确载有孔衍之上书，但是从来不称《序》或《后序》为“孔衍之《序》”。然度其意，盖谓以孔安国的口吻写的序，或以载有孔衍上奏的《后序》“亦王肃自为也”，但是《家语考》未见明文有此说，但从王柏一方面尊信《后序》的记载并断章取义以立己说，一方面又将《家语》归于王肃伪托之孔安国名义来看，他对《后序》的看法极为暧昧，（就王柏本人来说是自相矛盾的。他根据《后序》得出《家语》王肃伪作说，可既然为王肃所伪，则《后序》亦不能不出于王肃，则又有何可据的价值？）后人从自己的假设出发，很容易敷衍出这种说法。郎瑛就是如此，[②] 但是这

① 朱彝尊：《经义考》卷二七八，朱彝尊撰、翁方纲撰、罗振玉撰《经义考·补正·校记》，中国书店，2009，第4册，第1860页下栏~1861页上栏。

② 承北京大学桥本秀美教授提示，明代学者郎瑛“孔衍之《序》，亦王肃自为也”之说，出于氏著《七修类稿》卷二四。谨致谢忱。

一条显然不能作为《家语考》原文来引录。[①] 有意思的是，此等说法，戴震早年所撰读书札记《经考》附录卷六加以全文收录（只"《家语考》一篇"之"篇"作"编"，微异），而于"《孔子家语》"下注云："今则王肃赝本。"[②]《四库全书总目》之《孔子家语》提要也说：

> 考《汉书·艺文志》，有《孔子家语》二十七卷，颜师古注云："非今所有《家语》。"《礼·乐记》称"舜弹五弦之琴以歌南风"，郑注："其词未闻。"孔颖达《疏》载：肃作《圣证论》，引《家语》"阜财解愠"之诗以难康成。又载马昭之说，谓《家语》王肃所增加，非郑所见。故王柏《家语考》曰：四十四篇之《家语》，乃王肃自取《左传》《国语》《荀》《孟》、二戴《记》，割裂织成之，孔衍之序，亦王肃自为也。[③]

《家语考》并没有引孔疏载肃作《圣证论》引《家语》以难康成以及马昭的话，四库馆臣一个"故"字下得过于任意，但他们是主张"反复考证，其出于肃手无疑"的，所以《提要》做的只是列举历史上质疑《家语》的重大论证，由于《四库全书总目》是重要的官修书目，在学术史上举足轻重，所以王柏的见解经此定位，更显重要。但是四库馆臣完全照录《经义考》的作法，则殊出人意料。朱彝尊未见原书，尚情有可原，无如四库馆臣有善本可据，却懒于覆案。"孔衍之序，亦王肃自为也"，冒王柏之名诸云云之说，经此又广一度流传。

事情似乎没有到此即止。近人张心澂编著《伪书通考》又加以著录：

> 王柏曰："四十四篇之《家语》乃王肃自取《左传》、《国语》、《荀》、《孟》、二戴《记》，割裂织成之。孔衍之《序》，亦王肃自为

① 萧敬伟已指出："惟笔者考诸《鲁斋王文宪公文集》所载〈家语考〉，并无'孔衍之《序》，亦王肃自为也'之语。"参见氏著博士论文《今本〈孔子家语〉成书年代新考——从语言及文献角度考察》，第 5 页，2004 年 12 月。

② （清）戴震撰，杨应芹、诸伟奇主编《戴震全书（修订本）》，第贰册"经考附录卷六"，合肥：黄山书社，2010，第 600 页。

③ （清）纪昀、陆锡熊、孙士毅等原著，四库全书研究所整理《钦定四库全书总目（整理本）》卷九一，上册，第 1194 页。

也。(《经义考》引《家语考》)[①]

张心澂比四库馆臣忠实，注明了援引所自，这进一步确认了王柏见解的学术史地位，也进一步显示了《经义考》的作用，但是也进一步折射出类似模糊影响之谈的固化。[②] 笔者在这里无意吹毛求疵，而是想严肃地指出《家语》伪书案如何在似是而非的情况下，如滚雪球般地越滚越大，积非成是。

王柏关于《家语》的看法，其引人注目或让人迷惑之处集中在“王肃杂取《左传》、《国语》、荀、孟、二戴之绪余，混乱精粗，割裂前后，织而成之”这一点上，而这一点在以“考”为名的文章中竟没有作任何的证明，最多只是提示了一个观察或话头而已。我们当追究王氏何所据而云然？可以负责任地断言，这一点正是得自王肃本人工作成绩的启示，不过被反向冠以伪窃的帽子而已。

关于《家语》与“《左传》《国语》《荀》《孟》、二戴《记》”等文献，王肃作了大量严谨的校勘工作。笔者将从两个方面入手加以考察：一是王肃之注明白举出典籍名称的；一是未具书名而实际引来考校的。

先看王肃明引典籍加以校勘的例子。

关于《左传》：

《家语·颜回第十八》：……孔子曰：“身殁言立，所以为文仲也。然犹有不仁者三，不智者三，是则不及武仲也。”回曰：“可得闻乎?”孔子曰：“下展禽，(展禽，柳下惠。知其贤，而使在下位，不与立于朝也。) 置六关，(六关，关名。鲁本无此关，文仲置之，以税行者，故为不仁。《传》曰：“废六关”，非也。) 妾织蒲，(《传》曰：“织蒲。”蒲，席也。言文仲为国为家，在于贪利也。) 三不仁；……”[③]

① 张心澂编著《伪书通考》，上海书店出版社，据商务印书馆1939年版影印，1998，第611页。

② 邓瑞全、王冠英编著《中国伪书综考》亦如之，“《经义考引》”且为书名矣。黄山书社，1998，第385页。

③ 《孔子家语》卷五，第51页下栏。

《左传·文公二年》"妾织蒲"《正义》曰："《家语》说此事，作'妾织席'，知'织蒲'是为席以贩卖之也。"① 据此，今本《家语》"妾织蒲"当作"妾织席"，今本为流传之讹。此处明引《左传》校勘《家语》，两处异文，一则以《家语》定《左传》传文"废六关"之"废"字之非；一则以《左传》通"蒲，席也"之训诂。

> 《家语·正论解第四十一》：……孔子曰："叔向，古之遗直也。治国制刑，不隐于亲，三数叔鱼之罪不为末，（末，薄。）或曰义，（或，《左传》作'咸'也。）可谓直矣……"②

此为存异文之例，盖王肃以为义皆可通也。《左传·昭公十四年》："三数叔鱼之恶，不为末减。（末，薄也。减，轻也。以正言之。）曰义也夫，可谓直矣。"《正义》曰："服虔读减为咸，下属为句。"③ 陈士珂本《家语》"或"作"减"。④ 巍按：王肃关于《左传》的读法盖本于服虔，杜预与之不同。《家语》作"减"之本也反映出与《左传》的深刻关系，或者就因《左传》杜本而趋同化所致。

> 《家语·正论解第四十一》："……郑伯男南也，而使从公侯之贡，〔南，《左辅【氏】》（《魏晋全书》校勘记：丛刊本"氏"作"辅"，据备要本改⑤）作男，古字作南，亦多有作此南，连言之，犹言公侯也。〕惧弗给也，敢以为请，自日中争之，以至于昏。晋人许之。"……⑥

此亦为存异文之例，王氏以为"南"与"男"为古今字。四部备要本"左辅"作"左氏"。巍按："辅"当为"傳"之讹。据王注可知正文衍一"男"字。流传中涉注文而误加；或者"男"为"南"之讹，"南也"强调一下，文理也顺。

---

① 《春秋左传正义》卷一八，（清）阮元校刻《十三经注疏》下册，第1839页下栏。
② 《孔子家语》卷九，第105页上栏。
③ 《春秋左传正义》卷四七，（清）阮元校刻《十三经注疏》下册，第2076页下栏。
④ 陈士珂辑《孔子家语疏证》卷九，第246页。
⑤ 曹书杰主编《魏晋全书》（2），第368页。
⑥ 《孔子家语》卷九，第105页下栏~106页上栏。

关于《大戴礼记》：

《家语·弟子行第十二》：……是宫縚之行也。孔子信其能仁，以为异士。（殊异之士也。大戴引之曰："以为异姓婚姻也"，以兄之女妻之者也。）……①

"宫縚"或本作"南宫縚"，孔子弟子。《大戴礼记·卫将军文子第六十》："独居思仁，公言言义；其闻之《诗》也，一日三复白圭之玷，是南宫縚之行也。夫子信其仁，以为异姓。"② 是王肃明引《大戴礼记》而存异文之例也。

关于《新序》：

《家语·屈节解第三十七》：……渔者曰："鱼之大者名为鱄（巍按：《魏晋全书》脱此字，下同。③），吾大夫爱之，其小者名为鱦，（鱄宜为鳣，《新序》作鲙，鲍鱼之怀任之者也。鱦，戈证反。）吾大夫欲长之，是以得二者，辄舍之。"④

此明引《新序》存异文之例。

为了深入了解作注者的动机，也为了节省篇幅，我们取严格的校勘观点，将明引书名者举出，而未将亦出具书名引材料来疏释文义者例开，如《辩物》篇引哀公十四年"《春秋经》"及左氏"《传》"、⑤《致思》篇引"庄周书"、⑥《执辔》篇引"《淮南》"，⑦ 等等，实际与纯粹之校勘，相去不远。这些例子有力地证明，《左传》《大戴礼记》《新序》《庄子》《淮南子》等文献与《家语》材料之有相关性，是王肃首先揭示的，也是光明正大提出来让人留意的。后人乃循流忘源，反以为王氏作伪的证据，颇有反

① 《孔子家语》卷三，第 32 页下栏。
② （清）王聘珍撰，王文锦点校《大戴礼记解诂》卷六，中华书局，1983，第 111 页。
③ 曹书杰主编《魏晋全书》(2)，第 358 页。
④ 《孔子家语》卷八，第 94 页下栏。
⑤ 《孔子家语》卷四，第 47 页下栏。
⑥ 《孔子家语》卷二，第 21 页上栏。
⑦ 《孔子家语》卷六，第 69 页上栏。

讽意味。

除了上述明说的，还有很多未明说的例子。这就需要我们特别注意有关《新序》一条中提到的“宜为”之例。通检《家语》王肃之注，颇多某字“宜为”某字的校例，我们发现大多有文献根据，而非意出杜撰。与《新序》一条不同的，只是未出书名而已。

《家语·致思第八》：……故君子不可以不学。其容不可以不饬，不饬无类，无类失亲，〔类，宜为貌。不在饬【惟不饬】（《魏晋全书》校勘记：丛刊本“惟不饬”作“不在饬”，据备要本改。[①]）故无貌，不得言不饬无类也。礼貌矜庄，然后亲爱可久。故曰无类失亲也。〕失亲不忠，（情不相亲，则无忠诚。）不忠失礼，（礼以忠信为本。）失礼不立。（非礼则无以立。）……[②]

“不饬（巍按：陈士珂本作‘饰’，[③] 古通用。）无类”，《说苑·建本》作“不饰则无根”，[④]《尚书大传·略说》作“不饰无貌”，[⑤]《大戴礼记·劝学》亦作“不饰无貌”，[⑥] 疑王肃据《尚书大传》《大戴礼记·劝学》而校。向宗鲁说：“《大戴记》作‘貌’，‘根’、‘类’皆‘貇’字之形误。‘貇’即‘貌’字。”[⑦] 各本似皆有渊源，若必谓《家语》由丛抄别本而来，至少从文字上何以不径取至今不误之《尚书大传》《大戴礼记》“类”字，而劳神费力至于此呢？殊不可晓。

《家语·好生第十》：……孔子曰：“君子哉！漆雕氏之子，其言人之美也，隐而显；言人之过也，微而著。智而不能及，明而不能见，孰克如此。”（克，能也。而宜为如也。）[⑧]

---

① 曹书杰主编《魏晋全书》（2），第314页。
② 《孔子家语》卷二，第20页上栏。
③ 陈士珂辑《孔子家语疏证》卷二，第47页。
④ （汉）刘向撰，向宗鲁校证《说苑校证》卷三，第68页。
⑤ 董治安主编《两汉全书》第1册，第247页。
⑥ （清）王聘珍撰，王文锦点校《大戴礼记解诂》卷七，第134页。
⑦ （汉）刘向撰，向宗鲁校证《说苑校证》卷三，第68页。
⑧ 《孔子家语》卷二，第26页上栏。

《说苑·权谋》此段末句作“故智不能及，明不能见，得无数卜乎?”① 与之不同。无“而”，亦不为“如”，似非据此而校也。

> 《家语·好生第十》：……窃夫其有益与无益，君子所以知。(窃，宜为察。)②

《荀子·哀公篇第三十一》作“窃其有益与其无益，君其知之矣。”王肃之校读为杨倞吸收，高亨《诸子新笺》云：“‘窃’、‘察’古通用。”③

> 《家语·贤君第三》：齐景公来适鲁，舍于公馆，使晏婴迎孔子，孔子至，景公问政焉。孔子答曰：“政在节财。”公悦，又问曰：“秦穆公国小处僻而霸，何也?”孔子曰：“其国虽小，其志大，【其】处虽僻而政其【其政】中，其举也果，其谋也和，法无私而令不愉，(愉宜为偷，愉【偷】，苟且也)【《魏晋全书》校勘记：丛刊本“偷”作“愉”，据备要本改。】首拔五羖，爵之大夫，(首宜为身，五羖大夫，百里奚也。)与语三日而授之以政，【以】此取之虽王可，其霸少矣。”景公曰：“善哉。”④

> 《说苑·尊贤》：齐景公问于孔子曰：“秦穆公其国小处僻而霸，何也?”对曰：“其国虽小，而其志大，处虽僻，而其政中，其举果，其谋和，其令不偷；亲举五羖大夫于系缧之中，与之语，三日而授之政。以此取之，虽王可也，霸则小矣。”⑤

> 《史记·孔子世家》：鲁昭公之二十年，而孔子盖年三十矣。齐景公与晏婴来适鲁，景公问孔子曰：“昔秦穆公国小处辟，其霸何也?”对曰：“秦，国虽小，其志大；处虽辟，行中正。身举五羖，(《正

---

① (汉)刘向撰，向宗鲁校证《说苑校证》卷一三，第336页。

② 《孔子家语》卷二，第26页下栏。

③ 董治安、郑杰文汇撰《荀子汇校汇注》，齐鲁书社，1997，第982页。

④ 《孔子家语》卷三，第35页下栏、第36页上栏；参校以陈士珂辑《孔子家语疏证》卷三，第85页。

⑤ (汉)刘向撰，向宗鲁校证《说苑校证》卷八，第182页。

义》：百里奚也。）爵之大夫，起累绁之中，（《索隐》：《家语》无此一句。孟子以为“不然”之言也。）与语三日，授之以政。以此取之，虽王可也，其霸小矣。”景公说。[①]

王肃“愉宜为偷”的校读疑据《说苑》，而“首宜为身”的校读则本于《史记》，若必如学者所说丛抄之后，再出此等校语，实是很费解的。

《家语·六本第十五》：孔子游于泰山，见荣声期（声宜为启，或曰荣益期也。）〔荣启期[②]（本作荣声期，或曰荣益期。）〕行乎郕之野，鹿裘带索，瑟【鼓】瑟而歌。孔子问曰：“先生所以为乐者，何也?”期[③]对曰：“吾乐甚多，而至者三。[④] 天生万物，唯人为贵，吾既得为人（而吾得为人矣），是[⑤]一乐也；男女之别，男尊女卑，故人以男为贵（故与男为贵），吾【今】既得为男【矣】，是二乐也；人生有不见日月，不免襁褓者，吾【今】既以[⑥]行年九十【有[⑦]】五矣，是三乐也。[⑧] 贫者，士之常【也】；死者，人之终【也】。[⑨] 处常得终，当何忧哉【焉[⑩]】。”孔子曰：“善哉【乎】！能自宽者[⑪]也。”（得宜为待【大[⑫]】。）[⑬]

《说苑·杂言》：孔子见荣启期，衣鹿皮裘，鼓瑟而歌。孔子问

---

① （汉）司马迁撰《史记》卷四七《孔子世家》，第1910页。
② 与《说苑》合。
③ 敦煌本无“期”字。与《说苑》合。
④ 敦煌本无“而至者三”，与《说苑》合。
⑤ 敦煌本无“是”字。
⑥ 敦煌本无“以”字。
⑦ 魏按：敦煌本“九十”后有“有”字。
⑧ 敦煌本无“也”字。
⑨ 敦煌本“常”“终”后皆有“也”字，与《说苑》合。
⑩ 敦煌本“焉”旁注一“哉”字。
⑪ 敦煌本无“者”字。
⑫ 邬可晶校：敦煌本“大”盖“待”之音近误字。
⑬ 《孔子家语》卷四，第43页上栏。参见邬可晶博士校以敦煌写卷P. 4022 + 3636佚名类书，《老》下引有《家语》此篇。图版见《法藏敦煌西域文献》第26册，174页，上海古籍出版社，2002。氏著《〈孔子家语〉成书时代和性质问题的再研究》，第114～116页。

曰："先生何乐也?"对曰："吾乐甚多：天生万物，唯人为贵，吾既已得为人，是一乐也。人以男为贵，吾既已得为男，是为二乐也。人生不免襁褓，吾年已九十五，是三乐也。夫贫者，士之常也；死者，民之终也。处常待终，当何忧乎?"①

《列子·天瑞篇》：孔子游于太山，见荣启期行乎郕之野，鹿裘带索，鼓琴而歌。孔子问曰："先生所以乐，何也?"对曰："吾乐甚多：天生万物，唯人为贵。而吾得为人，是一乐也。男女之别，男尊女卑，故以男为贵；吾既得为男矣，是二乐也。人生有不见日月、不免襁褓者，吾既已行年九十矣，是三乐也。贫者士之常也，死者人之终也，处常得终，当何忧哉?"孔子曰："善乎！能自宽者也。"

《列子·天瑞篇》"处常得终"，杨伯峻《集释》云："卢文弨曰：'得'《说苑·杂言篇》作'待'。王重民曰：作'待'是也。盖荣启期乐天知命，既明贫者士之常，死者人之终，故自谓处常以待终，当有何忧。若作得，则非其旨矣。《御览》四六八引正作'待'。《类聚》四十四引作'居常以待终'，文虽小异，'待'字固不误也。伯峻按：卢、王说是也。下章张注云：'乐天知命，泰然以待终。'待终之语即袭此文，可见张所见本犹作'待'也。"② 综合来看，王肃两条校语，当据《说苑》等作出。由此可见，王氏深得荣启期的精神气质，而《家语》文本在流传中确是出现了问题的。无论如何，王肃既有意窃抄有问题的古书，又参校以《说苑》等精彩之文字，这是绝不可通的，若如有的学者所说，《说苑》为其抄袭蓝本之一，则何以不随手径抄，却如此大费周章，似唯恐后人不知其伪迹呢?

《家语·六本第十五》：孔子曰："回有君子之道四焉，强于行义、弱于受谏、怵于待禄、（怵，怵惕也。待宜为得也。）慎于治身……"③

① （汉）刘向撰，向宗鲁校证《说苑校证》卷一七，第429页。

② 杨伯峻撰《列子集释》卷一，中华书局，1979，第22～23页。

③ 《孔子家语》卷四，第43页上栏。

王肃“待宜为得也”，未知所据而云然。在王氏看来，“待”“得”互讹之例是不少的。

《家语·六本第十五》：齐高庭问于孔子曰：“庭不旷山，不直地，(庭，高庭名也。旷，隔也。不以山为隔，踰山而来。直，宜为植，不根于地而远来也。）衣穰而提贽，（穰，蒿草衣。提持贽，所以执为礼也。）精气，以问事君子之道，愿夫子告之。”①

《说苑·杂言》篇亦作“不直地”，② 与《家语》同。王校未知所据而云然。

《家语·颜回第十八》：颜回问于孔子曰：“成人之行，若何?”子曰：“达于情性之理，通于物类之变，知幽明之故，睹游气之原，若此可谓成人矣。既能成人，而又加之以仁义礼乐，成人之行也，若乃穷神知礼，德之盛也。”（礼，宜为化。）③

《说苑·辨物》颜渊问于仲尼曰：“成人之行何若?”子曰：“成人之行达乎情性之理，通乎物类之变，知幽明之故，睹游气之源，若此而可谓成人。既知天道，行躬以仁义，饬身以礼乐。夫仁义礼乐，成人之行也。穷神知化，德之盛也。”④

疑王肃据《说苑》而校。

《家语·子路初见第十九》：孔子兄子有孔篾者，与宓子贱偕仕。孔子往过孔篾，而问之曰：“自汝之仕，何得何亡?”对曰：“未有所得，而所亡者三，王事若龙，（龙，宜为砻，前后相因也。）学焉得

---

① 《孔子家语》卷四，第44页下栏。
② （汉）刘向撰，向宗鲁校证《说苑校证》卷一七，第440页。
③ 《孔子家语》卷五，第51页上栏。
④ （汉）刘向撰，向宗鲁校证《说苑校证》卷一八，第442页。

习，（言不得习学也。）是学不得明也；……”[①]

《说苑·政理》：孔子弟子有孔蔑者，与宓子贱皆仕，孔子往过孔蔑，问之曰：“自子之仕者，何得、何亡？”孔蔑曰：“自吾仕者，未有所得，而有所亡者三，曰：王事若袭，学焉得习，以是学不得明也，所亡者一也；……”[②]

“沓”与“袭”字形很相近，以“前后相因也”之训来看，“袭”比“沓”为贴切，有无可能今本《家语》王肃之注“沓”字为“袭”字之讹，即有可能王肃参考了《说苑》作此校语。无论如何，《家语》照抄《说苑》的可能性并不大。

《家语·入官第二十一》：故君上者，民之仪也；有司执政者，民之表也；迩臣便僻者，群仆之伦也。（僻，宜为辟。便辟，执事在君之左右者。伦，纪也，为众之纪。）[③]

《大戴礼记·子张问入官》作“故上者，民之仪也；有司执政，民之表也；迩臣便辟者，群臣仆之伦也。”[④] 王校疑据《大戴礼记》。

《家语·五帝第二十四》：孔子曰：“尧以火德王，色尚黄，舜以土德王，色尚青。”〔土家宜尚白。土者四行之主，王于四季。五行用事先起于水（《魏晋全书》校勘记：备要本“水”作“木”。[⑤]）色青，是以水家避土（《魏晋全书》校勘记：备要本“水”作“木”。）土家尚白。〕[⑥]

此条辨正文“舜以土德王，色尚青”当作“舜以土德王，色尚白”。惟五行异色，极易混淆，自古已然，愈演愈烈。《艺文类聚》卷八〇引

① 《孔子家语》卷五，第 53 页下栏。
② （汉）刘向撰，向宗鲁校证《说苑校证》卷七，第 161 页。
③ 《孔子家语》卷五，第 58 页下栏。
④ （清）王聘珍撰王文锦点校《大戴礼记解诂》卷八，第 139 页。
⑤ 曹书杰主编《魏晋全书》引 2 册，第 341 页。
⑥ 《孔子家语》卷六，第 66 页上栏。

"《家语》曰：'尧火帝而王，尚赤。'"[①]《太平御览》卷三七引"《家语》曰：孔子曰'尧以土德王而尚黄，黄，土之色也。'"[②]

若如论者所谓《家语》为王肃自作而自注，何不惮烦之甚也！

> 《家语·正论解第四十一》：臣又乃尝闻焉，昔周穆王欲肆其心，（肆，极。）将过行天下，使皆有车辙，并马迹焉，祭公谋父作《祈昭》，（谋父，周卿士。《祈昭》，诗名。犹齐景公作君臣相说之乐盖曰《徵招》《角招》是也。昭宜为招，耳補作招。）以止王心，（止王心之逸游。）王是以获殁于文宫，臣闻其诗焉，而弗知，若问远焉，其焉能知。[③]

《左传·昭公十二年》记"祭公谋父作《祈招》之诗，以止王心。"[④]《孟子·梁惠王篇下》载"景公悦，大戒于国，出舍于郊。于是始兴发补不足。召大师曰：'为我作君臣相悦之乐！'盖《徵招》《角招》是也。"[⑤]是知此校语当参考了《左传》《孟子》而作。又，例以前文曾引及《家语》将《左傳》讹为《左辅》的例子，此处"耳補作招"当为"《左傳》作'招'"之形近而讹。[⑥]

综合来看，在上述"宜为"之例中，《贤君》篇之参考《史记》，《六本》《颜回》之参考《说苑》，《入官》之参考《大戴礼记》，《正论解》之参考《左传》《孟子》，似乎是很明显的。不过，这种文本校勘的工作，与"杂取"文献以凑成伪书是风马牛不相及的。加上王肃明白举出了《左传》《大戴礼记》《新序》《庄周书》《淮南》等参校文本，说他托古伪作，是很难让人信服的。

更有意思的是王柏在攻击王肃托古的同时，自己则公然无可置疑地托古。他说王肃"托以安国之名"，实则自己"托以朱子之晚年定论"。真是

① 《艺文类聚》卷八〇，董治安主编《唐代四大类书》，清华大学出版社，2003，第二卷，第1269页上栏。

② （宋）李昉等撰《太平御览》卷三七，中华书局，1960，第1册，第175页下栏。

③ 《孔子家语》卷九，第104页上栏。

④ 《春秋左传正义》卷四五，（清）阮元校刻《十三经注疏》下册，第2064页下栏。

⑤ 《孟子注疏》卷二上，（清）阮元校刻《十三经注疏》下册，第2676页上栏。

⑥ 四库本正作"《左传》作'招'"。

在好托古者的视野里，未必真托古者极易被看成托古者，这不无讽刺意味。从朱子《中庸章句》及其门人所记他对《家语》的见解看，朱子的定论是一贯的：它是一部“当时”的古书，有驳杂之处，但非王肃所伪作。但这显然不符合王柏对《家语》的看法，所以托辞说那是“初年之论，未暇深考。故注于《中庸》，亦未及修。故曰‘《家语》为王肃书’，此必晚年之论无疑也。”将自己的看法说成是朱子“晚年之论”，这是明目张胆的伪托。王氏有《答叶通斋》一函，可见其心理：

> 窃（巍按：原文作“切”，据四库本正）谓集《家语》者，固出于门人弟子也。于《家语》中集其精粹而为《论语》者，疑子思也。尊兄亦以为恐或有之，止是其下一必字太死杀尔。尊谕曰，非子思所著，亦明矣。然某未尝言为子思所著也，集字与著字大不同。集者，合众人之所长；著者，明一己之所见。或恐高明偶未见察。某所谓著书自子思始者，指《中庸》而言，非谓《家语》也。措词不明，皇恐。若古《家语》之不存，王肃引孔衍之言曰（巍按：此处疑文有脱误），王肃反诸书杂录以补其亡，非《中庸》用王肃之词，是王肃用《中庸》之言，妄加“哀公曰”之类，甚明。此朱子所以言《家语》之多疵，是晚年之论无疑。朱子于《四书》，至死修改未毕，因门人之疑而修改者，历历可考。此朱子迁善之盛德，而不可泯没者。但学者不可妄有指议，苟有证据，不妨致疑于其间。是勉斋《通释》之例云尔，今不曰可疑，而径曰疵，此大病也。①

这封信很清楚地揭露了，为了攻倒朱子在《中庸章句》中的见解，他不能不推断朱子用以助证的《家语》为王肃伪书，最关键的一步就是断言“‘哀公曰’之类”为王肃“妄加”，一切关于《家语》为王肃伪书的见解，都由此推演出来。至于所谓“晚年之论”的托辞，完全是割裂朱子的话得来的，朱子说：“《家语》只是王肃编古录杂记，其书虽多疵，然非肃所作。”他恰恰是把朱子认为《家语》中于古有征即反映“当时”语境可

① 王柏：《鲁斋集（附录，补遗）》卷之七，王云五主编《丛书集成初编》本，第2册，第145～146页。

以参证《中庸》的文献认定为“多疵”，进而翻转“然非肃所作”之论，整个是朱子见解的倒置，然犹托为朱子晚年定论，对《家语》的看法容或有不必一致之论，诬其师祖之责，王氏难辞其咎。

7. 吁！《家语》之书，洙泗之的传也，不幸经五变矣！一变于秦，再变于汉，三变于大戴，四变于小戴，五变于王肃。洙泗之流风余韵，寂然不复存。以古《家语》正《中庸》，其词甚悫，其义甚明，奈不可得而见也。以今《家语》正《中庸》，终恐有所未安。以朱子晚年之论，久之未必不改也。学者胶柱而调瑟，却成大病。是以不容不论，惟明者择焉。

巍按：此节论《家语》经“五变”而面目全非，不足以校正《中庸》，朱子《中庸章句》中的见解绝不可靠而当“改”也。王柏以朱子关于《中庸》之分章等更为整体性的“朱子晚年之论”当推翻，这是整篇《家语考》的落脚点。由此可见，关于《家语》的看法，只是《中庸》案中的环节。在王柏那里，王肃伪书说，只是他关于《中庸》论说的副产品，此点亦不可不知。《鲁斋集》中收有《古中庸跋》，[①] 道尽其中之款曲，今全文迻录，间加疏解，以明本末。

1.《中庸》者，子思子所著之书，所以开大原、立大本而承圣绪也。义理精微而实难于窥测，规橅宏远而（巍按：原文作“面”，据四库本正。）实难于会通，众说淆杂而（巍按：原文作“面”，据四库本正。）实难于折衷，此子朱子以任其责，而后学亦已春融而冰释矣。惟愚滞之见，常觉其文势时有断续，语脉时有交互，思而不敢言也，疑而不敢问也。[②]

巍按：此节论王柏恢复“古《中庸》”的缘起，就是针对朱子而发，于文本内在的“文势”“语脉”等方面先蓄疑。

① 王柏：《鲁斋集（附录，补遗）》卷之五，王云五主编《丛书集成初编》本，第2册，第92～93页。

② 《古中庸跋》始于此（以下编号1～6者均引自此篇）。王柏：《鲁斋集（附录，补遗）》卷之五，王云五主编《丛书集成初编》本，第2册，第92页。

> 2. 一日，偶见西汉《艺文志》有曰“《中庸说》二篇”，颜师古注曰“今《礼记》有《中庸》一篇”，而不言亡其一也，惕然有感。然后知班固时尚见其初为二也。合而乱之，其出于小戴氏之手乎？彼不知古人著书未尝自名其篇目，凡题辞皆后人之所分识，徒见两篇之词义不同，遂从而参伍错综成就其总题已。①

巍按：此节记其喜得史证，即牵合《汉志》颜注之说，认定“今《礼记》有《中庸》一篇”原本即为《汉志》所著录之“《中庸说》二篇”，合二为一，并贯以“《中庸》”篇名者，为戴圣。

> 3. 天赋为命，人受为性，所赋所受本此实理，故“中庸”二字为道之目，未可为纲，“诚明”二字可以为纲，不可为目。仆不揆狂僭，为之隐索，取而析之，以类相从，追还旧观，但见其纲领纯而辨也。如此之精，条目疏而理也，如此之莹，首尾相涵，可谓缜密，气脉流通，可谓融畅。虽各题一“性”字而其义不同，一原其性之所自来，一原其性之所实有。虽各提一“教”字，而其旨亦异，一以行为主，故曰“修道”，一以知为主，故曰“明诚”。始于天者终于天，始于诚者终于诚。分限严而不杂，途辙一而不差。子思子亦可以无遗憾于千载之上矣。②

巍按：此节进一步从义理的角度提出，“古《中庸》”当分为“中庸”与“诚明”两篇，篇名当以“诚明”为纲，以“中庸”为目。

此节连同上节，为王柏关于《中庸》案之基本见地。因与《家语》案有不可分割之关系，不能不辨析之。

王柏的这番见解，在学术史上之影响要超过其王肃伪造《家语》说。学者对他附会《汉志》颜注之说，颇有疵议，而对“古《中庸》”当分为两篇之说，附和影从者尚多有之。明代的郑瑗说：

---

① 王柏：《鲁斋集（附录，补遗）》卷之五，王云五主编《丛书集成初编》本，第2册，第92页。

② 王柏：《鲁斋集（附录，补遗）》卷之五，王云五主编《丛书集成初编》本，第2册，第92～93页。

且鲁斋不信《家语》，谓不当据《家语》以证《中庸》；班氏《汉志》，独可据以证《中庸》乎？况其所谓二篇者，本指其注说，非指其正文也。[①]

郑氏已经指出王柏对《汉志》颜注的理解有误。清朱彝尊《经义考》收录王柏《〈古中庸〉跋》，对其说未加辨正，引起清翁方纲《〈经义考〉补正》的批评，翁氏引王聘珍之说：

按《汉志》"《中庸说》二篇"，师古注："今《礼记》有《中庸》一篇，亦非本《礼经》，盖此之流。"据此，则师古之意，谓《礼记》之《中庸》亦如《汉志》之《中庸说》，皆非"本《礼经》"。并非谓《汉志》之《中庸说》即《礼记》之《中庸》也。鲁斋未尝读毕师古之注，便据以著书，后人慎无再沿其误而益其说也。

翁氏附议王说，并发挥道：

又按《班志》云"凡《礼》十三家"，"《中庸说》二篇"与"王史氏""后仓"同列于"十三家"之内，是以颜监析言之，谓此等篇目皆后儒取以入于《礼经》耳，非《礼经》本篇也。盖颜意以此十三条皆系于"《经》十七篇"之下，恐学者皆执为《礼古经》之文，故于"《中庸说》"一条下偶疏及之，并非疑《戴记》内《中庸》篇为后儒所定也。[②]

巍按：王聘珍、翁方纲二氏之说，深得《汉志》颜注之旨，《礼记》之《中庸》与《汉志》之《中庸说》绝不可混为一谈。所以即使是跟着王柏而提出《中庸》当分上下两篇的徐复观也不能不承认："是王柏未及贯读《颜注》之下文，遂误解《颜注》，以为颜氏系认二者为一。"[③] 王柏

---

① 郑瑗：《井观琐言》卷三页三，转引自程元敏《王柏之生平与学术》上册，第540～541页。

② 翁方纲：《经义考补正》卷六，朱彝尊撰、翁方纲撰、罗振玉撰《经义考·补正·校记》第4册，第2073页。

③ 徐复观：《中国人性论史》，第65页。

对《汉志》颜注阉割臆取的态度，充分反映了其好为异说的性格。此处对《汉志》颜注"今《礼记》有《中庸》一篇，亦非本《礼经》，盖此之流"的解读，与他对"非今所有《家语》"之理解如出一辙，皆对"今"本《中庸》与《家语》作出只方便于己的臆断。貌似皆有所据，实为附会也。

徐复观虽然坦承王柏对颜注的误解，但还是以王柏所谓《中庸说》即今本《礼记》之《中庸》原型之说为有见，且力证之。徐氏有大学者风度，充分重视相反方的意见，他援引王鸣盛《蛾术编·说录》的看法后说："盖王氏以为《中庸说》二篇，为今《礼记·中庸》之解诂，不得与《中庸》本文同科。其意盖在尊《中庸》。但他以二者为二书，则与颜氏无异。"徐氏随后系统论证王柏之说。首先，据钱大昕《廿二史考异》的看法推论曰："按《汉志》于《记》外，又别出有《明堂》三十三篇，《明堂阴阳说》五篇，《乐记》二十三篇，此与四十九篇内所收者，虽有繁简之殊，但内容系同一文献。《汉志》因单独别行，故又另出其目。准此，则所谓《中庸说》二篇者，实即《礼记》四十九篇中之一的《中庸》的单行本，二者实为一书。此书若非原系单行，则当它尚未在思想上特别受到重视时，《史记》及伪《孔丛子》，恐不会单独加以提出。"①

巍按：钱、徐二氏所归纳的"《汉志》因单独别行，故又另出其目"之例是成立的，但不足以证明《中庸说》即《中庸》。因为诚如徐氏所引，"《史记》及伪《孔丛子》"所称举者，皆为"《中庸》"而非"《中庸说》"，两者之区别，盖犹徐氏所提到的"《明堂》三十三篇"与"《明堂阴阳说》五篇"之别。正如顾实所说："以《志》既有《明堂阴阳》，又有《明堂阴阳说》为例，则此非今存《戴记》中之《中庸》，明也。"② 徐氏似亦注意到这个问题，他进而指出："《孔子世家》称'《中庸》'，《汉志》称《中庸说》，《白虎通》称《礼中庸记》，古人对传记之称谓，并不严格，三者皆可视作一书之名称。"并以王应麟《汉艺文志考证》以及《汉书补注》所引沈钦韩之说为据。③

笔者认为，王应麟与沈钦韩之说，皆不足以支持徐复观之说。徐氏对

---

① 徐复观：《中国人性论史》，第 65 页。

② （汉）班固编撰，顾实讲疏《汉书艺文志讲疏》，上海世纪出版有限公司上海古籍出版社，2009，第 47 页。

③ 徐复观：《中国人性论史》，第 65 页。

王、沈说之误解，当承王先谦颇不完整的引录而来。王应麟《汉艺文志考证》"《中庸说》二篇"下云：

> 孔子之孙子思伋作《中庸》。程氏曰："《中庸》之书，是孔门传授，成于子思，传于孟子。"《白虎通》谓之《礼中庸记》。《孔丛子》云："子思年十六撰《中庸》之书，四十九篇。"东莱吕氏曰："未冠既非著书之时，而《中庸》之书亦不有四十九篇也。此盖战国流传之妄。"①

徐氏未引"《孔丛子》云"以下之文，而断言"是王氏固以三者为一书"，不能成立。《白虎通》引有："《礼中庸》记曰：'父为大夫，子为士，葬以大夫，祭以士。子为大夫，父为士，祭以大夫，葬以士'也。""故《礼中庸》曰：'期之丧达乎大夫，三年【之丧】② 达乎天子。'"③ 所引"《礼中庸》记"或"《礼中庸》"皆在今本《礼记·中庸》之内，是故王应麟确以"《白虎通》谓之《礼中庸记》"与《礼记·中庸》为一书。但是，他之所以引《孔丛子》尤其是"东莱吕氏"的看法，是说，"《中庸说》二篇"与"程氏"所看重的"孔门"之书《中庸》（即《白虎通》谓之《礼中庸记》）并非一书，绝不可等量齐观，而是如吕氏所说"此盖战国流传之妄"。而王先谦误解了，从而只是截引"王应麟曰'《白虎通》谓之《礼中庸记》'"入《汉书补注》，④ 才引出徐氏之谬论。而沈钦韩《汉书疏证》于"《中庸说》二篇"下则云：

> 郑《目录》云："孔子之孙子思伋作之，以昭明圣祖之德。此于《别录》属通论。"按《孔丛·居卫篇》"子思选（巍按：当为"撰"）《中庸》之书四十九篇"，疑彼妄说也。云"《中庸说》"者，郑注"仲尼祖述"以下，以《春秋》之义说孔子之德，郑当有所本，盖此

① （宋）王应麟：《汉艺文志考证》卷二，第23页上栏。收在（宋）王应麟辑《玉海》第6册。

② 巍按：原书校勘记云："'三年'下原脱'之丧'二字，据《礼记·中庸》补。"

③ （清）陈立撰，吴则虞点校《白虎通疏证》卷一、卷一一，中华书局，1994，上册，第24页；下册，第505页。

④ （清）王先谦：《汉书补注》卷三〇《艺文志》，上册，第870页下栏。

> “说”也。《隋志》有戴禺（巍按：“禺”疑为“颙”之讹）《中庸传》、梁武帝《中庸讲疏》，则自来《中庸》有“说”也。[①]

《礼记·中庸正义》：

> 仲尼祖述尧舜，宪章文武，上律天时，下袭水土。（郑注：此以《春秋》之义说孔子之德。孔子曰：“吾志在《春秋》，行在《孝经》。”二经固足以明之，孔子所述尧、舜之道而制《春秋》，而断以文王、武王之法度。《春秋传》曰：“君子曷为为《春秋》？拨乱世，反诸正，莫近诸《春秋》。其诸君子乐道尧舜之道与？末不亦乐乎？尧舜之知君子也。”又曰：“是子也，继文王之体，守文王之法度。文王之法无求而求，故讥之也。”又曰：“王者孰谓，谓文王也。”此孔子兼包尧、舜、文、武之盛德而著之《春秋》，以俟后圣者也。律，述也。述天时，谓编年，四时具也。袭，因也。因水土，谓记诸夏之事，山川之异。）[②]

据此可知，沈钦韩以郑君所引《春秋》公羊家说等“《春秋》之义”为“《中庸说》”，即为《中庸》之“仲尼祖述”云云一段文字之解“说”，则沈氏据郑君立说成立与否且不论，然他严格区分了《中庸》与《中庸说》，是可知也；他将此等“《中庸说》”与《隋志》所著录之“戴禺【颙】《中庸传》、梁武帝《中庸讲疏》”相伦比，益可知也。但是，王先谦又截取了“沈钦韩曰：‘郑《目录》云：孔子之孙子思伋作之，以昭明圣祖之德。此于《别录》属通论’”入《汉书补注》，[③] 竟又引出徐复观的误判：“是沈氏亦以此（巍按：即‘《中庸说》二篇’）即《礼记》中之《中庸》（巍按：即沈书所引郑《目录》所指者）。”[④] 所以徐复观持之颇坚的所谓足以支持王柏之说的论据，颇有失之毫厘差以千里者。

① （清）沈钦韩：《汉书疏证》卷二四，（清）沈钦韩等撰《汉书疏证（外二种）》，中华书局，2006，第1册，第657页下栏。

② 《礼记正义》卷五三，（清）阮元校刻《十三经注疏》下册，第1634页下栏。

③ （清）王先谦：《汉书补注》卷三〇《艺文志》，上册，第870页下栏。

④ 徐复观：《中国人性论史》，第65页。

笔者认为，王柏之说真正吸引后世学者的并不是他的史证，而是他从“文势”“语脉”等方面对《中庸》文本的理论分析，即将它一分为二；而那些对他所作的史证的辩护，也深深地根源于这种义理上的剖析。这是王柏至今总不乏应和者的原因。笔者不禁要问，王柏以来到现有的研究，尤其是出土简帛所推动的相关研究，是否就能决定王氏一分为二的作法，比从太史公、戴圣、刘向、郑玄到朱子一脉相承的“一篇”的通体理解更为优越呢？

太史公曰：“古者富贵而名摩灭，不可胜记，唯俶傥非常之人称焉。盖西伯拘而演《周易》；仲尼厄而作《春秋》；屈原放逐，乃赋《离骚》；左丘失明，厥有《国语》；孙子髌脚，《兵法》修列；不韦迁蜀，世传《吕览》；韩非囚秦，《说难》、《孤愤》。《诗》三百篇，大氐贤圣发愤之所为作也。此人皆意有所郁结，不得通其道，故述往事，思来者。”[①] 自《孔子世家》著言“伯鱼生伋，字子思，年六十二。尝困于宋。子思作《中庸》。”[②]《中庸》或可拟于《周易》《春秋》之伦，所从来尚矣！《礼记正义》引“郑《目录》云：‘名曰《中庸》者，以其记中和之为用也。庸，用也。孔子之孙子思伋作之，以昭明圣祖之德。此于《别录》属《通论》。’”[③] 是知戴圣、刘向、郑玄诸君子皆表彰之，郑君且以为子思依凭此篇乃有发扬祖德之功。唐李翱《复性书》云：“子思，仲尼之孙，得其祖之道，述《中庸》四十七篇以传于孟轲。轲曰：‘我四十不动心’，轲之门人达者公孙丑、万章之徒盖传之矣。遭秦灭书，《中庸》之不焚者，一篇存焉。”[④] 李氏盖有感于禅宗之传法将有伤于儒学而由《中庸》阐发传道之说。宋河南程氏云：“《中庸》之书，是孔门传授，成于子思，传于孟子。”[⑤] 盖本于李氏，而平日讲论，义理益富。自朱子为之作《章句》，荟萃众说，复自出手眼，《中庸》乃成《四书》之归宿，为道学之纲宗、圣门之宝典。“一篇”之尊未有盛于此（亦未有贯于此）者也！

然自有宋一代，此篇之推崇称至，而歧议亦集。欧阳修《问进士策》

① （汉）班固撰《汉书》卷六二《司马迁传》，中华书局，1962，第2735页。
② （汉）司马迁撰《史记》卷四七《孔子世家》，第1946页。
③ 《礼记正义》卷五二，（清）阮元校刻《十三经注疏》下册，第1625页中栏。
④ 李翱：《复性书》，见《李文公集》，四部丛刊本，“李文卷二”。
⑤ （宋）石𡼖编，（宋）朱熹删定，严佐之校点《中庸辑略》卷上，第1页，收入朱杰人、严佐之、刘永翔主编《朱子全书外编》第1册。

以《中庸》“其说有异乎圣人者”而讥为“虚言高论”，实启清人崔述所谓《中庸》之说与“与孔孟之言皆不类”云云，[1] 疑辨之端，盖此等学者未喻乎徐复观所谓自《论语》所载孔子晚年修得的“从心所欲，不逾矩”之生命境界发展而来的一种思想与意境。而近年出土的简帛，使得向所谓令子贡“不可得而闻”的“性与天道”议题居然可见。对于有关的材料，自然不乏仁智之说，但是足以证明孔门自有这一环节或曰自有这一言辩论域，则是最大的惊喜与收获。可惜由此而反观《中庸》等公案，却未必只见其进未见其退，《中庸》分篇之说，即一端也。欧阳永叔同策有云：“若《中庸》之‘诚明’不可及，则怠人而中止，无用之空言也。”[2] 而自道学求之，“空言”变而为“实理”，自朱子之三传，王柏氏力主“诚明”为“纲”，“中庸”为“目”，混一之《中庸》，析为二篇，改易旧章，莫此为甚。以复“古”为名义，以己意分篇章，效者浸盛。张心澂编著《伪书通考》综述日人武内义雄撰《子思子考》，首谓“《中庸》是《子思子》之首篇（巍按：见武内氏原文可知，说本清人翟灏，有理）；次述《中庸》上半与下半之间（张氏原注：即朱子《章句》二十章以前属上半，二十一章以下属下半。巍按，可补：第一章亦析入下半）。不特思想与内容不同，即文章亦迥然有异。故推定上半尚余存子思之旧，大约作于战国初年；下半思想已起急激之变化，约作于秦之晚年云。”[3] 武内氏将《中庸》有关内容分为“子思派之著作原始者”（即“《中庸》上半”）与“子思后学”（即“《中庸》下半”），与王柏所分有所不同，但一析为二的大思路则从王柏来，这是他所坦承的，正如冯友兰《中国哲学史》关于《中庸》的讨论与之持相近之见解也先引王柏之说一样。将朱子《中庸章句》之首章析入下半部分，似可算武内氏的首出之见，冯友兰也视之为“乃后来儒者所加”之一部分。[4] 郭沂亦将此章排斥于其新编的“《〈中庸〉新编》”之外，列入其新编的“《〈天命〉新编》”；[5] 梁涛也不将之列入其新排的“《中

---

① 崔述：《洙泗考信录余录》，参见张心澂编著《伪书通考》第 448～449 页所引。

② 欧阳修：《问进士策三首》，收在李逸安点校《欧阳修全集》卷四八，中华书局，2001，第 2 册，第 675、676 页。

③ 张心澂编著《伪书通考》第 449 页。

④ 冯友兰著《中国哲学史》，华东师范大学出版社，2000，上册，第 274 页。

⑤ 参见郭沂《郭店竹简与先秦学术思想》，第 448 页。

庸》”而置于其新排的“《诚明》”。[①] 他们可谓都是在大方向上尾随王柏之说的健者。由于首章在一篇中的不言而喻的重要地位，他们做这样的处理，可见今人比古人更为大胆。从分析方法上看，除了义理辨析之外，文体分析方法的运用更为活跃。武内氏发挥陈澧《东塾读书记》之说区别为“记言体”与“说理之体”，并分别与“原始”的内容与较晚出的内容相联系。[②] 冯友兰亦分为“论著体裁”与“记言体裁”，据之以“中段似为子思原来所作……首末二段，乃后来儒者所加”，[③] 大同小异。郭沂并未放弃此种分析法（即“记言体”与“议论体”之别），另外发展了一种更为大类的区分法，即“《论语》类文献”和“作为独立私人著作的今本《中庸》第二部份”，大体上以是否引有“子曰”云云为区分标准：“第一部份为古本《中庸》遗章，第二部份是子思佚篇《天命》。”其“《天命》新编”部分又析至于“五篇共二十九章”之繁。[④] 梁涛亦辟有专节分别讨论“《中庸》前后部分文体的差异”与“《中庸》前后部分思想的差异”，大体认可郭沂等分析方法，而所分细部又与郭氏有很大的不同，如朱子《章句》之第二十章“哀公问”以下段落，郭氏列入下部即“《天命》新编”的“第三篇”“第四篇（前四章）”，[⑤] 而梁氏则将此章之前大段落列入前部即“《中庸》”，而将“凡事预则立，不预则废”以下一小段，列入下部“《诚明》”。[⑥] 很显然，篇名“《诚明》”则本于王柏，而其对朱子《章句》该章的拆分起讫复与王柏不同，王柏是将“凡事豫则立，不豫则废。言前定则不跲，事前定则不困，行前定则不疚，道前定则不穷”一句放在上篇第九章。[⑦] 笔者必须声明，这里无意就《中庸》研究的整体风貌作出综述，而只是对愈演愈烈之分篇析章之趋势加以勾勒。毫无疑问，这是由王柏启端的学术史进程中显而易见的偏向。

这是一个让人堪忧的歧途，而非走向对文本进行完整贯通理解的大

---

① 梁涛著《郭店竹简与思孟学派》，第 289 页。

② 〔日〕内藤虎次郎等著，江侠庵编译《先秦经籍考》，国家图书馆出版社，2010，上册，第 472 ~ 473 页。

③ 冯友兰著《中国哲学史》上册，第 274 页。

④ 郭沂：《郭店竹简与先秦学术思想》，第 430 ~ 456 页。

⑤ 郭沂：《郭店竹简与先秦学术思想》，第 451 ~ 453 页。

⑥ 梁涛著《郭店竹简与思孟学派》，第 288 ~ 289 页。

⑦ 参见程元敏《王柏之生平与学术》上册，第 518 ~ 519、525 页。

道。由于出土简帛的启示，近来的郭沂、梁涛等的研究一反武内义雄、冯友兰等前辈将《中庸》有关内容之著述年代往后拉的取向，纷纷回到传统的见解上来了；但是他们将王柏以来的研究策略变本加厉，将较为理论化思辨色彩较强的第一章强拆硬置于下篇，实际上是将原文本的总纲削去，是否符合还是违背了古人的述作之体呢？郭氏认为："首列全篇纲要，然后再作具体论述，乃先秦时期的著书习惯。除传世的本篇和《大学》等外，郭店简《老子》《五行》《大常》等莫不如此。"[①] 这话说得对，但是，这首章在"传世的本篇"中不是同样契合此例，何以必将之至于任意割裂后之另篇而后快呢？被重新安置的这一部分是否就与下文条理畅通了呢？将有"子曰"和没有"子曰"的有关材料作类型化的区分，前者冠以《中庸》，后者无论冠以"《天命》"或是"《诚明》"，不过都是把原来混一的《中庸》下侪于所谓《子思子》中的《累德》《表记》《缁衣》《坊记》诸篇，如果子思子只是将孔子的话罗列起来，太史公还会称道什么"尝困于宋，子思作《中庸》"？它配作为《子思子》的首篇吗？而诚如学者所说，则史迁当改笔为"子思作《诚明》"或"子思作《天命》"了！然而有刻意区隔孔子之言的子思之"作"吗？笔者并不是反对创意，但是对于那些不顾文本依据而一逞臆见的作法不能不保持警惕而已。我认为，在关于《中庸》的研究中，徐复观的研究仍然是最为深入的。义理的阐发上自不用说，在将首章析离上篇的风气中，他采取了尊重传统的作法，彰显了他的特识，他虽也接受了王柏的大思路，但较为谨慎。他的大体划分是有根据的："其实，不仅如前所述，孔颖达的《礼记正义》，已分明分成两大章，而分属于五十二及五十三两卷……"[②] 徐氏正是据此将自"天命之谓性"的第一章起，至"哀公问政"之第二十章前段之"道前定，则不穷"止，为《中庸》本文之上篇；自第二十章后半段之"在下位，不获乎上，民不可得而治矣"起，一直到第三十三章为止，为《中庸》本文的下篇。[③] 他并未将下篇另立名目，也很可见其特识。但是他所依据的所谓"孔颖达的《礼记正义》，已分明分成两大章，而分属于五十二及五十三两卷"实是有问题的。徐氏所据盖为通行的阮元校刻本，该本截止于"凡事豫则

---

① 郭沂：《郭店竹简与先秦学术思想》，第448页。

② 徐复观：《中国人性论史》，第67~68页。参见第66页他自己的分篇法，大体一致。

③ 徐复观：《中国人性论史》，第66页。

立，不豫则废。言前定则不跲，事前定则不困，行前定则不疚，道前定则不穷”为卷五十二，“在下位，不获乎上，民不可得而治矣”起为卷五十三，[①] 然吕友仁据以整理的工作底本景宋绍熙本《礼记正义》则截止于“故曰：‘苟不至德，至道不凝焉’”为卷第六十，“故君子尊德性而道问学，致广大而尽精微，极高明而道中庸，温故而知新，敦厚以崇礼”以下为卷第六十一，[②] 而卷第六十一又包括了《表记》的前一部分。[③] 据称这八行本颇有优越之处：“经注及义疏合刻始于是本，书名题有‘注疏’之称，亦始于是本，刊刻之精审远在十行本（巍按：即阮刻本之底本）之上。”[④] 两种本子分卷乃至分卷的起讫皆不同。所以未见得孔颖达就如徐氏所说若阮刻本分卷然将《中庸》分为两大章，而后世有不同分卷之本的流传盖亦各因方便而分。由此而上推，孔颖达未必就有明确地将《中庸》一分为二的意识，是则徐氏之说虽较诸家所论为稳，然亦无确据也。而后进时贤纷纷以己意，进退出入诸章，更无忌惮，让人如何采信？总而言之，王柏分篇之见很不可靠，由此反身回到古来篇为混一之旧，或有“柳暗花明又一村”之进境。今于兹事不能不点到为止，而王柏由此出发，势不能不走到王肃伪造《家语》之定案，其中之纠葛，固不能不揭示之也。

> 4. 或曰：“自汉、晋以来诸儒先未尝疑也，至于朱子，章分句析、研机极深而无间言也，子何为者而勇于妄论乎？”曰：非敢妄也，有所证也。此书唯“哀公问政章”交抅为最深，加以王肃贸贸然独掇此章，充塞乎《家语》之中，此先儒之所以不疑也。[⑤]

此以自王氏本人始创二篇之说，而此前从无人怀疑及之者，为受王肃

---

① 《礼记正义》卷五二、五三，（清）阮元校刻《十三经注疏》下册，第1630页中栏、1632页上栏。

② （汉）郑玄注，（唐）孔颖达正义，吕友仁整理《礼记正义》卷六〇、卷六一，上海古籍出版社，2008，下册，第2032、2037页。

③ （汉）郑玄注，（唐）孔颖达正义，吕友仁整理《礼记正义》卷六一，下册，第2052～2075页。

④ 张岂之、周天游：《十三经注疏整理本序》，第5页。收在（汉）郑玄注、（唐）孔颖达正义、吕友仁整理《礼记正义》上册。

⑤ 王柏：《鲁斋集（附录，补遗）》卷之五，王云五主编《丛书集成初编》本，第2册，第93页。

所伪造《家语》之欺。巍按：此绝不可通之说也。学术史上联系《家语》来讨论《中庸》者，自朱子而始彰，然此前确无人牵合《家语》而论《中庸》至于引人注目者，则将所谓“先儒之所以不疑也”之罪归于王肃，吾人可一言而决，必为诬辞也。“王肃贸贸然独掇此章，充塞乎《家语》之中”之故安在？王氏自承“此书惟‘哀公问政章’交拘为最深”，确为关键，此正上文所引“非《中庸》用王肃之词，是王肃用《中庸》之言，妄加‘哀公曰’之类甚明”之所云云也。考王柏之分篇对《中庸》原文之割裂，以对朱子《章句》第二十章“哀公问政”以下前部为甚：

> 哀公问政。子曰：“文武之政，布在方策。其人存，则其政举；其人亡，则其政息。人道敏政，地道敏树。夫政也者，蒲卢也。故为政在人，取人以身，修身以道，修道以仁。（为政在人，《家语》作“为政在于得人”，语意尤备。）仁者，人也，亲亲为大；义者，宜也，尊贤为大；亲亲之杀，尊贤之等，礼所生也。在下位不获乎上，民不可得而治矣！（郑氏曰：“此句在下，误重在此。”）故君子不可以不修身；思修身，不可以不事亲；思事亲，不可以不知人；思知人，不可以不知天……

自“哀公问政”至“在下位不获乎上，民不可得而治矣！”王柏将之归属于“下篇《诚明》”之第十章；自“故君子不可以不修身……”以下，王柏将之列入“上篇《性道教》”之第九章。[①] 将朱子所分之第二十章不仅析在异章，而且置于异篇，改动不可谓不大。而他之所以如此分析的根据在于郑君的校语：“在下位不获乎上，民不可得而治矣！（郑氏曰：此句在下，误重在此。）”正如紧接着下文自神其所发见云：

> 5. 幸有“在下位不获乎上，民不可得而治矣”十有四字，郑氏所谓“误重在此”者，此感人之根乎，其论旧章之痕迹尚未磨也，其性（巍按：四库本作“往”）参之位置尚莫掩也，使后世可以指瑕索瘢、正其苟合者，殆天意也。[②]

---

① 参见程元敏《王柏之生平与学术》上册，第527、525页。

② 王柏：《鲁斋集（附录，补遗）》卷之五，王云五主编《丛书集成初编》本，第2册，第93页。

然而，正如程元敏所指出者："《中庸》'在下位不获乎上'十四字重出，郑康成谓句在下，误重在此。下谓下章，或谓下段。鲁斋不以为然，乃谓此旧章之痕迹，犹未磨灭，下为下篇之下。其故意曲解古注甚显。"[①] 王氏误解郑君尤未已也，乃进而据之指摘王肃。因《家语·哀公问政第十七》相关文字如下：

哀公问政于孔子。孔子对曰："文武之政，布在方策，（方，板。）其人存则其政举，其人亡则其政息。天道敏生，人道敏政，地道敏树，夫政者，犹（巍按：陈士珂《孔子家语疏证》本无"犹"字[②]）蒲卢也，（蒲卢，蜾螺也。谓土蠡也取螟蛉而化之。以君子为政化百姓亦如之者也。）待化以成，故为政在于得人，取人以身，修道以仁。仁者，人也，亲亲为大；义者，宜也，尊贤为大。亲亲之杀，尊贤之等，礼所以生也。礼者，政之本也，是以君子不可以不修身。思修身，不可以不事亲；思事亲，不可以不知人；思知人，不可以不知天。天下之达道有五，其所以行之者三，曰，君臣也、父子也、夫妇也、昆弟也、朋友也。五者，天下之达道，智仁勇三者，天下之达德也。所以行之者，一也。或生而知之，或学而知之，或困而知之，及其知之，一也。或安而行之，或利而行之，或勉强而行之，及其成功，一也。"公曰："子之言美矣至矣，寡人实固，不足以成之也。"孔子曰："好学近乎智，力行近乎仁，知耻近乎勇，知斯三者，则知所以修身；知所以修身，则知所以治人；知所以治人，则能成天下国家者矣。"公曰："政其尽此而已乎？"孔子曰："凡为天下国家有九经，曰修身也、尊贤也、亲亲也、敬大臣也、体群臣也、子庶民也、来百工也、柔远人也、怀诸侯也。夫修身则道立，尊贤则不惑，亲亲则诸父兄弟不怨，敬大臣则不眩，体群臣则士之报礼重，子庶民则百姓劝，来百工则财用足，柔远人则四方归之，怀诸侯则天下畏之。"公曰："为之奈何？"孔子曰："齐（巍按：或作"斋"，字通）洁盛服，非礼不动，所

① 程元敏：《王柏之生平与学术》上册，第528页。

② 陈士珂辑《孔子家语疏证》卷四，第117页。

以修身也；去谗远色，贱财【货】而贵德，所以尊贤也；爵其能，重其禄，同其好恶，所以笃亲亲也；官盛任使，所以敬大臣也；（盛其官委任使之也。）忠信重禄，所以劝士也；（忠信者与之重禄也。）时使薄敛，所以子百姓也；日省月考，既廪称事，所以来百工也；（既廪食之多寡称其事也。）送往迎来，嘉善而矜不能，所以绥【缓】远人也；继绝世，举废邦【国】，治乱持危，朝聘以时，厚往而薄来，所以怀诸侯也。治天下国家有九经，其所以行之者，一也。凡事豫则立，不豫则废，言前定则不跲，（跲，踬。）事前定则不困，行前定则不疚，道前定则不穷。在下位不获于上，民弗可得而治矣；获于上有道，不信于友，不获于上矣；信于友有道，不顺于【乎】亲，不信于【乎】友矣；顺于【乎】亲有道，反诸身不诚，不顺于【乎】亲矣；诚身有道，不明于善，不诚于身矣。诚者，天之至道也；诚之者，人之道也。夫诚，弗勉而中，不思而得，从容中道，圣人之所以体定【定体】也；诚之者，择善而固执之者也。”公曰：“子之教寡人备矣，敢问行之所始。”孔子曰：“立爱自亲始，教民睦也；立敬自长始，教民顺也；教之慈睦，而民贵有亲；教（之）以敬，而民贵用命。民既孝于亲，又顺以听命，措诸天下，无所不可。”公曰：“寡人既得闻此言也，惧不能果行而获罪咎。”①

因《家语》下文有“公曰”云云，则“是以君子不可以不修身”以下在《家语》中明为孔子之语，此点为朱子所据，所以有“好学近乎智，力行近乎仁，知耻近乎勇……”之前“子曰”为“衍文”之说，因其均为孔子之言，故不必在此特标示之，且由此以为皆孔子“同时之语”。而王柏以“故君子不可以不修身……”之前为界，割裂开来，分属下、上篇，与朱子以及朱子所据之《家语》均不能合辙，为反驳朱子而不能不反驳《家语》，故只有宣判所谓“是王肃用《中庸》之言，妄加‘哀公曰’之类甚明”，这是王氏推论之内在逻辑。今既知其分篇所据，乃出于对郑君的误解，则对王肃之攻击自不免犹如于沙上筑台矣。

① 《孔子家语》卷四，第48~49页，参校以陈士珂本卷四，第117~118页。

6. 又以班固"《中庸说》二篇"五字不列于诸子之上，而晦昧于古《礼经》之末，窃意子朱子未必见也，或见而未必注思也，不然以朱子之精明刚决，辞而辟之久矣，奚俟于今日哉！[①]

此又重提其自我发现之史证，貌似对朱子颇有怨辞，实则恰恰映照出他本人对《汉志》颜注之误解，此读书不寻文义好立异说者之绝妙写真，后学所当深戒者也。

王柏根据《家语·后序》，加以曲解后提出所谓《家语》历经数变、弥失本真之说，又兼据王肃之校勘工作，调转方向以为其"杂取"与伪托，是故从证据的运用上，对今本《家语》采用了"买椟还珠"的方式，从动机与逻辑上看，是《中庸》分篇说之无根推演的结果。这是王柏所谓王肃伪造《家语》说之真谛。

三 《家语》为王肃"私定以难郑玄"说与王应麟一则材料的误导

如上文所述，王柏只是说《家语》为王肃伪托，并没有指出伪造的动机为何，王肃此书与郑玄的关系似乎并不在其关注范围之内。

宋儒除王柏外，对《家语》王肃伪作说推波助澜的似尚有王应麟。之所以说"似"，是因为他提供的一则材料，对后世起了绝大的误导作用（尽管他本人未必坚持此说），后人选择性地引用了他的疑似之说，构成《家语》伪书案的重要一环：确认王肃伪造《家语》的动机，在于反"郑学"。

学者对王肃的怀疑，最初缘起于郑玄之徒马昭的指控，《礼记·乐记》"昔者，舜作五弦之琴以歌《南风》。"郑注："其辞未闻也。"王肃《圣证论》引《尸子》及《家语》难郑云："昔者舜弹五弦之琴，其辞曰：'南风之熏兮，可以解吾民之愠兮。南风之时兮，可以阜吾民之财兮。'郑云'其辞未闻'，失其义也。"《礼记正义》疏道：

① 《古中庸跋》终于此。王柏：《鲁斋集（附录，补遗）》卷之五，王云五主编《丛书集成初编》本，第2册，第93页。

今按马昭云："《家语》王肃所增加，非郑所见。又《尸子》杂说，不可取证正经。"故言"未闻"也。[①]

这是马昭质疑王肃的讼词原文。笔者在前文已经论及，今再加引录，是想确认，在《家语》伪书案上虽然马昭提出了嫌疑的对象，且将其与郑玄牵连在一起，但是他并未有明文说王肃反郑学之类，可谓有其义而无其说，甚至可以说是闪烁其词的。至少从《正义》所引来看就是如此。但是王应麟《玉海》卷四十一则录为：

《汉志》，《论语》家《孔子家语》二十七卷，《注》，师古曰："非今所有《家语》。"《隋志》，《孔子家语》二十一卷，王肃解。（梁有《家语》三卷，魏博士张融撰，亡。）……《孔丛》《家语》并孔氏所传之旨。《唐志》，王肃注《孔子家语》十卷（旧《志》云王肃撰）。《书目》，《家语》十卷，王肃注……《家语》今自《相鲁》至《曲礼公西赤问》四十四篇，汉元封中孔安国集录（孔子十一世孙）……马昭曰：《家语》王肃增加，非郑玄所见，肃私定以难郑玄。[②]

今考《新唐书·艺文志》《论语》家"王肃，注《论语》十卷；又注《孔子家语》十卷。"[③] 与王说合；又考《旧唐书·经籍志》《论语》家"《孔子家语》十卷，王肃注。"[④] 与王应麟所谓"旧《志》云王肃撰"不同，不知王氏所谓"旧《志》"何所指。如果王说确有所据，则"王肃撰"《孔子家语》之说"旧《志》"已有之，然则王氏本人对《家语》看法又如何呢？从文末引"马昭曰：《家语》王肃增加，非郑玄所见，肃私定以难郑玄"来看，似是充满狐疑的。尤其重要的是，王氏所引较《礼记正义》所引又多出"肃私定以难郑玄"一句，照《玉海》所录，马昭明确认定王肃"私定"《家语》的动机在于"以难郑玄"。多出的七字是《礼记正义》之阙漏，还是《玉海》所臆加？

① 《礼记正义》卷三八，（清）阮元校刻《十三经注疏》下册，第1534页上栏。
② （宋）王应麟辑《玉海》卷四一，第2册，第773页下栏~774页上栏。
③ （宋）欧阳修、宋祁撰《新唐书》卷五七《艺文志》，第1443页。
④ （后晋）刘昫等撰《旧唐书》卷四六《经籍志》，第1982页。

考王应麟《汉艺文志考证》“《孔子家语》”条下云：

> 《孔子家语》二十七卷。(师古曰：“非今所有《家语》。”) 马昭谓今《家语》，王肃增加，非郑玄所见。(肃私定以难玄。)[①]

据《汉艺文志考证》，所引马昭之语与《礼记正义》同，而“肃私定以难玄。”则为王应麟之按语，非马昭原文。盖王氏参考了颜师古的注文，而有所推论，此从“马昭谓今《家语》”之表述中“今《家语》”三字非马昭原文，而取自颜师古之文，是可知也。

对比《玉海》与《汉艺文志考证》，有关《孔子家语》的记载，似可断定《玉海》所录之文，盖由于手民将王应麟之按语误为正文（此处即马昭之语）所致。因古书将按语与正文区别开来的办法是将字体缩小一点而已，很容易讹传。

惟《家语》为“肃私定以难玄”之说，王氏持之未必甚坚。此点不烦屡举，考之王氏代表作《困学纪闻》即可知。《困学纪闻》在王应麟著作中的重要性，诚如其子昌世所说：“吾父平生书最多，惟《困学纪闻》尤切于为学者。”[②] 考虑到《困学纪闻》在学术史上的地位，今将该书论及《家语》者一并录出，一窥其对《家语》之见解，比较其与《汉艺文志考证》及《玉海》所收王氏见解之异同。

> 1. “张拱”，出《曲礼》注。(“室中不翔”注：“行而张拱曰翔。”) “叶拱”，出《书大传》。〔“子夏叶拱而进”，又《家语（巍按：辩乐解)》“师襄子避席叶拱而对”。注：“两手薄其心。”〕(巍按：王氏采王肃注之例，此处似以《书大传》早于《家语》，近于《家语》为“肃私定以难玄”之说。)[③]
>
> 2. 《家语·终记》云：“泰山其颓，则吾将安仰？梁木其坏，吾

---

① 王应麟：《汉艺文志考证》卷四，第 35 页上栏。收在（宋）王应麟辑《玉海》第 6 册。

② 见《元刊本困学纪闻牟应龙序》所引，收在（宋）王应麟著，（清）翁元圻等注，栾保群、田松青、吕宗力校点《困学纪闻（全校本）》，上海古籍出版社，2008 年版。

③ （宋）王应麟著，（清）翁元圻等注，栾保群、田松青、吕宗力校点《困学纪闻（全校本）》卷五，上册，第 602 页。

将安仗？哲人其萎，吾将安放？”《檀弓》无“吾将安仗”四字。或谓庐陵刘美中家古本《礼记》，“梁木其坏”之下，有“则吾将安仗”五字，盖与《家语》同。（巍按：王氏以《家语》与“古本《礼记》”存古之例。）①

3. “养老”，在《家语（巍按：正论解）》则孔子之对哀公，在《书大传》则春子之对宣王。记《礼》者兼取之。（翁元圻注：《王制》《内则》。）（巍按：王氏存《家语》《史记》异文异说，又以为《礼记》有“取”于《家语》之例。）②

4. 《南风》之诗出《尸子》及《家语》，郑氏注《乐记》云：“其辞未闻。”（巍按：王氏两存郑、王异说，不置可否。）③

5. 孔子曰：“国家有道，其言足以治；国家无道，其默足以容。”盖铜鍉伯华之行也。〔《大戴礼》《家语》。（阎若璩按：《大戴礼记》作“桐提”，此从《家语》。）〕曾子曰：“孝子之事亲也，居易以俟命，不兴险行以侥幸。”《中庸》之言本此。（巍按：王氏以为《中庸》“本”于《家语》之例。）④

6. 《曲礼》：“刑不上大夫。”《家语（翁元圻注：五刑解）》：“冉有问刑不上于大夫。孔子曰：‘凡治君子，以礼御其心，所以属之以廉耻之节也。”其言与贾谊书同，（巍按：有注“按：《新书·阶级篇》：……”）而加详焉。谊盖述夫子之言也。《秋官·条狼氏》誓大夫曰鞭，恐非周公之法。（巍按：王氏以为贾谊书有本于《家语》之例。）⑤

7. 《易本命篇》与《家语（翁元圻注：执辔篇）》同，但《家语》谓子夏问于孔子，孔子曰：“然。吾昔闻老聃，亦如汝之言。”子

① （宋）王应麟著，（清）翁元圻等注，栾保群、田松青、吕宗力校点《困学纪闻（全校本）》卷五，上册，第606页。

② （宋）王应麟著，（清）翁元圻等注，栾保群、田松青、吕宗力校点《困学纪闻（全校本）》卷五，上册，第626～627页。

③ （宋）王应麟著，（清）翁元圻等注，栾保群、田松青、吕宗力校点《困学纪闻（全校本）》卷五，上册，第643页。

④ （宋）王应麟著，（清）翁元圻等注，栾保群、田松青、吕宗力校点《困学纪闻（全校本）》卷五，上册，第650页。

⑤ （宋）王应麟著，（清）翁元圻等注，栾保群、田松青、吕宗力校点《困学纪闻（全校本）》卷五，上册，第667页。

夏曰："商闻《山书》曰"云云。《大戴》以"子曰"冠其首，疑此篇子夏所著，而大戴取以为《记》。（巍按：王氏据《家语》以为《大戴礼记·易本命》本出子夏所传之例。）[①]

8. 臧文仲"废六关"。（翁元圻注：文二年。）《家语》（翁注：颜回篇。）云："置六关。"注谓"文仲置关以税行者，故为不仁。"（巍按：王氏本于王肃存《左传》《家语》异文之例，参见前文。）[②]

9.《史记》：仲尼弟子"颜高，字子骄。"（翁元圻注：见《仲尼弟子列传》。）定八年《传》："公侵齐，门于阳州。士皆坐列，曰：'颜高之弓六钧。'皆取而传观之。阳州人出，颜高夺人弱弓，籍丘子鉏击之，与一人俱毙。"岂即斯人欤？《家语（翁注：弟子解）》作"颜刻"。《孔子世家》云："过匡，颜刻为仆。"古者文武同方，冉有用矛，樊迟为右；（翁注：哀十一年。）有若与微虎之宵攻，（翁注：哀八年。）则颜高以挽强名，无足怪也。（巍按：王氏以《史记·仲尼弟子列传》《左传》之"颜高"即《家语》《史记·仲尼弟子列传》之"颜刻"，全祖望《经史问答六》非之。此条可视为王氏存《史记》《左传》与《家语》异文之例。）[③]

10. ……曰："有子、曾子并称，然斯道之传，唯曾子得之。子思、孟子之学，曾子之学也，而有子之学无传焉，何欤？"曰："曾子守约而力行，有子知之而已。智足以知圣人，而未能力行也。《家语（翁元圻注：弟子解）》称其'强识好古道'，其视以鲁得之者，有间矣。"（巍按：王氏引《家语》立说又一例，可与第7条并参。）[④]

11. 申枨，郑康成云："盖孔子弟子申续。"《史记》云：'申棠，字周。'《家语》云：'申续，字周。'"（翁元圻注：以上《论语释文》

① （宋）王应麟著，（清）翁元圻等注，栾保群、田松青、吕宗力校点《困学纪闻（全校本）》卷五，上册，第676页。

② （宋）王应麟著，（清）翁元圻等注，栾保群、田松青、吕宗力校点《困学纪闻（全校本）》卷六，中册，第817页。

③ （宋）王应麟著，（清）翁元圻等注，栾保群、田松青、吕宗力校点《困学纪闻（全校本）》卷六，中册，第822页。

④ （宋）王应麟著，（清）翁元圻等注，栾保群、田松青、吕宗力校点《困学纪闻（全校本）》卷七，中册，第923页。

之文）今《史记（翁注：仲尼弟子列传）》以“棠”为“党”，《家语（翁注：弟子解）》以“续”为“绩”，传写之讹也……（巍按：王氏存《史记》《家语》异文，并以《家语》“传写之讹”之例。）①

12.《刘子·谨独篇》曰：“颜回不以夜浴改容。”《颜氏家训（翁元圻注：勉学篇）》曰：“曾子七十乃学，名闻天下。”皆未详所出。《家语（翁注：弟子解）》“曾参少孔子四十六岁”，非老而学者。（巍按：王氏据《家语》驳斥《刘子》、《颜氏家训》之例。）②

13. 蘧伯玉，《史记》谓“孔子所严事”，不当在弟子列。《礼殿图》有之，而唐、宋皆锡封从享。公伯寮，非孔子弟子，乃季氏之党，致堂胡氏之说当矣。《家语》不列其名氏，盖自《史记》失之。《家语》有县亶，字子象，《史记索隐》以为县丰，唐、宋封爵，皆不及焉。《礼记·檀弓》有县子，岂其人与？（巍按：王氏疏通《家语》《史记》《礼记》考证孔子弟子之例。）③

14.《家语（巍按：本姓解）》：“齐太史子余叹美孔子云：‘天其素王之乎！’素，空也，言无位而空王之也。董仲舒《对策》云：“见素王之文。”贾逵《春秋序》云：“立素王之法。”郑玄《六艺论》云：“自号素王。”卢钦《公羊序》云：“制素王之道。”皆因《家语》之言而失其义，所谓郢书燕说也。《庄子（翁元圻注：天地篇）》云：“玄圣素王之道。”祥符中谥孔子为“玄圣”，后避圣祖名，改“至圣”。（巍按：王氏以《家语》为董仲舒、贾逵、郑玄、卢钦等汉儒所据之例。）④

15.《家语（翁元圻注：三恕篇）》《荀子（翁注：宥坐篇）》谓：“孔子观于鲁桓公之庙，有欹器焉。”《韩诗外传（翁注：三）》《说苑（翁注：敬慎篇）》皆云：“观于周庙，有欹器焉。”《晋·杜预传》

---

① （宋）王应麟著，（清）翁元圻等注，栾保群、田松青、吕宗力校点《困学纪闻（全校本）》卷七，中册，第929页。

② （宋）王应麟著，（清）翁元圻等注，栾保群、田松青、吕宗力校点《困学纪闻（全校本）》卷七，中册，第966页。

③ （宋）王应麟著，（清）翁元圻等注，栾保群、田松青、吕宗力校点《困学纪闻（全校本）》卷七，中册，第966～967页。

④ （宋）王应麟著，（清）翁元圻等注，栾保群、田松青、吕宗力校点《困学纪闻（全校本）》卷八，中册，第1094页。

云："周庙欹器，至汉东京犹在御坐。"当以周庙为是。（巍按：王氏据《韩诗外传》《说苑》《晋书·杜预传》以《家语》与《荀子》同误之例。原书标点有误，做了订正。）[①]

16.《皇览·记阴谋》："黄帝《金人器铭》：武王问尚父曰：'五帝之诫，可得闻乎？'尚父曰：'黄帝之戒曰：吾之居民上也，摇摇恐夕不至朝。故为金人，三封其口，曰古之慎言。'"（翁元圻注：见《太平御览》五百九十。）按《汉·艺文志》"道家"有《黄帝铭》六篇。蔡邕《铭论》："黄帝有《巾机》之法。"《皇览》集于魏文帝时，汉《七略》之书犹存。《金人铭》（翁注：载《家语·观周篇》），盖六篇之一也。（巍按：此条备考。若王氏亦以此处所谓《金人铭》为载于《家语》者，则或亦以《家语》为渊源有自矣。）[②]

综合散见各条涉及《家语》之记载，可以归纳出王应麟《困学纪闻》对《家语》的整体看法。除第1条较近于（也只是可能性的接近）《家语》为"肃私定以难玄"之说、第4条兼录郑、王异说外；其他或谓《家语》为《礼记·中庸》、贾谊《新书·阶级》、汉儒董仲舒、贾逵、郑玄、卢钦等所本，或谓与古本《礼记》同存古貌、与《左传》《史记》有异文，或援引《家语》以立说，综计有十数条之多。三占从二，王氏之视《家语》，大体不作伪书观。此种见解，与朱子较近而与王柏为远。这似为王氏较为成熟的看法。当然，毕竟有《汉艺文志考证》及《玉海》提到"肃私定以难玄"的看法，所以王氏对此也是心迷意乱的。

然而，在后世的流传中，他的此种见地隐而不彰，倒是《玉海》所载王氏未定之见不但被讹传为马昭的话，而且影响颇为广远。举其要者，如《经义考》卷二七八"拟经（十一）"于"《孔子家语》"之"王氏（肃）《孔子家语解》：《隋志》二十一卷，存。"下有云：

---

① （宋）王应麟著，（清）翁元圻等注，栾保群、田松青、吕宗力校点《困学纪闻（全校本）》卷一〇，中册，第1191～1192页。

② （宋）王应麟著，（清）翁元圻等注，栾保群、田松青、吕宗力校点《困学纪闻（全校本）》卷一〇，中册，第1192页。

> 马昭曰："《家语》王肃增加，非郑玄所见，肃私定以难郑玄。"[①]

比《礼记正义》多出"肃私定以难郑玄。"与《玉海》所载内容全同，朱彝尊当据《玉海》而录，误将王氏按语为马昭原文，颇有为王肃伪书案提供伪证之嫌。

无独有偶，顾颉刚、杨向奎著《三皇考》，论及《孔子家语》说：

> 《孔子家语》这部书，名义上是孔子的弟子所记，甚至可说为《论语》之所由出。[②] 然而王肃的《孔子家语解自序》上很露出伪作的马脚……
>
> 可是这样奇巧的事是不容易给人相信的。所以这书一出来，郑玄的弟子马昭就说："《家语》王肃增加，非郑玄所见，肃私定以难郑玄。"（《玉海》卷四十一引）其后颜师古注《汉书》，于《艺文志》"孔子家语"条也注道："非今所有《家语》。"这个问题，直到清代中叶而完全解决，孙志祖作《家语疏证》，范家相作《家语证伪》，就内容研究，寻出每篇每章的根据及其割裂改窜的痕迹，于是这一宗造伪书的案子就判定了。所以，我们对于《孔子家语》只须当作王肃的学说看便得。[③]

顾颉刚、杨向奎比朱彝尊进步的地方，在于明确了证据之出处，即所录"《玉海》卷四十一引"是也。但是他们不引《礼记正义》而引晚出之《玉海》，就颇有可议之处；他们更不知道肃所谓"肃私定以难郑玄"实为王应麟之按语，难免考据不精；王氏原来参考了颜师古之说而出此按语，

---

① 朱彝尊撰、翁方纲撰、罗振玉撰《经义考·补正·校记》卷二七八，第4册，第1860页下栏。（清）朱彝尊撰，林庆彰等主编《经义考新校》卷二七八，上海古籍出版社，2010，第10册，第5021页，于此条下有校勘记云："文津阁《四库》本无'马昭曰'此条内容。"看来《经义考》或本有不载此条的，但是对后世有深刻影响的，是载有此条的本子。这可以说是后学选择性接受关于《家语》疑伪观点的一个生动例子。

② 魏按：据《家语》之《后序》，《家语》为《论语》编润之"余"，至王柏《家语考》误解《后序》，乃谓"予读《家语》而得《论语》之原"，辨见前文。顾、杨之说，盖沿袭王氏之误而来。

③ 顾颉刚、杨向奎：《三皇考》，原载1936年1月出版之《燕京学报专号》之八，见吕思勉、童书业编著《古史辨（七）》，上海古籍出版社，1982，中册，第148～149页。

今顾、杨两氏将两者罗列以为《家语》伪书之证据，又陷入循环论证之格套。如果对《家语》之怀疑多建立在此等可疑的论证上，我们又如何相信这种定案呢？不幸《玉海》这类例子绝非孤例。

顾颉刚关于《家语》的此类看法，又见于《中国上古史讲义》，而引及马昭的话又有不同，然亦出于《玉海》：

> 可是这等奇巧的事是不容易给人相信的。所以这书一出来，郑康成的弟子马昭马上就说："今《家语》系王肃增加，非刘向校录之旧"（《玉海》引）后来颜师古注《汉书》，于《艺文志》"《孔子家语》"条亦注云："非今所有《家语》。"这个问题到了清代中叶而完全解决，孙志祖作《家语疏证》，范家相作《家语证伪》，逐篇逐章寻出其依据，并指出其割裂改窜的痕迹，于是这一宗造伪书的案件就判定了。①

此处顾氏所用证据与前文不同之处，在于"非刘向校录之旧"七字，然这回引得尤其蹊跷，竟不具卷数！笔者遍查《玉海》而不得出处。今检范家相：《〈家语〉证伪》"读《家语》杂记"有云：

> 《玉海》载马昭之言曰："今《家语》系王肃增加，非刘向校录之旧。"此即《乐记》中《孔疏》之言也。②

范氏所引也未具《玉海》卷数，文字与顾氏所引全同，我们有理由推断，范书盖为顾氏所本。但笔者还是检不到"非刘向校录之旧"之文！也许是笔者不够仔细，但更可能是范、顾一辈学者宁肯搜罗一些对于一厢情愿的假设有利的但未必可靠的"证据"，这怎能让人信服呢？总之，关于马昭的指控，后世流传的与《礼记正义》所载不同的版本，均颇为可疑，且不论马昭是否有资格充当证人。王应麟的《玉海》在其中的作用，真的很耐人寻味。《宋元学案》之《深宁学案序录》，全祖望有云：

---

① 顾颉刚：《中国上古史研究讲义》，中华书局，1988，第 335 页。

② （清）范家相：《家语证伪》卷一一，《续修四库全书》第 931 册，第 190 页上栏。

四明之学多陆氏，深宁之父亦师史独善以接陆学。而深宁绍其家训，又从王子文以接朱氏，从楼迂斋以接吕氏。又尝与汤东涧游，东涧亦兼治朱、吕、陆之学者也。和齐斟酌，不名一师。《宋史》但夸其辞业之盛，予之微嫌于深宁者，正以其辞科习气未尽耳！若区区以其《玉海》之少作为足尽其底蕴，陋矣！①

行文至此，笔者不免亦有一叹，凡以《玉海》所载马昭云云证王肃之伪造者，能逃全氏"陋矣"之讥乎？

唯有宋一代，在王应麟之前，与《玉海》所录王氏按语之见相同者，早已有人，其中涉及伪书案者，亦颇为武断，今谨录其说，附辨于此，亦以免以私意取舍材料之诮也。

北宋刘恕编《资治通鉴外纪》卷一，论及古来三皇五帝之传说，有云：

六经惟《春秋》及《易·彖、象、系辞、文言、说卦、序卦、杂卦》，仲尼所作，《诗》《书》仲尼刊定，皆不称三皇五帝三王……故知《六韬》称三皇，《周礼》称三皇五帝，及管氏书皆杂孔子后人之语，校其岁月，非本书也。先秦之书存于今者，《周书》《老子》《曾子》《董子》《慎子》《邓析子》《尹文子》《孙子》《吴子》《尉缭子》，皆不言三皇五帝三王。《论语》《墨子》称三代，《左氏传》《国语》《商子》《孟子》《司马法》《韩非子》《燕丹子》称三王，《穀梁传》《荀卿子》《鬼谷子》《亢仓子》称五帝，《亢仓子》又称明皇圣帝……惟《文子》《列子》《庄子》《吕氏春秋》《五经纬》始称三皇，《鹖冠子》称九皇……秦初并六国，丞相等议帝号曰："古有天皇，有地皇，有泰皇，泰皇最贵。臣等上尊号，王为泰皇。"王曰："去'泰'著'皇'，采上古帝位号，号曰'皇帝'。"乃知泰（巍按：当作"秦"）以前诸儒或言五帝，犹不及三皇，后代不考《始皇本纪》，乃曰兼三皇五帝，号曰皇帝，误也。②

---

① （清）黄宗羲原著，全祖望补修，陈金生、梁运华点校《宋元学案》卷八五，中华书局，1986，第4册，第2856页。

② （北宋）刘恕编《资治通鉴外纪》卷一，景印文渊阁四库全书第312册，第673页上栏~677页上栏。

其说颇能揭示信古之过，而发《古史辨》创编者顾颉刚“层累造成说”之先声，深得学者认可。如杨宽《中国上古史导论》极称之曰：

> 刘氏以三皇五帝，古无其人，仲尼所不道，秦以前或言五帝，犹不及三皇。其识甚卓！①

刘氏之论卓则卓矣，由此论及《家语》伪书案，说道：

> 论者以《世本·帝系》《大戴礼·五帝德》《家语·宰我问》与《史记·本纪》同以黄帝为五帝，则三皇乃少一人。故《甄耀度》以燧人、《白虎通》以祝融或以共工同牺农为三皇，郑玄注《中侯救省图》（巍按：“侯救”疑作“候敕”）引《运斗枢》以伏牺、女娲、神农为三皇，轩辕、少昊、高阳、高辛、陶唐、有虞六代为五帝，德合北辰得天皇之气者皆称皇，协五帝座星者皆称帝，故三皇三而五帝六也。梁武帝以伏牺、神农、燧人为三皇，黄帝、少皡、颛顼、帝喾、帝尧为五帝，而曰：舜非三王亦非五帝与三王为四代而已。郑及诸儒自相讥病，其指不通。《世本》经秦历汉，儒者改易。《大戴礼》出于《世本》。《家语》王肃私定以难郑玄，故有冉有问孔子三皇五帝不用五刑。按孔子时未有语三皇五帝，言者皆周末秦已后伪书耳。马昭云：“《家语》王肃增加，非郑玄所见。”孔颖达云：“王肃欲《家语》与经传符同，故强为之辞，冀合其说。”所言虽同司马迁，而不足为迁之助。②

刘恕“《家语》王肃私定以难郑玄”之说，是王肃伪造《家语》说之表述极为明确者，亦为此论之较早出者。他一方面远本马昭之说“《家语》王肃增加，非郑玄所见”，（此处所引可以参证今本《礼记正义》所引并未有脱漏，正为刘氏所据）一方面又片面采用了群经注疏中对王肃质疑的那一方向的指控，即《左传·哀公十四年·正义》刘氏所

① 吕思勉、童书业编著《古史辨（七）》上册，第98页。

② （北宋）刘恕编《资治通鉴外纪》卷一，景印文渊阁四库全书第312册（史部七〇编年类），第675页下栏~676页上栏。

引“孔颖达云”是也，辨已见前文。这种论证方式值得注意，充分反映了经疏的影响。尽管其具体观点的流传远不如王应麟《玉海》为广，但提供了新的证据，即所谓“《家语》王肃私定以难郑玄，故有冉有问孔子三皇五帝不用五刑。”我们当讨论，《家语》中出现孔子论及“三皇五帝”等记载，是否与郑、王之争有关，是否足以说明“《家语》王肃私定”？

“冉有问孔子三皇五帝不用五刑”云云，见于今本《家语·五刑解》，该篇主旨，有学者作了“题解”：“因篇首有‘三皇五帝不用五刑’的话，因以‘五刑解’名篇。解者，所以解释圣人制作五刑的本意，及干犯五刑的原因，如何才能防止其不犯，并对‘刑不上大夫’的用意，是为了‘以礼御其心’，以廉耻励其节，作了有说服力的解释……”[①] 与《五刑解》有关内容相近而可资比较的材料，有《大戴礼记·盛德》《大戴礼记·本命》《新书·阶级》，[②] 但是它们均无关于“三皇五帝”的记载，值得注意。《家语·五刑解》除了篇首就记“冉有问于孔子曰：‘古者三皇五帝不用五刑，信乎？’孔子曰：‘圣人之设防，贵其不犯也，制五刑而不用，所以为至治也……’”文中又记孔子之语：“三皇五帝之所化民者如此，虽有五刑之用，不亦可乎！”[③]《孔子家语》整书所载“三皇五帝”文字仅见此两处，关于“三皇”之正文，亦仅具此篇。然无论是今本王肃注《家语》（《五刑解第三十》）还是敦煌本（《家语卷第十》）之注文，均未有涉及郑玄者，惟《家语·礼运第三十二》“孔子曰：‘昔大道之行，（王肃注：此谓三皇五帝时大道行也。）……”[④] 而《礼记·礼运》郑玄注则为“大道，谓五帝时也。”[⑤] 王肃注文比郑玄多出“三皇”，是为不同，盖王氏兼据《五刑解》有“三皇五帝”明文，从整书着眼而有此注，未必为“难郑玄”。另外，王肃注《家语·正论解第四十一》之“三坟五典”曰：“三坟，三皇之书。五典，五帝之典。”[⑥] 巍按：《左传·昭公十二年》“是能

① 羊春秋注译，周凤五校阅《新译〈孔子家语〉》，台北：三民书局股份有限公司，2008，第334页。

② 参见邬可晶《〈孔子家语〉成书时代和性质问题的再研究》，第320页。

③ 《孔子家语》卷七，第77页上栏～78页上栏。

④ 《孔子家语》卷七，第80页下栏。

⑤ 《礼记正义》卷二一，（清）阮元校刻《十三经注疏》下册，第1413页下栏。

⑥ 《孔子家语》卷九，第104页上栏。

读《三坟》《五典》《八索》《九丘》。"《正义》"《周礼》：外史'掌三皇五帝之书'，郑玄云：'楚灵王所谓《三坟》《五典》'是也。贾逵云：'《三坟》，三王【皇】[①] 之书。《五典》，五帝之典。'"[②]《文选》卷一六潘安仁《闲居赋》李善注引"贾逵曰：《三坟》，三皇之书；《五典》，五帝之典……"[③] 刘恕《通鉴外纪》卷一引"贾逵云：《三坟》，三皇之书；《五典》，五帝之典。"皆可以参证。可知，王肃之注"三坟五典"与郑玄同，盖均本于贾逵之说也。此点为伪《古文尚书》大序所本，又进一步推延坐实以说曰："伏牺、神农、黄帝之书，谓之'三坟'，言大道也；少昊、颛顼、高辛、唐、虞之书，谓之'五典'，言常道也。"[④] 顾颉刚说："然则三皇之书为《三坟》，五帝之书为《五典》，经传本无其文而是伪孔推出来的。"[⑤] 恐忽略了贾逵、郑玄、王肃一脉相承的这一重要环节。以上两则，为王肃注文中明文涉及"三皇"之全部例证，加上正文"三皇五帝"两则，均与所谓王肃"难郑玄"无关。笔者可以负责任地说，若谓《孔子家语》正文或注文涉及"三皇"之部分，为有王肃攻击郑学之嫌疑，那真是奇谈。

当然，在"五帝"观上，王肃颇有借注《家语》，而对郑玄之说加以责难者。这类批评集中在《五帝》篇，顾颉刚《中国上古史研究讲义》之"《孔子家语·五帝篇》"及《中国辨伪史略》等书文对此作了作了深切的阐发。前者说："王肃虽也是一个通学者，但他的思想比较接近于古文学家。他反对谶纬，他只要抱着几部经记。对于上面的问题，他有两个主张：第一是没有所谓五精感生说；第二是不承认五帝之外再有五天帝。这都是和郑玄立于反对的地位的。"[⑥] 后者说："郑氏说王者的祖先是天上的五帝，上帝们把自己的血统降到世上，就成了人间的五帝；王氏说五行之神为五帝，和人间的明王本没有联属的关系，人间的明王死了之后，后人把他们上配五帝，他们方发生了关系；这是二家的根本歧异之点。"[⑦] 但是

---

① 阮校："宋本'王'作'皇'。"

② 《春秋左传正义》卷四五，（清）阮元校刻《十三经注疏》下册，第2064页中栏。

③ （梁）萧统编、（唐）李善注：《文选》卷一六，中华书局，1977，第225页下栏。

④ 《尚书正义》卷一，（清）阮元校刻《十三经注疏》上册，第113页下栏。

⑤ 顾颉刚：《中国上古史研究讲义》，第331页。

⑥ 顾颉刚：《中国上古史研究讲义》，第350页。

⑦ 顾颉刚撰，王煦华导读《秦汉的方士与儒生（附：〈中国辨伪史略〉）》，上海古籍出版社，1998，第192页。

顾氏全盘承受并发展了相传《家语》为王肃所伪托之说，一则曰：《家语》“正文是王肃作，注亦王肃作；正如《伪古文尚书》，经与注出于一手。”①再则曰：“这是对于谶纬的大反动！这是‘留术数而去鬼神’的大手笔！郑玄所谓‘六天’，所谓‘德合北辰者称皇，德合五帝坐星者称帝’，他都用了自撰的孔子语言，摧陷而廓清之了！”② 顾氏颇能论定王肃之说在学术思想史上的价值，但是他说王肃《家语》自作而自注，说《家语》为王肃“自撰的孔子语言”，让人不能无疑。今以在顾氏分析基础上加按语的方式，略申质疑。

王肃所注《孔子家语》关于“五帝”的记载，最蹊跷的地方，也许是在全书四十四篇中，竟占了篇目重叠且前后紧接的两篇。诚如顾氏所说：“这两个五帝系统：（一）《五帝德》——黄帝、颛顼、帝喾、尧、舜，（二）五帝——太皞、炎帝、黄帝、少皞、颛顼，截然不同，然而会得并存于《家语》，会得并出于孔子之口（一对宰我说，一对季康子说），会得成为联接的两篇〔《五帝德》第二十三（巍按：属于卷第五），《五帝》第二十四（巍按：属于卷第六）〕，这岂非大怪事！”③

此事诚怪！我们以为如果以之为王肃伪造的一个蛛丝马迹，则属更大的怪事。顾颉刚《五德终始说下的政治和历史》引及康有为说有云：

> 刘歆欲臆造三皇，变乱五帝之说，以与今文家为难，因跻黄帝于三皇而以少皞补之；……又惧其说异于前人，不足取信，于是窜入《左传》《国语》之中……而不知其犹有《逸周书》遗文不能弥缝也。夫出于一己者则较若画一，偶见他书者辄判然不同，其为己所私造尚待辨耶！④

且不论“刘歆欲臆造三皇，变乱五帝之说，以与今文家为难”之说，能否成立。但是康氏所谓“夫出于一己者则较若画一，偶见他书者辄判

① 顾颉刚：《中国上古史研究讲义》，第338页。此可见顾氏对《家语》的看法深受伪《古文尚书》案的负面影响，详下文。

② 顾颉刚：《中国上古史研究讲义》，第355页。

③ 顾颉刚：《中国上古史研究讲义》，第334页。

④ 顾颉刚编著《古史辨（五）》，上海古籍出版社，1982，第578页。

然不同，其为己所私造尚待辨耶”的分析尺度是值得注意的，准此以衡，则《家语》诚若为王肃一手所造，则两种帝系统已不能自合辙，用顾颉刚的话来说“头脑比郑玄为清楚”[①] 的王肃，何以头脑混乱若此耶？《家语》正文与王肃注文如顾颉刚所云“和郑玄立于反对的地位的”，集中在《五帝》篇，如果《家语》为王氏伪造，出于“难郑”的目的，只保留《五帝》正文与注文就足矣，何必再叠床架屋地罗列与《大戴礼记·五帝德》大体颇为接近的《五帝德》篇，在王氏主旨无关紧要的地方却好像预留下抄袭的证据等人来揭发似的。“头脑比郑玄为清楚”的王肃，何至于出此不智之一途？

事实上，这两篇文字与王肃的思想皆有合有不合，或者说王肃对之采取了各取所需的态度。要明了这一点，当重温一下当年的王肃与郑玄之争。

关于五帝问题之郑、王异见，《礼记·祭法正义》有极扼要的引述：

> 肃又以郊与圜丘是一，郊即圜丘，故肃难郑云：“按《易》‘帝出乎震’，‘震，东方’，生万物之初，故王者制之。初以木德王天下，非谓木精之所生。五帝皆黄帝之子孙，各改号代变，而以五行为次焉。何大微之精所生乎？又郊祭，郑玄云‘祭感生之帝，唯祭一帝耳’。《郊特牲》何得云‘郊之祭，大报天而主日’？又天唯一而已，何得有六？又《家语》云‘季康子问五帝。孔子曰：天有五行，木、火、金、水及土，（四）[②] 分时化育，以成万物。其神谓之五帝’。是五帝之佐【天】[③] 也，犹三公辅王，三公可得称王辅，不得称天王。五帝可得称天佐，不得称上天。而郑云以五帝为灵威仰之属，非也。玄以圜丘祭昊天最为首礼，周人立后稷庙，不立喾庙，是周人尊喾不若后稷及文、武，以喾配至重之天，何轻重颠倒之失所？郊则圜丘，圜丘则郊，犹王城之内与京师，异名而同处。”又王肃、孔晁云：“虞、夏出黄帝，殷、周出帝喾，《祭法》四代禘此二帝，上下相证之

① 参见顾颉刚《中国上古史研究讲义》，第351页。

② 吕友仁校：“四分时化育”阮本同。魏氏《要义》作“分四时化育”。浦镗校云“四”字衍，孙诒让《校记》同。见（汉）郑玄注，（唐）孔颖达正义，吕友仁整理《礼记正义》卷五五，下册，第1821页。据此删“四”字。

③ 孙校：“佐”下，疑夺“天”字。雪克辑校《孙诒让全集·十三经注疏校记》下册，第514页。

明文也。《诗》云‘天命玄鸟’，‘履帝武敏歆’，自是正义，非谶纬之妖说。”此皆王肃难，大略如此。[①]

王肃与郑玄一大争议之点，是郑氏以为五帝为“灵威仰之属”的五天帝，而王氏以为“五帝皆黄帝之子孙”的五人神。参考《家语·五帝》之王注，事实上王肃并不排斥“天五帝”之说，唯以“天”之“五行”神为“天五帝”与郑玄不同，又强调此天五帝不可与唯一之“天”同尊，即所谓“五行佐成天事，谓之五帝。”王与郑更不同的是，王者“法五行更王，终始相生”，即王者法天而有五人神（其间关系如天之五行般“终始相生”，其实质是人之血脉关系，即“五帝皆黄帝之子孙”是也。）与郑玄等“五精之帝下生王者”（其实质是上“下”关系，即一一为分别之“天”“下生”，或曰“感生”）不同。郑学之徒马昭与持仲裁态度的张融皆不同意王肃“五帝皆黄帝之子孙”之说，极力论证“五帝非黄帝之子孙”之说，此处不具引，与本书密切相关的是，“五帝皆黄帝之子孙”之说与《家语·五帝》“太皞、炎帝、黄帝、少皞、颛顼”之系谱明相违背，而与《家语·五帝德》“黄帝、颛顼、帝喾、尧、舜”隐约相合，亦即相当于孔疏所谓“其《大戴礼》……司马迁为《史记》依而用焉，皆郑所不取。”然王肃紧接着说“各改号代变，而以五行为次焉。”则又刺取《家语·五帝》之说。是知王肃于《家语》之《五帝德》与《五帝》各取所需，隐括其辞，以与郑玄争辩，若为一手所造，恐不如是之曲尽周折也。顾颉刚说：“《孔子家语》，不但是一部伪书，而且是一部杂凑书。”笔者以为，仅就《五帝德》《五帝》两篇观之，是书确不免于“杂凑”之讥，然必谓王肃所伪造，所谓“这是王肃的造伪以辨伪的手段”，[②] 则尚需更多暂缓判断之从容，此其一。

其二，《礼记·郊特牲正义》云：

> 贾逵、马融、王肃之等以五帝非天，唯用《家语》之文，谓大

---

① （汉）郑玄注、（唐）孔颖达正义、吕友仁整理《礼记正义》卷五五，下册，第 1784 ~ 1785 页。

② 以上均见顾颉刚撰，王煦华导读《秦汉的方士与儒生（附：〈中国辨伪史略〉）》，第 191 页。

> 皞、炎帝、黄帝五人帝之[①]属，其义非也。又先儒以《家语》之文，王肃私定，非孔子正旨。[②]

若据前说，则“用《家语》之文”“以五帝非天”“谓大皞、炎帝、黄帝五人帝之属”不自王肃始，王氏不过承贾、马之学而立说，岂可径断为王肃之“造伪”？

其三，顾颉刚也引了上文《礼记·祭法正义》的话，评论道：“这一段话，很显明地排斥郑玄的感生之说和六天（五天帝加一天皇大帝）之说，很显明地抬出了《孔子家语》来做自己的‘圣证’。”实即“造伪书”。[③]《家语》本文与孔疏所引有不同，《正义》有所省略。关于“季康子问五帝”云云，《家语·五帝》原文如下：“孔子曰：‘昔丘也闻诸老聃曰：天有五行……’”[④] 王肃若要自造“圣证”，加强论证力度，何以又让孔子“闻诸老聃”呢？

积此诸疑，[⑤] 顾颉刚之说不能为定论。

---

① 据孙诒让校正，参见前文。

② 《礼记正义》卷二五，（清）阮元校刻《十三经注疏》下册，第1444页下栏。

③ 顾颉刚：《中国上古史研究讲义》，第351页。

④ 《孔子家语》卷六，第65页上栏。隋朝萧吉《五行大义》有引“孔子曰：‘昔丘也闻诸老聃云：天有五行，木金水火土，其神谓之五帝。’”盖本《家语》。参见刘国忠著《五行大义研究》“附录五：《五行大义》校文”，辽宁教育出版社，1999，第159页。

⑤ 又，胡平生已引“出土材料证明‘五行更王’之说出现很早”，参见氏著《阜阳双古堆汉简与〈孔子家语〉》，《国学研究》第7卷，2000，第534页。

第四章　《家语》伪书案与伪《古文尚书》案

《家语》伪书说与《中庸》分篇公案的紧密关系，已如前揭，殊不知《家语》伪书案与伪《古文尚书》公案之关系，有深切大有过于前者。

在讨论两案的关联之前，有必要交代一下《尚书》案在学术史上的地位与影响。《四库提要》“《古文尚书疏证》”条曾综括此公案道：

> 《古文尚书》较今文多十六篇，晋、魏以来绝无师说，故《左氏》所引，杜预皆注曰《逸书》。东晋之初，其书始出，乃增多二十五篇。初犹与今文并立，自陆德明据以作《释文》，孔颖达据以作《正义》，遂与伏生二十九篇混合为一。唐以来虽疑经惑古如刘知幾之流，亦以《尚书》一家列之《史通》，未言古文之伪。自吴棫始有异议，朱子亦稍稍疑之。吴澄诸人本朱子之说，相继抉摘，其伪益彰，然亦未能条分缕析，以抉其罅漏。明梅鷟始参考诸书，证其剽剟，而见闻较狭，搜采未周。至（阎）若璩乃引经据古，一一陈其矛盾之故，古文之伪乃大明。①

阎氏同时，护晚《书》者如毛奇龄之《古文尚书冤词》，文以卫道之见，措辞凌厉。后如惠栋之《古文尚书考》、程廷祚之《晚书订疑》（原稿

① （清）纪昀、陆锡熊、孙士毅等原著，四库全书研究所整理《钦定四库全书总目（整理本）》卷一二，上册，第158页。

名《冤冤词》）等则皆为攻伪书之健者也。此后虽以伪书说得信众为多，两造犹攻讦不止，议论纷纭，如张荫麟之言曰：

> 今世言《尚书》者几莫不宗阎若璩辈之说，以梅赜所献书，多于今文之二十五篇为晋人伪作。（至伪作之人则或云梅赜，或云皇甫谧，或云王肃，或云王肃之徒。）然阎氏《尚书古文疏证》出后，起而反驳之者亘有清二百余年不绝。除毛奇龄《古文尚书冤词》著录于《四库》者外，尚有十数种，都百数十卷。其立论颇与阎辈之说，针锋相对。则吾人在下最后判断之前，宜不能不覆勘其言。

此张氏《伪〈古文尚书〉案之反控与再鞫》之所为作也。“伪《古文尚书》大略出现于东晋初元帝时，为梅赜所奏上。其以前之历史则不可考。”① 后有陈梦家《尚书通论》、蒋善国《尚书综述》、刘起釪《尚书学史》等书文或接续补证伪书说或对伪作者加以澄清或考证，虽近有张岩《审核古文〈尚书〉案》等华辞以翻旧案，亦不能奏其功，再经清华简等新出土相关材料之佐证，此伪书公案之大体定则定矣。

今略述此案始末，因由此衍生出来“伪作之人”“或云王肃，或云王肃之徒”诸种论说关于王肃本人者，殊近于“辨伪”之同时而孳生“造伪”之虚说，与《家语》为王肃伪书说有不可分割之关系，即所谓均王氏“一手所造”是也。更重要的是，由于伪《古文尚书》公案在学术史上处于至关重要的枢纽地位，《家语》伪书案愈演愈成为其中的一个子命题而已。

其间具有连带关系者，除所谓“一手”之牵合外，尝试论之，尚有三端：对王肃人品心术的怀疑；将原有文本一析为二的思路的蔓延；辨伪方法的挪用。总之，学者对《家语》的研究，普遍存在一种类似于伪《古文尚书》案的《家语》伪书案锻炼成狱之心理趋向。

一　对王肃人品心术的怀疑与晚《书》之关系

无论伪托伪作，一个“伪”字预设了作伪者人品之不诚、心术之不

---

① 张荫麟：《伪〈古文尚书〉案之反控与再鞫》，原载《燕京学报》第5期，1929年6月，张云台编《张荫麟文集》，教育科学出版社，1993，第206、254页。

正，此理所当然者也。然正史所载王肃之生平行实，似未见其心迹有如何可疑者。《三国志》王肃本传，陈寿对其盖棺论定，评曰："王肃亮直多闻，能析薪哉！"刘咸炘以为"评语直类碑颂，非特无贬词，抑且无微词。"确是不会引起歧义的。原书后有文云：

> 刘寔以为：肃方于事上而好下佞己，此一反也；性嗜荣贵而不求苟合，此二反也；吝惜财物而治身不秽，此三反也。

陈景云曰："刘寔语当是裴《注》。"钱大昕从之，中华书局标点本亦作如是处理，是也。[①] 有学者详考王氏生平，以"刘寔之论，或有所据，然而以今所见，肃之行事，仅有刘氏所言之优，而无其失也。"[②] 从陈、刘两位的代表性见解来看，无论他们对王肃有无贬词微词，均未涉及对其人品心术的恶评，更与所谓伪书案无关。

自"子雍规玄数十百件，守郑学者，时有中郎马昭，上书以为肃缪。"[③] 马昭提出"《家语》王肃所增加，非郑所见。"始启后人疑窦。而伪《古文尚书》案，对王肃之訾议则变本加厉。历经陈、隋、唐三朝的陆德明撰《经典释文》，[④] 述及王肃与东晋"枚赜所奏上孔传《古文尚书》"之关系云：

> 案：今马、郑所注并伏生所诵，非古文也。孔氏之本绝，是以马、郑、杜预之徒皆谓之"《逸书》"。王肃亦注《今文》，而解大与《古文》相类，或肃私见《孔传》而秘之乎？江左中兴，元帝时豫章内史枚赜（字仲真，汝南人）奏上孔传《古文尚书》。亡《舜典》一篇，购不能得，乃取王肃注《尧典》从"昚徽五典"以下，分为《舜典》篇以续之，〔孔《序》谓伏生以《舜典》合于《尧典》，孔传《尧典》止（说）【于】（据段玉裁校正）"帝曰【往】（据黄焯校正）

① （晋）陈寿撰，卢弼著《三国志集解》卷一三《魏志·王肃传》，中华书局，1982，第391页上栏；（晋）陈寿撰《三国志》卷一三《魏志·王肃传》，第422~423页。

② 李振兴著《王肃之经学》，台湾：嘉新水泥公司文化基金会，1980，第9页。

③ 语出（后晋）刘昫等撰《旧唐书》卷一〇二《元行冲传》，第3180页。

④ 据吴承仕说，"盖《释文》作于陈至德间"。参见（唐）陆德明撰，吴承仕疏证，张力伟点校《经典释文序录疏证（附经籍旧音二种）》，第65页。

钦哉”，而马、郑、王之本同为《尧典》，故取为《舜典》。〕学徒遂盛。后范宁（字武子，顺阳人，东晋豫章太守，兼注《榖梁》。）变为《今文》集注。俗间或取《舜典》篇以续孔氏。齐明帝建武中，吴兴姚方兴采马、王之注，造孔传《舜典》一篇，云于大航头买得，上之。梁武时为博士，议曰：“孔《序》称伏生误合五篇，皆文相承接，所以致误，《舜典》首有‘曰若稽古’，伏生虽昏耄，何容合之？”遂不行用。汉始立《欧阳尚书》；宣帝复立大、小夏侯博士；平帝立《古文》。永嘉丧乱，众家之《书》并灭亡，而《古文孔传》始兴，置博士；郑氏亦置博士一人。近唯崇《古文》，马、郑、王《注》遂废。今以孔氏为正，其《舜典》一篇，仍用王肃本。①

陆德明揭示了一个明显而重要的事实：王肃之《尚书》注与梅氏所上《孔传》“大”“相类”。但是他的解释对王肃充满狐疑：“或肃私见《孔传》而秘之乎？”“私见”而又“秘之”，王氏在他的观感中很不光明正大。不能就此断定陆氏是否受到马昭之说的影响，但是他们的看法很相似。不过，陆德明就“其《舜典》一篇，仍用王肃本”，这种取舍，显然也将王肃与伪“造”之徒姚方兴截然区分了开来，着眼的还是王注与孔传的相近而不是疑伪。事实上，王肃注“解大与《古文》相类”的看法并非陆氏一家之言，而是相承的旧说。敦煌卷子《尚书释文·舜典第二》云：

王氏注（相承云：梅赜上孔传《古文尚书》，亡《舜典》一篇，时以王肃注颇类孔氏，故取王注从“慎徽五典”以下为《舜典》篇，以续孔传。徐仙民亦音此本，今依旧音【之】。）……此篇既是王注，应作今文，相承以续孔传，故亦为古字……②

可见自晚《书》面世至陆德明时代，已经“相承云”“时以王肃注颇

① （唐）陆德明撰，黄焯汇校，黄延祖重辑《经典释文汇校》卷一，中华书局，2006，第13～14页。

② 张涌泉主编、审订《敦煌经部文献合集》，中华书局，2008，第九册“小学类群书音义之属”，许建平撰，第4440页。

类孔氏”“取王注”“相承以续孔传”矣！后孔颖达《尚书正义》引“《晋书》”亦谓梅氏“奏上其书而施行焉”、[①]《隋书·经籍志》复称“至东晋，豫章内史梅赜，始得安国之传，奏之”,[②] 等等，均与之类同，似皆因“相承”之说而来。推此论之，《四库总目提要》“《尚书正义》”条谓“又称‘今以孔氏为正’，则定从孔《传》者乃陆德明，非自颖达”,[③] 似尚嫌所认“定”者为太迟矣，当远在陆德明之前也。唯对《书》王注与《孔传》类似这一现象之解释，说王肃与晚《书》有暧昧关系，自后世影响来看，陆德明需负相当的责任。陆氏刚说完“私见”不久，孔颖达就寻出“窃见”的证据来了：

> 至晋世王肃注《书》，始似窃见《孔传》，故注“乱其纪纲”为夏太康时。[④]

《左传·哀公六年》孔子引“《夏书》曰：‘惟彼陶唐，帅彼天常。有此冀方，今失其行。乱其纪纲，乃灭而亡。’”孔疏亦云：

> 此《夏书·五子之歌》第三章也……贾、服、孙、杜皆不见古文，【故】（据阮校正）以为《逸书》，解为夏桀之时。唯王肃云太康时也。按：王肃注《尚书》，其言多是《孔传》，疑肃见古文，匿之而不言也。[⑤]

此与陆德明之说如出一辙！其实也不过是孔颖达袭前人旧说云“王肃之注《尚书》，其言多同《孔传》”[⑥] 之一端而已，证以《正义》随文疏出的不胜枚举之王肃《尚书》注说“与孔不同”“与孔异也”诸例可知，所以孔氏之疏中颇有自驳其“窃见”之说的。如《尚书正义·益稷》就将王

---

① 《尚书正义》卷二，（清）阮元校刻《十三经注疏》上册，第118页中栏。
② （唐）魏征、令狐德棻撰《隋书》卷三二《经籍志》，第915页。
③ （清）纪昀、陆锡熊、孙士毅等原著，四库全书研究所整理《钦定四库全书总目（整理本）》卷一二，上册，第139页。
④ 《尚书正义》卷二，（清）阮元校刻《十三经注疏》上册，第118页上栏。
⑤ 《春秋左传正义》卷五八，（清）阮元校刻《十三经注疏》下册，第2162页上栏。
⑥ 《尚书正义》卷三，（清）阮元校刻《十三经注疏》上册，第128页中栏。

氏与马融、郑玄并排在“不见古文”之列：

> 马、郑、王所据《书序》此篇名为《弃稷》。“弃”、“稷”一人，不宜言名又言官，是彼误耳。又合此篇于《皋陶（谋）【谟】（据阮校正）》，谓其别有《弃稷》之篇，皆由不见古文，妄为说耳。[①]

又如伪《咸有一德》“七世之庙，可以观德”，《正义》亦以王氏与刘歆、马融均为“不见古文”者：“刘歆、马融、王肃虽则不见古文，皆以七庙为天子常礼。”[②] 《毛诗·豳七月诂训传第十五》之《豳谱》孔疏更云：

> 王肃《金縢》注云：“文王十五而生武王，九十七而终，时受命九年，武王八十三矣。十三年伐纣，明年有疾，时年八十八矣。九十三而崩，以冬十二月，其明年称元年。周公摄政，遭流言，作《大诰》。而东征二年，克殷，杀管、蔡。三年而归，制礼作乐。出入四年，至六年而成。七年营洛邑，作《康诰》《召诰》《洛诰》，致政成王。然则文王崩之年，成王已三岁。武王八十而后有成王，武王崩时，成王已十三。周公摄政七年致政，成王年二十。”肃意所以然者，以《家语》武王崩时，成王年十三。又《古文尚书·武成》篇云：“我文考文王，克成厥勋，诞膺天命，以抚方夏。惟九年，大统未集。”孔安国据此文以为，文王受命九年而崩。其后刘歆、班固、贾逵皆亦同之。肃虽不见古文，以其先儒之言，必有所出。[③]

是则不仅《尚书正义》，《毛诗正义》亦皆以王氏“不见古文”，可见所谓“窃见”云云特为疑“似”之辞，孔颖达自己尚无有定见。有意思的是，这里连带提到了《孔子家语》。孔氏对《家语》所言持采信的态度，与后人因缘两个公案之牵扯而认为王肃“一手伪造”大不相同，其间颇有可资深思之处。

---

① 《尚书正义》卷五，（清）阮元校刻《十三经注疏》上册，第141页上栏。
② 《尚书正义》卷八，（清）阮元校刻《十三经注疏》上册，第166页中栏。
③ 《毛诗正义》卷八之一，（清）阮元校刻《十三经注疏》上册，第388页中栏。

缘晚《书》而对王肃有类似看法的唐人尚有刘知幾。《史通·外篇·古今正史第二》云：

> 至于后汉，孔氏之本遂绝。其有见于经典者，诸儒皆谓之“《逸书》”。（谓马融、郑玄、杜预也。）王肃亦注今文《尚书》，而大与古文《孔传》相类，或肃私见其本而独秘之乎？

刘氏述《尚书》源流多同陆氏，如前文谓“《古文尚书》者，即孔惠之所藏，科斗之文字也”之类可证，[①] 此处因晚《书》而蓄疑于王肃之心术者，连用辞均颇相雷同，盖均本于陆德明也。

陆、孔诸说，不意成为清儒惠栋、王鸣盛、丁晏等考证坐实王肃为伪《古文尚书》及《孔传》案主之引线。晚清以降，陈澧《东塾读书记》、刘师培《尚书源流考》、吴承仕《尚书传王孔异同考》、陈梦家《尚书通论》等书文乃一洗王肃之冤。其中以吴承仕述此案最为明晰：

> 十六篇不立学官，故谓之“《逸书》”。马、郑、杜预注释经传，其引《书》而不在今二十八篇中者，皆名为“《逸书》”是也。马、郑《尚书》远承孔氏，所注止二十九篇，与《今文》篇目同，而实非伏生三家本，盖师承异也。陆氏不知伪孔《古文》非马、郑所得见，遂谓马、郑所传为《今文》而非《古文》，则误甚矣。王肃注《书》务与郑异，亦有本之贾、马者，其说往往与《孔传》略同。愚谓此乃《孔传》采摭王义，非王氏窃自伪书也。陆氏以孔《书》为真，故云王私见而秘之。《书正义》亦言：“王似窃见《孔传》，故注‘乱其纪纲’为夏太康时。”正与《序录》同意，即（巍按：“即”字疑为“其”字之讹。）实非也。（批注：《哀六年传》引贾逵以为桀事。）清儒治《尚书》者，如惠栋、王鸣盛、孙星衍、李惇、刘端临等，因陆、孔疑似之词，据王、孔扶同之义，遂谓《孔传》盖肃所伪作，然亦未敢辄定也。至丁晏撰《尚书余论》，始质言之，尔后遂奉为不刊之论。愚尝审核马、郑、王、孔、杜预、皇甫谧诸家《书》说，著为

① （唐）刘知幾著，（清）浦起龙通释，王煦华整理《史通通释》卷一二，第 307 页。

《异同考》四卷，疏证伪《书》非出王肃。而丁氏所立，遂一时摧破矣。[①]

吴氏“尝为《异同考》，录得王义二百三十五事：说义同孔者百有七事，异孔者百二十八事。”[②] 蒋善国称其“纯用客观比证，详审平实，辨明伪《孔传》非王肃伪作，给向来空谈王、孔相同的一最有力的反证。即使王、孔异少同多，已根本推翻了伪《孔传》出于王肃说，何况比证的结果是异多同少！显见得王肃与伪《孔传》毫无关系。”[③] 继吴氏而续作重要的补证者，为陈梦家。刘起釪述其说云：

> 最后陈梦家《尚书通论》在列举了王注与伪《孔传》分书不同材料一则、分篇不同材料三则及文字互不相同的材料十则之后说：“由上所举六事，可证王注本《尚书》的分书、分篇、书序、文字都有与孔传本不同者，那末王肃伪造《孔传尚书》是一定不能成立了。况王注《尚书》，隋与唐初尚存，隋、唐二书《经籍志》皆著录，王、孔并行，如何能混为一书？又《后汉书·祭祀志》中，刘昭补注引晋武帝初幽州秀才张髦上书，引‘肆类于上帝’至‘格于艺祖’一段见于《孔传》本《舜典》而张氏直引《尧典》，可证西晋之初，孔传本尚未出世而王肃已死。”这比吴承仕又补充了些有力论证。[④]

上述研究，立论坚确，足以“摧破”王肃伪造《古文尚书》经传之论，王氏之人品也得以澄清。这一正反合之辩证过程的考证案例，对所谓王肃伪造《家语》案有何启示呢？

当一种似是而非的有罪推定，再纠合以片面的孤注一掷而不加反省的考证方法，则貌似辨伪的公案——颇为反讽地——适足以造成冤假错案。

① （唐）陆德明撰，吴承仕疏证，张力伟点校《经典释文序录疏证（附经籍旧音二种）》，第63～64页。

② （唐）陆德明撰，吴承仕疏证，张力伟点校《经典释文序录疏证（附经籍旧音二种）》，第67页。

③ 蒋善国撰《尚书综述》，上海古籍出版社，1988，第346页。

④ 刘起釪著《尚书学史（订补本）》，中华书局，1989，第193页。陈说原文，参见陈梦家著《尚书通论（外二种）》，河北教育出版社，2000，第135～137页。

这是王肃伪造《古文尚书》案提供给我们最深刻的教训！这一案例促使我们尤其要辨明类似公案的立意（即假设或曰逻辑前提、先见）的来由与成立与否，再则要反复审查考证方法是否得当。当所谓被指控的对象是在中国学术史上广有影响的同一个人的时候，更是如此。而所有这一切，均建立在证据的运用是否可靠之上。

不幸的是，王肃与《家语》案之纠葛也笼罩着类似的迷雾，而且与伪《古文尚书》案之间有难解难分的关系。

首先当检讨的是王肃作为案犯嫌疑之建立。其案底就在《礼记正义》所引马昭的指控："《家语》王肃所增加，非郑所见。又《尸子》杂说，不可取证正经。"我们在怀揣着连类而及之简单化时刻加以审慎反省的同时，不能不指出，马氏的控词与吴承仕所证伪的陆、孔"疑似之词"有惊人的相似性，区别只在其次，即一为偏主"王、孔扶同之义"，一则强说王、郑"所见"不同。

马昭何许人也？《三国志》卷四《魏书·三少帝纪》载高贵乡公与臣下论学云：

> 丙辰，帝幸太学，问诸儒曰：……讲《易》毕，复命讲《尚书》。帝问曰："郑玄曰'稽古同天，言尧同于天也'。王肃云'尧顺考古道而行之'。二义不同，何者为是？"博士庾峻对曰："先儒所执，各有乖异，臣不足以定之。然《洪范》称'三人占，从二人之言'。贾、马及肃皆以为'顺考古道'。以《洪范》言之，肃义为长。"帝曰："仲尼言'唯天为大，唯尧则之'。尧之大美，在乎则天，顺考古道，非其至也。今发篇开义以明圣德，而舍其大，更称其细，岂作者之意邪？"峻对曰："臣奉遵师说，未喻大义，至于折中，裁之圣思。"次及四岳举鲧，帝又问曰："夫大人者，与天地合其德，与日月合其明，思无不周，明无不照，今王肃云'尧意不能明鲧，是以试用'。如此，圣人之明有所未尽邪？"峻对曰："虽圣人之弘，犹有所未尽，故禹曰'知人则哲，惟帝难之'，然卒能改授圣贤，缉熙庶绩，亦所以成圣也。"帝曰："夫有始有卒，其唯圣人。若不能始，何以为圣？其言'惟帝难之'，然卒能改授，盖谓知人，圣人所难，非不尽之言也。经云：'知人则哲，能官人。'若尧疑鲧，试之九年，官人失叙，何得谓

之圣哲?”峻对曰:“臣窃观经传,圣人行事不能无失,是以尧失之四凶,周公失之二叔,仲尼失之宰予。”帝曰:“尧之任鲧,九载无成,汩陈五行,民用昏垫。至于仲尼失之宰予,言行之间,轻重不同也。至于周公、管、蔡之事,亦《尚书》所载,皆博士所当通也。”峻对曰:“此皆先贤所疑,非臣寡见所能究论。”次及“有鳏在下曰虞舜”,帝问曰:“当尧之时,洪水为害,四凶在朝,宜速登贤圣济斯民之时也。舜年在既立,圣德光明,而久不进用,何也?”峻对曰:“尧咨嗟求贤,欲逊己位,岳曰‘否德忝帝位’。尧复使岳扬举仄陋,然后荐舜。荐舜之本,实由于尧,此盖圣人欲尽众心也。”帝曰:“尧既闻舜而不登用,又时忠臣亦不进达,乃使岳扬仄陋而后荐举,非急于用圣恤民之谓也。”峻对曰:“非臣愚见所能逮及。”

于是复命讲《礼记》。帝问曰:“‘太上立德,其次务施报’。为治何由而教化各异,皆修何政而能致于立德,施而不报乎?”博士马照对曰:“太上立德,谓三皇五帝之世以德化民;其次报施,谓三王之世以礼为治也。”帝曰:“二者致化薄厚不同,将主有优劣邪?时使之然乎?”照对曰:“诚由时有朴文,故化有薄厚也。”①

综合潘眉、钱大昕、梁章钜、侯康诸家之说,《魏志》此处“马照”即群经之疏所引及之“马昭”,姚范谓“‘照’疑误,或避晋讳”,是也。潘眉之说尤能揭示马氏立论的背景:“高贵乡公讲《尚书》两驳王肃之说,知马昭申郑难王诸论作于是时。”②

从诸书文所引马说来看,几乎未见其有对王说有些许容受或假借,真堪称是暖暖姝姝于郑先生之言者。他还是历史上最早论及《家语》与王肃关系的人。《三国志》王肃本传,未提到肃注解《家语》之事,而只说:

初,肃善贾、马之学,而不好郑氏,采会同异,为《尚书》《诗》《论语》《三礼》《左氏》解,及撰定父朗所作《易传》,皆列于学官。其所论驳朝廷典制、郊祀、宗庙、丧纪轻重,凡百余篇。时乐安孙叔

① (晋)陈寿撰《三国志》卷四《魏书·三少帝纪》,第135~138页。

② 参见(晋)陈寿撰,卢弼著《三国志集解》卷四《魏书·三少帝纪》,第156页上栏。

然，（臣松之按：叔然与晋武帝同名，故称其字。）受学郑玄之门，人称东州大儒。征为秘书监，不就。肃集《圣证论》以讥短玄，叔然驳而释之，及作《周易、春秋例》，《毛诗》《礼记》《春秋三传》《国语》《尔雅》诸注，又注书十余篇。①

后世著录，有王肃注解《家语》。陆德明《经典释文序录》载《周易》“王肃注十卷〔字子邕（巍按：“邕”，《魏志》作“雍”），东海兰陵人，魏卫将军、太常、兰陵景侯。又注《尚书》《礼容服》《论语》《孔子家语》，述《毛诗注》，作《圣证论》难郑玄。〕”② 《隋书·经籍志》云：“《孔子家语》二十一卷（王肃解）。”③ 可见，《魏志》本传不具王氏注解《家语》一事，盖举其所谓“皆列于学官”者，及《圣证论》等主要著作，未予一一罗列所有而然。“肃集《圣证论》以讥短玄，叔然驳而释之”，可谓针锋相对，然亦未见疑于王肃之注《家语》，前文已论及，与之有相近为学取向的田琼等引及《家语》，亦未在此等处发表不利于王肃的高论。姚范曰：“《诗》《礼》疏引《郑志》，有马昭”。④ 纵使马昭有孙叔然般“受学郑玄之门”的经历，而言之凿凿地说“非郑所见”，孤证不立，其言为可信乎？

明儒何孟春曾详细地讨论及之，曰：

《孔子家语》如孔衍言则壁藏之余，实孔安国为之。而王肃代安国序未始及焉，不知何谓。此书源委流传，肃《序》详矣。愚考《汉书艺文志》载《家语》二十七卷，颜师古曰“非今所有《家语》也”；《唐书》志艺文有王肃注《家语》十卷，然则师古所谓“今之《家语》”者欤？班史所志大都刘向较录已定之书，肃《序》称四十四篇乃先圣二十二世孙猛之所传者，肃辟郑氏学，猛尝学于肃，肃从猛得此书，遂行于世。然则肃之所注《家语》也，非安国之所撰次及向之所较者明矣。虞舜《南风》之诗，玄注《乐记》云“其辞未闻”。

① （晋）陈寿撰《三国志》卷一三《魏书·王肃传》，第419~420页。
② （唐）陆德明撰，黄焯汇校，黄延祖重辑《经典释文汇校》卷一，第9页上栏。
③ （唐）魏征、令狐德棻撰《隋书》卷三二《经籍志》，第4册，第937页。
④ （晋）陈寿撰；卢弼著《三国志集解》卷四，第156页上栏。

今《家语》有之，马昭谓“王肃增加，（取诸《尸子》）非郑玄所见”。其言岂无据耶？肃之夻（巍按：此字上下结构，疑为“大言”之连笔。）异于玄盖每如此。既于《曾子问》篇不录，又言诸弟子所称引皆不取，而胡为赘此，此自有为云尔。肃之注，愚不获见，而见其《序》，今世相传《家语》殆非肃本，非师古所谓“今之所有”者。安国本世远不复可得，今于何取正哉？司马贞与师古同代人也，贞作《史记索隐》引及《家语》，今本或有或无，有亦不同。愚有以知其非肃之全书矣。[①]

何氏缘由“肃之注，愚不获见”而发为此论，难免有误，而误有不尽出此一途者。其误之大者，约有两端

其一，以著录卷数之不同，定古书之真伪。学者已经指出史志书目所载卷数之变迁，容有后世合并重编另分之可能。即以《家语》为例，英藏敦煌写本《孔子家语》（编号为“斯一八九一”）保存了“五刑解第卅（此下题有“孔子家语”和“王氏注”字样）”整篇，及对应于今本《家语》第二十九篇《郊问》的篇末12行文字。特别是《五刑篇》篇末题有“家语卷第十”字样，今传本《家语·五刑解》同为第三十篇，则居于第七卷。可证六朝已有多于“十卷”的传本流传，由此可以推证《汉书·艺文志》著录“二十七卷”，至《隋书·经籍志》云为“二十一卷”，而两《唐书》乃至今本都为十卷。其间的不同，乃分卷方法有异，而非内容有大的缩减或损伤。也就是说，今传本《家语》渊源有自。[②]

敦煌残本《家语》之卷次与卷数均与传世十卷本不同，可证单据卷数出入以定本书真伪之武断。又，刘向之校定，例以“《尚书》：古文经，四十六卷。（为五十七篇）”[③] 及“《孙卿新书》十二卷三十二篇……护左都水使者光禄大夫臣向言：所校雠中《孙卿书》凡三百二十二篇，以相

① 见（明）何孟春注《孔子家语》之《序》，《四库全书存目丛书·子部》第1册，第3页上栏，齐鲁书社，1995年版。

② 参见宁镇疆《英藏敦煌写本〈孔子家语〉的初步研究》，《故宫博物院院刊》2006年第2期；张固也、赵灿良《〈孔子家语〉分卷变迁考》，《孔子研究》，2008年第2期。

③（汉）班固撰《汉书》卷三〇《艺文志》，第1705页。标点有所调整。

校，除复重二百九十篇，定著三十二篇，皆已定，以杀青简书，可缮写”，[①] 等等。学者盛称之“古人以篇为卷”[②] 之通例，并不能成立。[③] 更常见的倒是集篇成卷的例子。据此而论，《家语》所谓“四十四篇”，乌得谓必与《汉志》所著录之“二十七卷”风马牛不相及？岂书上献于朝廷后必不写留副本存于家中耶？岂必如范家相亦依此前提而云：“古《家语》止二十七篇（巍按：《汉志》原文为“二十七卷”，此亦持所谓“古人以篇为卷”之见，故有此误会），而王肃之《家语》反有四十四篇，其增多十七篇何哉？”[④] 伪托者往往援例依傍，（犹伪《古文尚书》五十八篇依附刘向《别录》或桓谭诸说而又加以弥缝之比）诚若伪托，何以不造成《汉志》所著录“二十七卷”模样，偏出“四十四篇”之说呢？

其二，偏信敷衍马昭之说。马氏所谓“增加”“虞舜《南风》之诗”，是否可能系刘向“定著”过程中，“除复重”时一不小心或以为并不重要而将之删除了，还是别有其故？更有可能的是，郑玄根本“未见《家语》”。唐人孔颖达疑之于前（见《诗·东门之杨》《礼记·曾子问》正义，详前文），清儒范家相论之于后云：“马昭谓王肃增加《家语》，此据其一节言之也。夫但曰‘增加’，则必有原本之存，而昭固不及见矣，何以明之？昭若及见古《家语》，则当直举原文以正之，何必云郑所未闻乎？郑氏之学极博，然注经未尝一引《家语》，则古《家语》之亡久矣！马昭、张融与肃先后同时，已不可得见，而肃之借孔猛以作伪，又孰从而难之？”[⑤] 范氏所论，多有未当，然举出郑君注经不引《家语》一事，颇为有力，可证孔颖达的郑氏未见《家语》之说。崔述《洙泗考信录》之说与之不同：“《家语》一书本后人所伪撰，其文皆采之于他书而增损改易以饰之……且《家语》在汉已显于世，列于《七略》，以康成之博学，岂容不

---

① （汉）刘向、刘歆撰，（清）姚振宗辑录，邓骏捷校补《七略别录佚文·七略佚文》，上海古籍出版社，2008，第 41～43 页。

② 见陈鳣为孙志祖《家语疏证》所作《序》，（清）孙志祖：《家语疏证》，《续修四库全书》第 931 册，第 193 页下栏。

③ 宋人已经如此，参见《文献通考》引晁公武说，而王柏尚知“卷与篇不同”，均详前文。

④ （清）范家相：《家语证伪》卷一一，《续修四库全书》第 931 册，第 189 页上栏。

⑤ （清）范家相：《家语证伪》卷一一，《续修四库全书》第 931 册，第 191 页下栏。

见，而待肃之据之以驳己耶！”[①] 著录于《汉志》，未必“显于”汉世，其书未立于学官，汉代之书亦未有大幅征引，可见一斑；秘府之书，外人岂获径睹，类非贾、马、班固校书东观，民间学者虽大儒如郑君亦未必方便过目，否则郑君何以“注经未尝一引《家语》”？崔氏之说暗本马说而附会以想象之辞，如此立论，不免“佞郑”之讥矣。近人虽信从之者甚多，无奈并无确证。又，张融有《当家语》之作，何必不见《家语》，田琼等亦引及《家语》，何必必信郑君为学无不通，而以为今本《家语》与相传《家语》必不同源，而生造今古《家语》两分之说，且必以王肃“作伪”为解乎？后人如钱馥等皆承袭马昭之说，今人亦颇有持此说者，何不一反思之。不仅此也，马昭之说明明云王肃《圣证论》以《尸子》与《家语》相证，则“虞舜《南风》之诗”之记载《家语》与《尸子》皆有之，绝非王氏之杜撰。乃何孟春诡辞云王肃“取诸《尸子》”，其诬染王肃连带歪曲马昭，一何甚也。[②]

凡此云云之说，与陆德明、孔颖达等“疑似之词”何以异?!

二　类似于伪《古文尚书》的伪《家语》锻炼成狱之心理趋向

由于伪《古文尚书》案的典型性，以及它处于学术史上的中心地位，所以它留下的遗产，在辨伪之实际成果与失误尤其是方法上得失的启示性极强，其波及面之广也至为惊人。本书不及其他，只讨论与本案之纠葛。

愚以为两个公案之牵连与“一手”之说有不解之缘，而“一手”之论

① 崔述：《洙泗考信录》卷之一，（清）崔述撰著，顾颉刚编订《崔东壁遗书》，第 264 页下栏～265 页上栏。

② 这是将《礼记正义》有关段落作如是读：“今按：马昭云：‘《家语》王肃所增加，非郑所见。又《尸子》杂说，不可取证正经。’故言‘未闻’也。”即使将“又《尸子》杂说，不可取证正经”读为孔颖达之疏，即“今按：马昭云：‘《家语》王肃所增加，非郑所见。’又《尸子》杂说，不可取证正经。故言‘未闻’也。”则孔氏亦将《家语》与《尸子》分别而论，视为有独立来源的文献，亦未认《家语》有关材料必为王肃“取之《尸子》”也。这一点是很明确的。参见《礼记正义》卷三八，（清）阮元校刻《十三经注疏》下册，第 1534 页上栏。

历经数变。对古文之怀疑，除崔述等少数学者将其推溯于唐代韩愈，[①] 一般认为，发端于南宋之吴棫（才老）。四库馆臣批评毛奇龄将之归始于朱子之误，其实《古文尚书冤词》一书明引有吴氏之说，毛氏之意，盖谓朱子为辨古文伪书之首出巨擘，处于登高一呼应和者众之地位，理当归本于此，这不能因毛氏其书不得大体而因人废言。惟吴棫之贡献亦不容矮化，愚以为，最切要者在发后儒“一手”论之先声。吴氏《书裨传》已佚，元儒吴澄引吴棫之言曰：“增多之书皆文从字顺，非若伏生之书佶屈聱牙。夫四代之书，作者不一，乃至二人之手而定为二体，其亦难言矣。”[②] 这是说，虞、夏、商、周之《书》，朝代不同，记者史官不出于一人，其文体文风文字当各有千秋，岂能像晚《书》那样，只是增多之篇与今文只两种风格，即各出一手呢？吴澄本之而云：“梅赜所增二十五篇，体制如出一手，采集补缀，虽无一字无所本，而平缓卑弱，殊不类汉以前之文。夫千年古书最晚乃出，而字画略无脱误，文势略无龃龉，不亦大可疑乎？”[③] 此明谓“一手”乃指从文体角度析“梅赜所增二十五篇”之混成而与今文之“体制”非一，为辨伪书之重要方法。明儒王充耘说“古文只是出于一手掇拾傅会”，[④] 郝敬乃云：“孔书二十五篇，边幅整齐，自是三代以下语，其辞义皆浮泛……四代文字一律，或先贤纪闻，或后人依托，与今文天壤悬隔，乌可相乱也。”[⑤] 清儒李绂（巨来）《古文尚书考》复云：“《古文尚书》，凡《今文》所无者，如出一手，盖汉、魏人赝作。”[⑥] 所谓“一手”“一律”皆就古文之体制雷同齐一为言，不出二十五篇之外，此一说也（似皆承吴才老而来）。朱子别生一义，其《文集》有云：“尝疑今《孔传》并《序》皆不类西京文字气象，未必真安国所作，只与《孔丛子》同是一手伪书。盖其言多相表里，而训诂亦多出《小尔雅》也。”[⑦]《朱子语

---

① 参见崔述《古文尚书辨伪》卷之二，《集前人论尚书真伪》之《韩愈疑伪书》部分，（清）崔述撰著，顾颉刚编订《崔东壁遗书》第595页上栏。

② 转引自（清）朱彝尊撰，林庆彰等主编《经义考新校》卷七四，第4册，第1399页。

③ （清）朱彝尊撰，林庆彰等主编《经义考新校》卷七四，第4册，第1399页。

④ （清）朱彝尊撰，林庆彰等主编《经义考新校》卷七四，第4册，第1400~1401页。

⑤ （清）朱彝尊撰，林庆彰等主编《经义考新校》卷七四，第4册，第1402页。

⑥ 转引自崔述《古文尚书辨伪》卷之二，（清）崔述撰著，顾颉刚编订《崔东壁遗书》第596页上栏。

⑦ 《晦庵先生朱文公文集》卷七一，之“《记尚书三义》”，（宋）朱熹撰，朱杰人、严佐之、刘永翔主编《朱子全书》第贰拾肆册，第3425页。

类》道："《尚书序》不似孔安国作，其文软弱不似西汉人文，西汉文粗豪。也不似东汉人文，东汉人文有骨肋。也不似东晋人文，东晋如孔坦疏也自得。他文是大（巍按：原作"太"，据四库本正）段弱，读来却宛顺，是做《孔丛子》底人一手做。"① 朱子所谓"一手"与前说不同，乃指不同书文之同出于一人，不限于《尚书》内部为说，是顺藤摸瓜稽查疑犯至文气、文势、文体相同相通的作伪之手也，由此彰显了明确的连带关系。以朱子在学术史上的卓越地位，此说之影响自是极大。就时段而言，自然历久而绵长；就范围来说，亦非一二个案所能局限。后世学人得其一言之启发，而运用之高下浅深得失利弊不可一言而尽，亦非朱子所能完全负责，其间之渊源流变则实有引人深思者在焉。以本案而论，朱子也只是疑及伪作《孔丛子》那类人，并未诬及王肃，他甚至说《家语》亦非尽王肃所能伪托。如谓"《家语》只是王肃编古录杂记，其书虽多疵，然非肃所作。《孔丛子》乃其所注之人伪作……"② 始出专书《尚书考异》辨伪的明儒梅鷟，于《自序》中斥言嫌犯为东晋皇甫谧，"前此诸儒，如王肃、杜预晋初人，郑冲、何晏、韦昭三国人，郑玄、赵岐、马融、班固后汉人，刘向、歆、张霸前汉人，皆未见，不曰'《逸书》'，则曰'今亡'……"③ 起首就将"王肃"排除在外。清初辨晚《书》诸家如朱彝尊、阎若璩、四库馆臣皆未将疑云弥漫及王氏，甚且有力证其"未见"者。如朱彝尊说：

> 《正义》谓王肃注《书》，始似窃见孔《传》，故注"乱其纪纲"为夏太康时。然考陆氏《尚书释文》所引王注不一，并无及于增多篇内只字，则子邕亦未见孔氏古文也。④

则明驳孔说之无据矣。将伪古文定案之中心人物阎若璩在其《尚书古文疏

① 《朱子语类（伍）》卷一二五，（宋）朱熹撰，朱杰人、严佐之、刘永翔主编《朱子全书》第拾捌册，第 3906 页。

② 《朱子语类（伍）》卷一三七，（宋）朱熹撰，朱杰人、严佐之、刘永翔主编《朱子全书》第拾捌册，第 4233 页。

③ （清）朱彝尊撰，林庆彰等主编《经义考新校》卷八八，第 4 册，第 1654 页；张心澂编著《伪书通考》，第 137 页。

④ （清）朱彝尊撰，林庆彰等主编《经义考新校》卷七六，第 4 册，第 1431 页。

证》中甚且严词讥讽陆、孔之疑王之说为“大可笑也”者。[①]《四库总目提要》之《尚书正义》条云：

> 梅赜之时，去古未远，其《传》实据王肃之《注》而附益以旧训，故《释文》称王肃亦注今文，所解大与古文相类，或肃私见孔《传》而秘之乎？此虽以末为本，未免倒置，亦足见其根据古义，非尽无稽矣。[②]

亦以“其《传》实据王肃之《注》而附益以旧训”，盖承朱、阎诸说而来。但是，在此案定鼎、尤其在缉拿疑犯以及蔓延网罗的过程中，逐渐形成一种类似于伪《古文尚书》案的《家语》伪书案锻炼成狱之心理趋向，对于本案审查之功过颇值得检讨。

其先，似尚为相传之王肃伪造《家语》案影响到对伪古文真凶之追究。惠栋《古文尚书考》卷一云：

> 伪《书》当作俑于王肃，肃好造伪书，以诋康成，《家语》其一也。[③]

很值得注意，一个疑案未定的《家语》加上一个开始疑伪的古文《尚书》，王肃猛然成为“好造伪书”的人！

卷二又以晚《书》伪《咸有一德》篇“呜呼！七世之庙，可以观德；万夫之长，可以观政。”与《吕氏春秋》“《商书》曰：五世之庙，可以观怪；万夫之长，可以生谋。”有“七”“五”之异，而云：

> 王肃主“七庙”以驳郑氏，故尝疑伪《尚书》肃撰也。[④]

---

① （清）阎若璩：《尚书古文疏证》卷二，（清）阮元、王先谦编《清经解、清经解续编（附索引）》，第玖册，第 127 页下栏。

② （清）纪昀、陆锡熊、孙士毅等原著，四库全书研究所整理《钦定四库全书总目（整理本）》卷一一，上册，第 139 页。

③ （清）惠栋：《古文尚书考》卷一，（清）阮元、王先谦编《清经解、清经解续编（附索引）》，第叁册，第 2726 页。

④ （清）惠栋：《古文尚书考》卷二，（清）阮元、王先谦编《清经解、清经解续编（附索引）》，第叁册，第 2737 页。

惠氏方法的核心是凡见有相同处，即谓为一手伪造（其源在于陆、孔片面之说）。

卷二又以"王肃注《家语》"为参证辨伪《书》，将"王肃注《家语》亦以'今失厥道'当夏太康时"与陆、孔之说（今不再引）相排比而云：

> 据此二说（巍按：即前引《左传正义》及《经典释文序录》疑王之说），故栋当（巍按："当"字为"尝"字之讹）疑后出古文肃所撰也。①

然惠氏之说颇有问题，即以《家语》王注参证一端而言，已不确当。服膺惠学的王鸣盛著有"所以发挥郑氏康成一家之学也"② 的《尚书后案》，亦论及此处云：

> 愚按贾、服诸大儒，并以为夏桀，岂不足据？疏虽云"太康时"，但肃注《家语》仍云"谓夏桀"，疑皇甫谧妄摭入《五子之歌》，又妄改肃《书》注耳。③

王鸣盛与惠栋一样，采用的是凡见有相同处即等于一手伪造的方法，如谓"王注之存于今者，按之皆与马融及伪孔合，伪孔之出于肃，乃情事之所有。"④ 然用此种方法实很危险，所以关于嫌犯归属疑莫能明，同一书也并列自相矛盾诸说。如他或以为"伪《传》疑即肃撰，或皇甫谧依放肃《注》为之，故其合如此。"⑤ 有时认为"今本《家语》，王肃私定，孔《传》疑出肃手，故合也。"⑥ 又说"王肃妄造异说，悖理害教，此伪古文

① （清）惠栋：《古文尚书考》卷二，（清）阮元、王先谦编《清经解、清经解续编（附索引）》，第叁册，第2734页。

② （清）王鸣盛：《尚书后案自序》第1页。（清）王鸣盛著，顾实田、刘连朋校点《尚书后案》上册，北京大学出版社，2012年版。

③ （清）王鸣盛著，顾实田、刘连朋校点《尚书后案》下册，第719页。

④ （清）王鸣盛著，顾实田、刘连朋校点《尚书后案》下册，第701页。

⑤ （清）王鸣盛著，顾实田、刘连朋校点《尚书后案》下册，第502页。

⑥ （清）王鸣盛著，顾实田、刘连朋校点《尚书后案》下册，第397页。

《尚书》及伪孔《传》，正王肃之徒所为。诬圣经，惑后学，罪莫大焉。"[①]其卫道之勇与其所不齿的毛奇龄正相同；而更倾向于"此伪《传》正出谧手"，[②]"盖出皇甫谧手"，[③]此处引《家语》王注以证，可见其说。他引注说与惠氏所引有"谓夏桀"与"当夏太康时"之异，必有一误。覆案《家语·正论解》肃注"谓变夏桀"，[④]误在惠栋。孔颖达说，"贾、服、孙、杜皆不见古文，【故】（据阮校正）以为《逸书》，解为夏桀之时。惟王肃云'太康时'也。"[⑤]与《家语》肃注"谓变夏桀"（或本无"变"字）显然不同，确是问题。惟王氏归咎于皇甫谧的"妄改肃《书》注"，颇失于武断。也许是王肃一人之见解先后有变，王注《家语》在前，故尚从"贾、服"之说，等注《尚书》而别出新解？其实以《逸书》为述"太康时"之说，似更合理。《离骚》"启《九辩》与《九歌》兮，夏康娱以自纵。不顾难以图后兮，五子用失乎家巷。"王逸注言："太康不遵禹、启之乐，而更作淫声，放纵情欲以自娱乐。不顾患难，不谋后世，卒以失国。兄弟五人，家居闾巷，失尊位也。"阎若璩据之而证此说。[⑥]杨伯峻《春秋左传注》、[⑦]吴静安《春秋左氏传旧注疏证续》[⑧]均采之。愚以为王肃盖亦可援王逸解《离骚》之说为说。不仅此也，孔疏"惟王肃云'太康时也'"云云，也很可疑。《毛诗·魏葛屦诂训传第九》"魏谱"孔疏云："……《五子之歌》怨太康失邦，其歌云：'惟彼陶唐，有此冀方。今失厥道，乃底灭亡。'《左传》引其文，服虔云：'尧居冀州，虞、夏因之，不迁居，不易民。其陶唐、虞、夏之都大率相近，不出河东之界，故《书》责太康亡失。'"[⑨]此处所引服虔之说，盖为服氏《左传注》文，是服氏已先于王氏以《逸书》所述为"责太康亡失"矣，岂

① （清）王鸣盛著，顾实田、刘连朋校点《尚书后案》下册，第743页。

② （清）王鸣盛著，顾实田、刘连朋校点《尚书后案》下册，第785页。

③ 王鸣盛：《尚书后案自序》第1页。（清）王鸣盛著，顾实田、刘连朋校点《尚书后案》。

④ 《孔子家语》卷九，第107页下栏。

⑤ 《春秋左传正义》卷五八，（清）阮元校刻《十三经注疏》下册，第2162页上栏。

⑥ （清）阎若璩：《尚书古文疏证》卷五下，（清）阮元、王先谦编《清经解、清经解续编（附索引）》，第玖册，第156页中栏~下栏。

⑦ 杨伯峻编著《春秋左传注（修订本）》，中华书局，1990，第4册，第1636页。

⑧ 吴静安撰《春秋左氏传旧注疏证续》，东北师范大学出版社，2005，第4册，第2005~2006页。

⑨ 《毛诗正义》卷五之三，（清）阮元校刻《十三经注疏》上册，第356页下栏。

“惟王肃云‘太康时也’”乎？或孔氏异经之疏，一时前后偶未照应；或疏出众手，不能一律。哪能据片面之辞，独疑王肃为“窃见”乃至伪作之手呢？

然而，由于《家语》案而牵连到晚《书》案之严重环节，乾嘉时两大学者钱大昕、戴震说得更为明确。戴震早年著作《经考》附录卷二“赝孔安国《书传》”条备录陆德明、孔颖达、朱子、阎若璩、朱彝尊诸家之说后，下按语道：

> 孔冲远引《晋书》言，梅赜所上孔氏《古文》出于郑冲。必当时赜进《书》饰辞，而史录之，非实能考得其源流也。至以为王肃似私见《古文》，而阎百诗证之为作伪者窃王肃，是固然矣。钱编修晓征尝与予论及此，疑《古文尚书》乃肃私为之，故东晋始出。肃未见《逸书》十六篇，乃博采传记所引《书》辞，为伪《书》二十五篇，假托于孔氏而为之《传》，其意欲以证己之言，而难郑。盖即伪作《孔子家语》之故智耳。非王肃无此淹博，亦不能如此善摹古也。肃既自为《今文》作解，又为《伪古文书传》，使后人得之，惊服其解之精确，与古人合。《家语》《古文尚书》，皆肃伪本。其近理处，摹古处，及有时背道处，俱相类。斯言似得其实。①

所谓“故智”，所谓“俱相类”，以往套于《家语》案头上之种种说辞一转手而加在《古文尚书》案上。而“既自为”“又为”云云，即所谓学者好形容王肃之所谓“以伪扶伪”，甚至王肃之“淹博”也成为伪书案之不二人选的重要理由。

与此同时，似乎是为之回馈，因缘伪《书》案而拟伪《家语》之“疏证”亦辈出矣。

范家相作《家语证伪》在乾隆年间，正是晚《书》案大定，而又纷纷嫌疑作手及于王肃之时代，范氏此书立意似已受此案之影响。该书之《读家语杂记》有云：

---

① （清）戴震撰，杨应芹、诸伟奇主编《戴震全书（修订本）》，第贰册“经考附录卷二”，第470页。

王肃作《尚书注》十二卷，《驳义》五卷。皆《今文》。其义多与《孔氏古文传》合。梅赜上《古文尚书》，自“慎徽五典”以下，为《舜典》文，与肃所言正同，故当时皆用王《注》。刘知幾、晁公武谓王肃必私见古文，故能与之印合。夫《古文尚书》已不可尽信，而王肃因先见而袭之。是其作伪，固不独《家语》一书矣。①

范氏以“作伪”为眼线而将《家语》与《古文尚书》串联起来，真是发人深省。难怪范氏罗列诸书文，凡相近之处，不是《家语》“本”源、沿“袭”就是“删”改他书。

《家语证伪》卷第十一，录有“孔安国《序》”，从明儒何孟春说，以为“此序为王肃所代作”，而他自己的论证方法，则挪用自朱子对伪《古文尚书·序》的辨伪思路：

朱子尝疑孔安国《尚书·序》文体软弱，不类西汉人笔意，决其为后人之赝作。此《序》恰是经师说经语气，其出于王氏之手无可疑也。②

然范氏之考辨多牵强无理，而该《序》则深切情实，非妄人所能伪作。详下文。

与范氏《家语证伪》齐名且有盖过之势的孙志祖《家语疏证》，则更为彻底地沿袭辨晚《书》的方法与思路来辨伪《家语》。

卷一《致思第八》“有悬水三十仞”：

按：注“八尺曰仞”，伪《古文尚书·旅獒》“为山九仞”，《传》亦然。《正义》曰：“王肃《圣证论》及注《家语》皆云‘八尺曰仞’，与孔义同。郑元【玄】云‘七尺曰仞’，与孔义异。”愚疑伪《孔传》与《家语》并出王肃之手，此亦其一证。（赵岐《孟子注》作“八尺”，包咸《论语注》、王逸《大招注》并作“七尺”，《小尔

① （清）范家相：《家语证伪》卷一一，《续修四库全书》第931册，第191页下栏、192页上栏。

② （清）范家相：《家语证伪》卷一一，《续修四库全书》第931册，第184页。

雅》云："四尺谓之仞"。)[①]

此乃凡相同即为"一手"伪造说之故技。

卷二《哀公问政第十七》"择善而固执之者也"：

按：《中庸》"博学""审问""慎思""明辨""笃行"，正"择善固执"之实事，王肃不知而妄删之。朱子又疑《家语》有缺文，或为子思所补，不知是王肃删而非子思补也。盖缘《家语》剿袭诸子之言，平易而大醇者居多，朱子不疑其伪耳。梅鷟论伪《古文尚书》谓"朱子之明，过于郑侨；晋人之欺，甚于校人。"予于《家语》亦然。[②]

此明引辨伪《古文尚书》名家梅鷟之说，移用于辨《家语》。

卷三《子路初见第十九》"木受绳则正（毛本'直'，《御览》六〇七作'正'），人受谏则圣"：

按：伪《古文尚书·说命》语出此。[③]

又卷四《礼运第三十二》"而与天子同是礼也"：

按：《礼记》无此数语，"周公摄政致太平"语亦见《书·洛诰》伪《孔传》。[④]

又卷四《庙制第三十四》"是故天子立七庙"：

又按：《吕氏春秋·谕大览》引《商书》曰……此引《逸书》盖在汤时，故云"五世之庙"。伪《古文·咸有一德》乃改为"七世之

① （清）孙志祖：《家语疏证》卷一，《续修四库全书》第931册，第200页下栏。
② （清）孙志祖：《家语疏证》卷二，《续修四库全书》第931册，第215页上栏。
③ （清）孙志祖：《家语疏证》卷三，《续修四库全书》第931册，第217页下栏。
④ （清）孙志祖：《家语疏证》卷四，《续修四库全书》第931册，第230页上栏。

庙可以观德"，《传》云："天子立七庙，有德之王则为宗祖，其庙不毁，故可观德。"与肃所言无不吻合，予故疑二书之出于一手也。(《广雅·释室》云："庙，天子五。")[①]

以上皆为凡相同即为"一手"伪造说之重演。

卷四《辩乐解第三十五》"若非有司失其传，则武王之志荒矣"：

按：此二句本宾牟贾语，《礼记》《史记》并同，王肃忽移入孔子口中，不知"武王之志荒矣"必非孔子语，正如伪《古文尚书》以君陈告王语误为成王告君陈也。然《古文尚书》本凭空结撰，无上下文可依傍，容致舛误。此则剿袭成文而亦颠倒其词，何也？[②]

此则传闻异词，亦牵合伪《古文尚书》为比，尤可见晚《书》案之影响。

卷五《正论解第四十一》"今失厥道（毛本"其行"，此据宋本），乱其纪纲，乃灭而亡"：

按：《左传》"今失其行"，此改"其行"为"厥道"，暗与伪《古文·五子之歌》合，不知此歌句句叶韵，"道"不叶也。又《正义》云："贾、服、杜皆不见古文，解为'夏桀时'，唯王肃云'太康时'，疑肃见古文匿而不言。"今《家语注》仍云'谓夏桀'，何耶？[③]

"毛本'其行'"，与《左传》所引《夏书》同。"宋本"之"厥道"，"与伪《古文·五子之歌》合"，难保不是宋本因伪古文而趋同所致，何以必疑王肃？王肃之"今《家语注》仍云'谓夏桀'"，与"《正义》云""唯王肃云'太康时'"显然不同，孙志祖不得其说，乃反本孔颖达疑似之论，仍诬《家语》与《古文尚书》为王肃一手伪造，此处乃晚《书》案波及

① （清）孙志祖：《家语疏证》卷四，《续修四库全书》第931册，第232页下栏~233页上栏。蒋善国却认为"可是肃注《庙制篇》却没有称引伪经"，可"证王肃未见到伪《孔传》和伪经"。氏著《尚书综述》，第348页。

② （清）孙志祖：《家语疏证》卷四，《续修四库全书》第931册，第234页上栏。

③ （清）孙志祖：《家语疏证》卷五，《续修四库全书》第931册，第248页上栏。

《家语》案之总根源，辨已见前，此不赘。

从孙氏的疏证，可见伪《古文尚书》案对伪《家语》案之影响，已深入骨髓。尤可注意者，此非范、孙诸氏少数人之做派，当时学者均有类似之论，浸成风气。钱馥《孙志祖〈家语疏证〉跋》云：

> 肃传是书时，其二十七卷具在也。若判然不同，则肃之书必不能行，即行矣，二十七卷者必不至于泯没也，惟增多十七篇，而二十七卷即在其篇中，故此传而古本则逸耳。例之《古文尚书》，当不谬也。况有马昭之言足据乎？①

钱氏也用“例之《古文尚书》”的方式，解释《家语》今本与“古本”篇卷之异，及肃本之所以欺人行世。陈鳣序孙志祖《家语疏证》亦论及之道：

> 吾友钱君广伯颇疑《汉志》所称二十七篇即在今四十四篇中，且以《尚书》之二十八篇为证。余窃以为不然。《尚书孔传》及《家语》俱王肃一人所作。《尚书》二十八篇，汉世大儒皆习之，肃固不敢窜改。唯于增多之篇并伪为《孔传》以逞其私。至于《家语》，肃以前儒者绝不引及，肃诡以孔子二十二世孙猛家有其书取以为解，观其伪《安国后序》云“以意增损其言”则已自供罪状……②

《汉志》原文著录为“二十七卷”，因陈氏述钱氏称“古人以篇为卷”，故有“今本四十四篇校《汉志》增多十七篇”之说，此论实非是，辨见前文。钱氏“疑《汉志》所称二十七篇即在今四十四篇中”之说，实从辨晚《书》移步换形而来，所谓“且以《尚书》之二十八篇为证”之“为证”，也不过是伪《古文尚书》的趋同化思路所致，哪里有多少确证？最多牵合于马昭之旧说而已。陈氏不同意钱说，认为王肃伪造《家语》比伪造《古文尚书》经传更为肆无忌惮，其坚称“《尚书孔传》及《家语》俱王肃一人所作”，岂不是朱子“一手”说的升级版，与钱说相校，岂不

---

① 转引自张心澂编著《伪书通考》，第612页。

② （清）孙志祖：《家语疏证》，《续修四库全书》第931册，第193页下栏。

是五十步笑一百步吗？[①]

然钱说颇有嗣响，当代学者，虽对《家语》之性质持截然相反的见解，或务为伪书说平反，或坚持并续证伪书说，均有应和之者。前者如胡平生说："《汉志》著录《家语》二十七卷，今本为十卷四十四篇，朱子认为王肃做过编辑整理的工作；钱馥认为王肃是增加了《家语》篇章，书非伪撰。"[②] 又说："对王肃的批评中，马昭说过'今《家语》系王肃增加'，'增加'二字最值得玩味。钱馥认为，《家语》原本二十七篇，王肃增加了二十二篇（巍按：'二十二'当为'十七'之讹），遂成为现在的四十四篇。但《汉志》著录《家语》为二十七卷，今本是十卷。卷与篇并不是统一的概念。不过，'增加'一语其实是符合《家语》的编辑精神的……如果马昭所说属实，那么很可能是孔猛与王肃共同'增加'了《家语》篇幅。"[③] 钱说在其中作用之大是很明显的；后者如邬可晶说："从马昭、颜师古等人对当时所见本《家语》的质疑（参看绪论第一节）和《说苑》有 118 章又见于今本《家语》而刘向编著《说苑》时未利用《家语》材料等现象来看，《汉书·艺文志》所著录的《家语》二十七卷，应该跟今本《家语》的内容有较大差异。相对于今本而言，《汉志》著录本《家语》可称作'古本《家语》'。颇疑古本《家语》早已散逸，今本《家语》系后人冒《家语》之名而作，其间关系跟《古文尚书》与《伪古文尚书》相似。也有可能今本《家语》中保留了一部分古本《家语》的内容（今本《家语》与其他古书同出一源而似无因袭关系的、今本《家语》不见于其他古书或与其他古书相合程度不高的章节，有些说不定就属于古本《家语》的一部分，或者曾参考过古本《家语》的某些残章断简），并非全出于后人臆撰。总之，在研究《家语》源流问题时，划分'古本'（指《汉书·艺文志》著录本）和'今本'的思路是很有必要的。"[④] 所谓"其间关系跟《古文尚书》与《伪古文尚书》相似"这一句话，深刻地反映了晚《书》案的幽灵仍然盘旋在《家语》案之上空。追本溯源，我们可以看到，攻守之两造所共持之所谓"今本""古本"

---

① 前文曾引及顾颉刚的看法以为《家语》"正文是王肃作，注亦王肃作；正如《伪古文尚书》，经与注出于一手。"氏著《中国上古史研究讲义》，第 338 页。则代表了"一手"说的又一种衍生形态。

② 胡平生：《阜阳双古堆汉简与〈孔子家语〉》，《国学研究》第 7 卷，2000，第 517 页。

③ 胡平生：《阜阳双古堆汉简与〈孔子家语〉》，《国学研究》第 7 卷，2000，第 543 页。

④ 邬可晶：《〈孔子家语〉成书时代和性质问题的再研究》，第 288 页。

之分均由马昭、王柏诸说发展而来，因缘伪《古文尚书》案而强化定型。

前文已经论证马、王之说建立在沙盘之上，今则尤当申明晚《书》案不可牵合为说也。何哉？自宋代吴棫、朱子等疑伪古文至今日，今文古文在文体等方面截然不同、泾渭分明，是为最明显而重要之事实。不烦屡举，崔述之言可为代表：

> 《大禹谟》与《皋陶谟》不类；篇末誓词亦与《甘誓》不类。《五子之歌》《胤征》摭拾经传为多；其所自撰则皆浅陋不成文理。《泰誓》三篇，誓也，与《汤誓》《牧誓》《费誓》皆不类。《仲虺之诰》《汤诰》《武成》《周官》，皆诰也，与《盘庚》《大诰》《多士》《多方》皆不类。《伊训》《太甲》三篇、《咸有一德》《旅獒》，皆训也，与《高宗肜日》《西伯戡黎》《无逸》《立政》皆不类。《说命》《微子之命》《蔡仲之命》《君陈》《毕命》《君牙》《冏命》九篇，皆命也，与《顾命》《文侯之命》皆不类。（按：《皋陶谟》高古谨严；《大禹谟》则平衍浅弱。《汤》《牧》二誓和平简切；《泰誓》三篇则烦冗愤激，而章法亦杂乱。《盘庚》诸诰，诘曲聱牙之中具有委婉恳挚之意；《仲虺》三诰则皆浅易平直。惟《武成》多摘取传记之文，较为近古，然亦杂乱无章。训在商者简劲切实，在周则周详笃挚，迥然两体也，而各极其妙。《伊训》《太甲》诸篇，在《肜日》《戡黎》前数百余年，乃反冗泛平弱，固已异矣；而《周书》之《旅獒》乃与《伊训》等篇如出一手，何也？至于命词九篇，浅陋尤甚，较之《文侯之命》，犹且远出其下，况《顾命》乎！且三十一篇中命止二篇，而二十五篇命乃居其九，岂非因命词中无多事迹可叙，易于完局，故尔多为之乎？试取此二十五篇与三十一篇分而读之，合而较之，则黑白判然，无待辨者……）

他的结论是："伪书所增二十五篇，较之马、郑旧传三十一篇文体迥异，显为后人所撰。"① 识者以为允称精当。试问《家语》是否有这般如此二分之状况？此为两案最明显而重要之差异，在此等事实未得明白解释之前，岂可

① 崔述：《〈古文尚书〉辨伪》卷之一，《〈古文尚书〉真伪源流通考》，（清）崔述撰著，顾颉刚编订《崔东壁遗书》，第584页下栏~585页上栏。

轻为比附？此其一。

今更从辨伪方法证之，适用于晚《书》者，未必适用于《家语》。更准确地说，若挪用方法不当，适滋谬论。

辨晚《书》者所运用的一种最基本的方法，是一一寻出晚《书》文辞段落之来源，或亦可谓相近、相关文献之比勘校读法。此种方法，至明梅鷟已驾轻就熟，他说：

> 《尚书》惟今文传自伏生口诵者为真，古文出孔壁中者尽后儒伪作。大抵依约诸经、《论》《孟》中语，并窃其字句而缘饰之。其补《舜典》二十八字，则窃《易》中“文明”、《诗》中“温恭允塞”等字成文；其作《大禹谟》“后克艰厥后，臣克艰厥臣”等句，则窃《论语》“为君难，为臣不易”成文；“惟精惟一，允执厥中”则窃《论语》“允执其中”等语成文；征苗誓师、赞禹还师等，原无此事，舜分北三苗与窜三苗于三危，已无烦师旅，伪作者徒见《舜典》有此文，遂模仿为誓命还兵有苗格诸语。《益稷》赓歌亦窃《孟子》“手足腹心”等句成文。其外《五子之歌》窃《孟子》“忸怩”之语，《泰誓》三篇取《语》《孟》“百姓有过，在予一人，若崩厥角稽首”之文。其外《胤征》《仲虺之诰》《汤诰》《伊训》《太甲》《咸有一德》《傅说》《武成》诸篇，文多浅陋，必非商、周之作。[①]

虽牵连至“古文出孔壁中者尽后儒伪作”之说为后儒不取，但他的文本比勘寻源法，为辨晚《书》诸家所谨守勿失，阎若璩、惠栋等皆承用并拓展此法，至崔述之弟崔迈著《读〈伪古文尚书〉粘签标记》，[②] 汇总伪书之材料原本，使人有检索来源出处，一查即得之便。[③] 在此案之审查考辨过程中，此法之广泛运用逐步发展成一种特别的辨伪著作体裁，可称为“疏证”体，承用者只要将原文分段分条罗列在前，而将相近相关文献附着于后，在一定之先见指导下稍加按语疏解辨释，即成一种考证（或辨

① （清）朱彝尊撰，林庆彰等主编《经义考新校》卷七四，第4册，第1401页。

② 收在崔述《〈古文尚书〉辨伪》卷之二，（清）崔述撰著，顾颉刚编订《崔东壁遗书》，第602页下栏～607页下栏。

③ 邓瑞全、王冠英编著《中国伪书综考》又作了摘录，见该书第80～86页。

伪)。然而此种方法的运作是有其限度的，如果它只是作为综合考证中一种与其他取径（如揭发伪《古文尚书》的来源不可信等诸史证）配合施展之长技，无疑有其独到之处，若孤立地作为独门秘籍或杀手锏来使唤，则没有不败的。

不幸晚《书》案让人领略的是它的长处，而在《家语》案中颇见其无奈。非常明显，范家相的《家语证伪》、孙志祖的《家语疏证》就是用此法来辨伪的，而陈士珂对此法的运用似乎达到了一个新的境界，他只是更为周到地将相关材料排列出来，正文中竟不下一句一字自己的考辨与断案，似乎自信事实胜于雄辩，将一切赋予读者自裁！他只在《序》中略微透露其旨，而冠其书名仍曰“《孔子家语疏证》”。陈氏对《家语》性质之看法其实与范、孙二人恰相反对，近来颇得李学勤等名家的称道与认可，如李氏正确揭示其旨云：“陈士珂则说：‘小颜（师古）既未见（孔）安国旧本，即安知今本之非是乎？’为今本辩护。”[①] 但是陈书此前似更遭众多名家的误解。如日本学者武内义雄云：

> 至清，范家相有《家语证伪》十一卷，孙志祖有《家语疏证》十卷，隋（巍按：当为“陈”字之讹，盖为手民误植）士珂有《孔子家语疏证》十卷，皆主张王肃伪作说。丁晏《尚书余论》，亦持《家语》王肃伪作说。[②]

张心澂亦道：

> 范家相撰《家语证伪》十卷（巍按：当作“十一卷”，此误），孙志祖撰《家语疏证》十卷，隋（巍按：亦当为“陈”字之讹，此误与前同）士珂撰《孔子家语疏证》十卷，皆以《家语》为王肃伪作。丁晏《尚书余论》亦然。[③]

---

① 李学勤：《竹简〈家语〉与汉魏孔氏家学》，见氏著《简帛佚籍与学术史》，江西教育出版社，2001，第381页。

② 〔日〕内藤虎次郎等著，江侠庵编译《先秦经籍考》上册，第548页。

③ 张心澂编著《伪书通考》，第612页。

此处，颇疑《伪书通考》从《先秦经籍考》[①] 迻录而稍变其辞，否则不至于错讹至这般巧合者。台湾学者屈万里也说：

> 清代的范家相作了《家语证伪》十卷（巍按：亦当作“十一卷”，此误与张氏同），孙志祖作了《家语疏证》十卷，陈士珂作了《孔子家语疏证》十卷，三书的结论相同，——都认为是王肃伪作的（陈书虽然没显明的说是王肃伪作，但其意可见）。丁晏的《尚书余论》，沈钦韩的《汉书疏证》，和《四库全书总目提要》等，都有同样的论断。只有崔述的《洙泗考信录》，以为这四十四篇本的《家语》，和王肃的序文，都是“王肃之徒”所伪撰的。[②]

另一位专门发掘王肃一家经学的李振兴博士照样认为：

> 清人范家相撰《家语证伪》十卷（巍按：仍当作“十一卷”，此误与张、屈二氏同），孙志祖撰《家语疏证》十卷，陈士珂撰《孔子家语疏证》十卷，皆以《家语》为王肃伪作，丁晏《尚书余论》亦然，是王肃之伪作《家语》，已成定谳矣。[③]

这四位，似均非未读其书而乱道者，而异口同声地误解了《孔子家语疏证》之主旨，这只能证明陈士珂式“疏证”的失败。[④] 阎若璩之子阎咏述其父著作得名“疏证”之缘起云：“盖读《汉书·儒林传》‘孟喜得《易》家候阴阳灾变书，诈言师田生枕喜膝独传喜，诸儒以此耀之，同门梁丘贺疏通证明之’，颜师古注：‘疏通，犹言分别也。证明，明其伪也。’摘取此二字。”[⑤] 阎

① 〔日〕内藤虎次郎等著，江侠庵编译《先秦经籍考》，1931 年商务印书馆出版，国家图书馆出版社 2010 年版即据此影印。

② 屈万里：《先秦文史资料考辨》，台北：联经出版事业公司，1983，第 474 页。

③ 李振兴：《王肃之经学》，第 20 页。

④ 萧敬伟博士论文《今本〈孔子家语〉成书年代新考——从语言及文献角度考察》，第 12 页已经指出黄云眉《古今伪书考疏证》及张心澂《伪书通考》对陈书主旨的误解，并引李慈铭对陈书的批评，可以参看。

⑤ 参见阎咏《尚书古文疏证后序》，收在（清）阎若璩撰，黄怀信、吕翊欣校点《尚书古文疏证（附：《古文尚书冤词》）》，上海古籍出版社，2010。

氏之书，可谓名副其实，今陈氏之《疏证》竟疏而不证，且一再引起后人之误解，难道不是某种辨伪方法演变至于熟烂而走向反面的典型例证吗?此岂仅陈氏一家之疏证而然，辨伪方法上的检讨颇有其普遍性，类似的反省在学术史的研究中正尚待展开。此其二。

其三，伪《古文尚书》案与《家语》案不能区别而观，又受累于所谓“一手”伪造之论，此亦颇有可得而说者。在这方面堪称代表的是丁晏的《尚书余论》。丁氏见解的特出之处，不仅在于将陆德明、孔颖达、刘知幾、惠栋、王鸣盛等的疑似之论推演至极，“质言”《古文尚书》为王肃伪造。见诸丁书节目，若

> 王肃注《书》多同《孔传》，始见于唐陆氏《释文》……
> 王肃注《书》多同《孔传》，再见于唐孔氏《正义》……
> 王肃注《书》多同《孔传》，三见于唐刘氏《史通》……
> 王肃注《书》多同《孔传》，四见于宋董氏广川《书》跋……

等皆是也。尤要者，在于奢谈《孔子家语》、“古文《书》”及《古文尚书孔传》《孔丛子》《论语孔注》等皆王肃“一手伪书”。见诸丁书节目，若

> 《古文尚书孔传》见王肃《家语·后序》，为一手伪书……
> 《古文尚书孔传》又见于《孔丛子》，皆一手伪作……
> 王肃私造古文以难郑君，并《论语孔注》皆肃一手伪书……
> 古文《书》皆缀集而成，非王肃不能作；肃《注》自《释文》《正义》外，见于他书所引者，多与《孔传》同，明为一手缀辑……

等皆是也。其中，丁书开篇援《家语·后序》立论，为“一手”说之重要根据，如武内义雄所述：

> 丁晏《尚书余论》，亦持《家语》王肃伪作说。于《家语·后序》，有言及古文《论语训》《孝经传》《尚书传》之事，以为古文《论语训》《孝经传》《尚书伪孔传》，皆王肃所伪造，而托名于孔

安国者。[1]

《论语训》即上举所谓“《论语孔注》”，加上原书节目所未明举之“古文《孝经传》”，将“古文《书》”与《古文尚书孔传》经传合并视为一书的话，也有五种之盛。如此，则王肃俨然成为古今遍伪群书最多之天字第一号作手矣！这种大规模伪造假书、传播伪学之行为，有显白之动机：“以难郑君”；有可资凭借之权势：“晋武帝为肃外孙”，“王肃为文王皇后之父”；有以伪证伪、以伪扶伪“彼此牵缀以实其言”的“弥缝”之术。丁氏之说，可谓想象丰富、设辞周到，难怪从者如云。朱子曾言道：“孔安国解经最乱道，看得只是《孔丛子》底做出来。《大序》亦不是孔安国作，只是撰《孔丛子》的人作。《尚书序》是做《孔丛子》的人一手做。看《孔丛子》撰许多说话，极是陋。”丁晏引之，称“此等识见真是卓绝千古!”且不论朱子此说是否尽确，余叹几百年来，无人发挥朱子“一手”之说，变本加厉一切归罪坐实于王肃，有如此登峰造极者。[2]

从丁说之健者，晚清有善化皮锡瑞。其《经学历史》论王肃云：

> 郑学出而汉学衰，王肃出而郑学亦衰……按王肃之学，亦兼通今古文……故其驳郑，或以今文说驳郑之古文，或以古文说驳郑之今文。不知汉学重在颛门，郑君杂糅今古，近人议其败坏家法，肃欲攻郑，正宜分别家法，各还其旧，而辨郑之非，则汉学复明，郑学自废矣。乃肃不惟不知分别，反效郑君而尤甚焉。伪造孔安国《尚书传》《论语、孝经注》《孔子家语》《孔丛子》，共五书，以互相证明；托于孔子及孔氏子孙，使其徒孔衍为之证。[3]

其遍伪“五书”之说，全本丁晏《尚书余论》，而他对王肃的批评，更增一种严苛的尺度，即在晚清愈演愈烈，已经完全不限于《尚书》，而遍及群经之“今古文”之争。在重重公案压迫之下，王肃大有被逐级审判

---

① 〔日〕内藤虎次郎等著，江侠庵编译《先秦经籍考》上册，第548页。

② 参见丁晏《尚书余论》，(清) 阮元、王先谦编《清经解、清经解续编 (附索引)》，第拾壹册，第4295～4304页。

③ (清) 皮锡瑞著，周予同注释《经学历史》，中华书局，2008版，第155页。

而不得翻身之势。故《经学历史》又云：

> 两汉经学极盛，而前汉末出一刘歆，后汉末生一王肃，为经学之大蠹。歆，楚元王之后；其父向，极言刘氏、王氏不并立。歆党王莽篡汉，于汉为不忠，于父为不孝。肃父朗，汉会稽太守，为孙策虏，复归曹操，为魏三公。肃女适司马昭，党司马氏篡魏，但早死不见篡事耳。二人党附篡逆，何足以知圣经！而歆创立古文诸经，汩乱今文师法；肃伪作孔氏诸书，并郑氏学亦为所乱。歆之学行于王莽；肃以晋武帝为其外孙，其学行于晋初。①

此处王肃凭借权贵之说，亦沿袭自丁晏。变本加厉，又敷衍出王肃“党司马氏”之说，学者已驳其妄。② 今当讨论者，为一极有趣而至有意义的问题，即晚清经今文学家心目中“刘歆”与“王肃”影像之关系是也。

刘、王二氏同为“经学之大蠹”，同为遍造伪书、同为依附显贵、结党篡权以播伪学，“历史上惊人的相似之处”何其多也!?

皮锡瑞同时有南海康有为，治经学亦宗今文，造《新学伪经考》，指责刘歆依附新莽，遍伪群经，篡圣统，播伪学，牢笼此后二千年之学术国运。康氏之说，立论强悍，掀动一世之视听。我们读钱穆《刘向歆父子年谱》、符定一《新学伪经考驳谊》等诸家书文，便可知其诬古武断之尤，其不可通者昭彰于世。然其言刘歆之伪迹如此夸张、规模如此浩大、阴谋论之色彩如此强烈，颇有远逾常识所允许之范围，笔者对康氏立论之何以如此狂妄尝百思而不得其解。余因考察《家语》案上溯自伪《古文尚书》案，乃深知康氏所造古文全伪之案，颇有承袭两案之取径、成说，移花接木，极尽演绎附会之能事者。欲明其中款曲，请先看康氏之说：

> 古文者，毛氏《诗》，孔氏《书》，费氏《易》，《周礼》与《左

① （清）皮锡瑞著，周予同注释《经学历史》，第 159～160 页。

② 参见李振兴《王肃之经学》，第 27～29 页。

氏春秋》，与其他名古文者及与古文证合者，皆刘歆所伪撰而窜改者也。[①]

刘歆之伪古文，发源于《左氏》，成于《周官》，遍伪诸经，为之佐证……[②]

歆佐莽篡位，制礼作乐，故多天子、诸侯礼，因遍伪诸经为证。[③]

歆遍造伪经，而其本原莫重于伪《周官》及伪《左氏春秋》。[④]

歆造古文以遍伪诸经，无使一经有缺，至于《论语》《孝经》亦复不遗。[⑤]

盖歆既遍伪群经，又欲以训诂证之，而作《尔雅》，心思巧密，城垒坚严。[⑥]

歆阴窜易左氏《国语》为编年而以为《春秋传》，伪为《周官》以改《礼》学，又伪《毛氏诗》以证之。以传记引《逸书》数十篇，易于伪托，先为古文《书》，于是以所伪作书皆号为古文。至《易》所传，尤彰彰无可下手，则为费氏《易》以为古文，以影射之。左氏突出公、穀之外，恐人不信，又伪邹氏、夹氏俱为传，以映带遗书之多焉。既挟校书之权，作为《七略》，肆其窜附矣，犹恐无可征信，于是辑《尔雅》，作《汉书》，以一天下之耳目。[⑦]

《书序》《左传》皆出于刘歆，其为一手伪造，断然矣。[⑧]

康有为与众不同之处，在于刘歆“遍伪群经”之说，为前儒所未发。其缘起据其《重刻伪经考后序》自称得自《史记》与《汉书》之校读法，尤其是通过两史河间献王《传》、鲁共王《传》（巍按：两传于《史记》见《五宗世家第二十九》）及《儒林传》之对读，兼以《太史公自序》，

① 康有为著，朱维铮、廖梅编校《新学伪经考》，三联书店，1998，第 400 页。
② 康有为著，朱维铮、廖梅编校《新学伪经考》，第 54 页。
③ 康有为著，朱维铮、廖梅编校《新学伪经考》，第 74 页。
④ 康有为著，朱维铮、廖梅编校《新学伪经考》，第 88 页。
⑤ 康有为著，朱维铮、廖梅编校《新学伪经考》，第 96 页。
⑥ 康有为著，朱维铮、廖梅编校《新学伪经考》，第 101 页。
⑦ 康有为著，朱维铮、廖梅编校《新学伪经考》，第 126 页。
⑧ 康有为著，朱维铮、廖梅编校《新学伪经考》，第 357 页。

"乃知古文之全为伪"。[①] 钱玄同亦盛许"河间献王及鲁共王无得古文经之事"，为《新学伪经考》"书中最重大的发明有二点"之一。《汉书河间献王鲁共王传辨伪》"这一篇是他做《新学伪经考》的起点"。[②] 此与廖平讥评康有为《新学伪经考》"外貌虽极炳烺……而内无底蕴，不出史学、目录二派之窠臼"。[③] 毁誉颇不相同，而所指殆为一事。廖氏所讽或不能让康氏心服，因其取径实当远承自经学伪《古文尚书》案而来。阎若璩于《尚书古文疏证》卷二曾云：

> 《史记·儒林传》叙伏生今文，末云："自此之后，鲁周霸、孔安国，洛阳贾嘉，颇能言《尚书》事。"此指安国通今文，下另叙"孔氏有古文"起自安国，颇为明白。班固于周霸三人省去，孔安国专归古文，则安国非伏生一派，而《史》及之为赘，甚失却迁之意。此亦论班、马异同之所当知者。[④]

此阎氏将时人甚风行之好从文章学角度辨析"班、马异同"，一转手而用于疏证古文，以为班书"甚失却迁之意"，康氏之所为，岂非远本之而极其变乎？

姚际恒自誉："某之攻伪古文也，直搜根柢，而略于文辞。"[⑤] 阎若璩亦自美：

> 天下事由根柢而之枝节也易，由（巍按：原作"田"，形近而讹，据《四库》本正）枝节而返根柢也难。窃以考据之学亦尔。予之辨伪古文，吃紧在孔壁原有真古文为《舜典》《汨作》《九共》等二十四篇非张霸伪撰。孔安国以下，马、郑以上，传习尽在于是。《大禹谟》

① 康有为著，朱维铮、廖梅编校《新学伪经考》，第 400～401 页。

② 钱玄同：《重论经今古文学问题》，《钱玄同文集》第四卷，第 141、145 页。中国人民大学出版社，1999。

③ 转引自钱穆《中国近三百年学术史》，商务印书馆，1937，第 646 页。

④ （清）阎若璩：《尚书古文疏证》卷二，（清）阮元、王先谦编《清经解、清经解续编（附索引）》，第玖册，第 126 页中栏。

⑤ （清）阎若璩：《尚书古文疏证》卷八，（清）阮元、王先谦编《清经解、清经解续编（附索引）》，第玖册，第 217 页中栏。

> 《五子之歌》等二十五篇，则晚出魏、晋间，假托安国之名者，此根柢也。得此根柢在手，然后以攻二十五篇，其文理之疏脱，依傍之分明，节节皆迎刃而解矣。不然，仅以子、史诸书仰攻圣经，人岂有信之哉?①

辨伪《古文尚书》如姚、阎辈均用心于“吃紧”处，均努力于探得“根柢”，康有为辨“古文之全为伪”亦特重揭发“本原”，而立论之坚强与否，则不可同日而语矣。

尤要者，遍造伪书、以伪证伪、结党篡权、一手遮天，等等，康氏对“二千年”学术国运衰败的罪魁祸首刘歆的刻画揣摩、浮想联翩，在思路上全本于丁晏之论王肃。今覆案《新学伪经考》，颇有征验。《经典释文纠谬第十》有云：

> 晚出《古文尚书》，自梅鹫、阎若璩、惠栋、江声、王鸣盛、孙星衍诸家辨之详矣，而未有实得主名者。考《家语》《孔丛》，为魏王肃所作以难康成者，而孔安国作《传》之事，《家语·后序》《孔丛·论书篇》皆已言之，则非出于王肃而何？又伪《孔传》与肃诸经注无不符合，亦犹刘歆所造古文伪窜诸经内外相应之故智……伪《孔传》西晋已立，且与肃所著书征应皆合，其为肃撰，无可逃遁矣。（国朝惠氏栋、江氏声、王氏鸣盛、李氏惇、刘氏端临、丁氏晏，皆有伪古文出于王肃之说。）②

《隋书经籍志纠谬第十一》又云：

> 梅赜所献之伪古文，国朝阎氏若璩《古文尚书疏证》攻难不遗。然伪古文实出王肃，唯肃之学乃能为之。肃既伪《书》，又伪《家语》以证之，与刘歆同一心法。③

① （清）阎若璩：《尚书古文疏证》卷八，（清）阮元、王先谦编《清经解、清经解续编（附索引）》，第玖册，第214页上栏。

② 康有为著，朱维铮、廖梅编校《新学伪经考》，第221～222页。

③ 康有为著，朱维铮、廖梅编校《新学伪经考》，第242页。

康氏之论全为倒置。唯丁晏（及前儒钱大昕、戴震）等倡言“唯肃之学乃能为之”伪《古文》与《家语》等在前，是故乃有康有为所谓故唯刘歆之学乃能遍伪群经诸说紧随其后也。先有“肃既伪《书》，又伪《家语》以证之”等丁晏诸说流行于前，乃有“刘歆所造古文伪窜诸经内外相应”之说应和于后也。所谓“故智”、所谓“同一心法”云云，实可证康有为所谓刘歆遍伪群经的荒唐无涯略之说，均出于丁晏所造王肃伪造群书之说。《新学伪经考》有几处明引丁晏之说，虽均出于丁氏《孝经征文》，[1]而其总体构思之渊源，实大有本于《尚书余论》者。所以，身履西汉末至新莽朝之刘歆的生平行事显然在历经东汉末与魏的王肃之前，而晚清今文经学家如康有为、皮锡瑞心目中之刘歆影像，反而是丁晏等所描摹之王肃写真的翻版，推其渊源，亦未必不是朱子“一手”说之孽孙也。其间的承袭脉络，真是发人深省！行文至此，颇生沉冤难雪的感慨，于刘歆是如此，于王肃亦复如此，此中当反思者实在太多了。

丁说之妄，前引吴承仕、陈梦家诸家之说已纠其谬。吴氏《尚书传王孔异同考》，一一历数丁说之不可通者有“十二弊”之多，严厉批评其“依此诸弊，遂成偏颇，与夺任心，臧否自己，则违于忠信之道远矣。”堪称得当。其所揭前二弊，于方法之检讨方面尤具示范性，谨录于下：

> 清儒惠栋、王鸣盛、孙星衍、李惇、刘端临颇疑《孔传》之出于肃，亦未敢辄定也。至丁晏撰《尚书余论》，始质言之，后儒遂奉为不刊之论。由今观之，丁说虽辨，犹未足任也。《尚书正义》称肃私见古文，固也。而《益稷》篇题下，则谓王肃不见古文，而妄为说。《毛诗正义》亦屡言王肃不见古文。（巍按：均详引在前文，吴氏早已先获吾心矣）然则颖达本为存疑之词，而丁氏执为诚证。其弊一也。王氏注本，盖与马、郑大同，义多从马，而亦有同郑者。《孔传》义多从王，而亦有舍王而用郑者。而丁氏于王、孔异义，则弃置不道，偏执一边，据为伪作之证。使其失而不举，则近于粗疏。苟为知而不言，则邻于矫乱。二者之咎，将尸其一。其弊二也……[2]

① 康有为著，朱维铮、廖梅编校《新学伪经考》，第99、247页。

② 参见中国大学编《国学丛编》1931年第1卷第1期。

这是说：于陆、孔异疑似之论，丁晏偏据偏信，其弊在诬枉；于王、“孔”、马、贾、郑诸家异同，不审其详，专执王、“孔”扶同之义，铸为伪证，其弊难逃“粗疏”或“矫乱”。对于自伪《书》案中呈现出来由丁氏集其成的，在思想方法与考证方法之简单化与不合逻辑之处，吴氏的揭发可谓深切著明！它在方法论上予人以最简明的启示，就是若能广搜“王、孔异义”，则能为王肃伪古文之说之“莫须有”罪名做出澄清（吴氏做到了），同样，若王肃之说与《家语》本文多见抵触，则王肃伪《家语》说亦不攻自破矣。更何况王肃既无伪造古文《尚书》之事，则同一人也，是否能有伪造《家语》之可能？“一手”说所内涵的逻辑，犹如双刃刀反向割往具有同一嫌犯之《家语》案，此理势之必然者也。

在这种全面综合考证与缜密方法的启示与压力之下，后学很难将《古文尚书》经传以及伪《家语》之主名强按在王肃头上了，不烦多举，最近坚执《家语》伪书说的邬可晶就不得不承认：

> 过去主张王肃伪造今本《家语》的人，往往比较关注书中一些与王肃经学主张相合的内容，以此为王肃作伪以攻讦郑玄的证据。其实，今本《家语》中也有少数与王肃经学主张相左的记载（如第二章第一节34.1等），这对于王肃作伪说是不利的……①

既然王肃不能定为嫌犯案主，则仍然坚持伪书说的学者退而求其次，于王肃的弟子中求其所谓伪作者或伪编纂者，在伪《古文尚书》案与伪《家语》案上这一趋向也是惊人的一致，甚至本身亦从前案衍生出来。② 紧扣本书主旨，我们在此只述后者。

邬氏就主张：“今本《孔子家语》乃魏晋时人（王肃之徒、孔子二十二世孙孔猛的嫌疑较大）杂采古书、参以己意编纂而成的一部晚出之书（但不能完全排斥其中保存了部分古本《孔子家语》内容的可能性），跟《汉书·艺文志》著录的古本《孔子家语》并非一事；前人认为《孔子家语》系‘伪书’的看法，似不容易轻易否定。”③ 他追溯先贤之说颇为扼要：

---

① 邬可晶：《〈孔子家语〉成书时代和性质问题的再研究》，第287页。

② 关于前者，可参见蒋善国《尚书综述》。

③ 参见邬可晶《〈孔子家语〉成书时代和性质问题的再研究》之《摘要》，第2页。

崔述曾怀疑今本《家语》的作伪者乃“肃之徒”而非王肃本人，〔（清）崔述：《古文尚书辨伪》，《崔东壁遗书》，593 页。〕屈万里进一步说“如果出于王肃之徒，则孔猛的嫌疑最大”。（屈万里：《先秦文史资料考辨》，474 页。）他们的说法很值得重视。”①

此前，蒋善国历数“历代学者疑王肃伪作《家语》”，最后也说：

崔述独持异论，他以为《家语》和《家语序》都是王肃之徒所伪托，并不是王肃伪作……②

追本溯源，我们当考察崔述的见解是否能够成立。在具体分析崔氏《家语》伪作者说之前，先了解一下他对伪《古文尚书》作者的看法很有必要，因为前者完全是由后者推演而来。其言曰：

至其撰书之人，则梅鷟、李巨来皆以为皇甫谧所作。以余观之，不然。西晋之时，《今文》《古文》并存于世，安能指《古文》为《今文》，而别撰一《古文尚书》以欺当世。况谧果著此书，必已行世，何以蔚宗犹不之知；又何以江左盛行而中原反无之？然则此书乃南渡以后，晋、宋之间，宗王肃者之所伪撰，以驳郑义而申肃说者耳。何以言之？《左传》“乱其纪纲”，旧说以为夏桀之时，而肃以为太康之世；《无逸》“其在祖甲”，马、郑以为武丁之子，而肃以为太甲之事。今《伪经》以“乱其纪纲”入《五子之歌》，《伪传》以祖甲为太甲，明明述肃说，暗攻先儒，其为宗肃学者之所伪撰；毫无疑义……《书》既撰于晋、宋之间，故至齐、梁之际始行于当世也。孔氏但见《伪书》《伪传》之说多与肃同，不知其由，遂疑肃私见《孔氏》而秘之。夫肃专攻郑氏，如果此书在前，肃尝见之，其攻郑氏之失，必引此书为证，云《尚书》某篇云云，某传云云，世人谁敢谓其说之不然，何为但若出之于已（巍按：“已”疑当作“己”）。然者？

① 邬可晶：《〈孔子家语〉成书时代和性质问题的再研究》，第 287 页。
② 蒋善国：《尚书综述》，第 347 页。

然则是《伪书》之采于肃说，非肃说之本于《伪书》明矣。即《正义》所称“皇甫谧从梁柳得此书，故作《帝王世纪》，多载其语”者，亦作《伪书》者之采于《世纪》，正如《鹖冠子》采贾谊之《鹏鸟赋》，而人反谓谊赋之采于《鹖冠子》耳……[①]

据吴承仕“尝为《异同考》，录得王义二百三十五事：说义同孔者百有七事，异孔者百二十八事。”[②] 证否王肃伪造《古文尚书》经传之说，崔述“《伪书》之采于肃说，非肃说之本于《伪书》”之说颇可与之参证。他以“夫肃专攻郑氏，如果此书在前，肃尝见之，其攻郑氏之失，必引此书为证，云《尚书》某篇云云，某传云云，世人谁敢谓其说之不然，何为但若出之于己然者”来批驳孔颖达王肃“私见”之说，颇为有力。后来张荫麟在引陆德明王肃“私见”之说后，批评道：“后来攻晚《书》之人，遂有谓晚《书》为王肃所伪撰，而卫晚《书》者则谓王肃本传孔氏古文。按：两说皆不能成立。王肃注经，固与郑玄相冰炭者也。而晚《书》多合于肃说，而不合于郑氏者也。肃诚伪造或传授其书，正可举为利器，何为反秘匿之，而无一言及之乎？”[③] 张氏所论与崔述也是同一思路，而崔说发于前。另外，“说义同孔者百有七事”之多，可知伪作者也特重王肃之学说，则崔氏“为宗肃学者之所伪撰”之可能性也不能排除，他的说法甚至比蒋善国斥言指实为孔晁之说[④]为稳妥。这些，都是崔氏认为伪古文为“宗王肃者之所伪撰”之说的可取之处。但是紧接着由此推论《家语》亦为“肃之徒之所伪撰”，则大有问题。崔述于《古文尚书辨伪》卷之一《古文尚书真伪源流通考》中辟专节“《家语》之伪撰者”，全文如下：

然不但今《尚书》二十五篇为宗王肃者之所伪撰也，即今所传《家语》亦肃之徒之所伪撰。《汉书·艺文志》云：“《孔子家语》

① 崔述：《古文尚书辨伪》卷之一《〈古文尚书〉真伪源流通考》，（清）崔述撰著，顾颉刚编订《崔东壁遗书》，第592页上、下栏。

② （唐）陆德明撰，吴承仕疏证，张力伟点校《经典释文序录疏证（附经籍旧音二种）》，第67页。

③ 张荫麟：《伪〈古文尚书〉案之反控与再鞫》，张云台编《张荫麟文集》，第254页。

④ 参见蒋善国《尚书综述》，第354页。

二十七卷。”师古注云：“非今所有《家语》。”是今《家语》乃后人所伪撰，非汉所传孔氏之《家语》也。今《家语》序云：“郑氏学行五十载矣，自肃成童始志于学，而学郑氏学矣，然寻文责实，考其上下，义理不安，违错者多，是以夺而易之。然世未明其款情，而谓其苟驳前师，以见异于人。”又云：“有孔猛者，家有其先人之书。昔相从学，倾还家，方取以来。与予所论，有若重规叠矩。”然则今之《家语》乃肃之徒所撰，以助肃而攻康成者，是以其文多与肃同而与郑说互异。此序虽称肃撰，亦未必果肃所自为，疑亦其徒所作而托名于肃者。由是言之，伪撰古书乃肃党之长技，今《伪古文尚书》亦多与肃说同而与郑氏异者，非肃党为之而谁为之乎！①

崔述此一番由伪古文案连坐及于伪《家语》案，颇有推论过勇、诬枉太甚之嫌。他由《汉志》颜注径推“今《家语》乃后人所伪撰”，已然犯了诠释过度的毛病且不说；以“托名”之说，将王肃之《家语·序》指为“其徒所作”，更是武断。前文曾述贾疏及《玉烛宝典》引王肃《圣证论》云：②

吾幼为郑学之时，为谬言，寻其义，乃知古人皆以秋冬。自马氏以来，乃因《周官》而有二月。《诗》“东门之杨，其叶牂牂”，《毛传》曰：“男女失时，不逮秋冬。”三星，参也，十月而见东方，时可以嫁娶。又三时务业，因向休息而合昏姻，万物闭藏于冬，而用生育之时，娶妻入室，长养之母，亦不失也。孙卿曰：……董仲舒曰：……《诗》曰：……《韩诗传》亦曰：……而玄云“归，使之来归于己，谓请期时”。来归之言，非请期之名也。或曰亲迎用昏，而曰“旭日始旦”，何用哉？《诗》以鸣雁之时纳采，以昏时而亲迎，而《周官》中春令会男女之无夫家者，于是时奔者不禁，则昏姻之期尽

① 崔述：《古文尚书辨伪》卷之一《〈《古文尚书》〉真伪源流通考》，（清）崔述撰著，顾颉刚编订《崔东壁遗书》，第592页下栏～593页上栏。

② 本文所引《圣证论》皆据孙诒让所校正之文。见（清）孙诒让撰、王文锦、陈玉霞点校《周礼正义》卷二六，第4册，第1040～1042页。间有异议，随文出注。

> 此月矣，故急【念】期会也。[①]《孔子家语》曰："霜降而妇功成，嫁娶者行焉；冰泮而农业起，昏礼杀于此。"又曰："冬合男女，春班爵位也。"

此可证王肃之学术履历，确有一段由"幼为郑学"而后翻然自树立的曲折，王肃《孔子家语解序》与《圣证论》同出一人之口，斑斑可考。而且王肃案据《家语》立说如此例者，经传之疏等所引颇多有之，王肃与《家语》之关系既为本人所公然宣示，亦为引者诸家所一致认定，何得反因伪《古文》之不可能为肃造，而陡生他家作伪之嫌疑呢？要而言之，由于王肃为《家语》之注者的身份以及王肃借重《家语》立说，为不可否认之事实，是故无论《家语》是否伪书，与《家语》关系最密切的首当其冲为王肃。所以值得讨论者乃《家语》是否为王肃伪造的问题，所谓王肃之"徒"为案主的看法离题太远，"托名"之说的滥用，也太肆无忌惮了。凡此皆任意牵合之过也。

有意思的是，辨伪者对王肃《孔子家语解序》的运用，不一而足。此处，崔述以之为"宗王肃者"之伪托说辞，更多的学者视之为王肃本人的自供状。如范家相云：

> 谓《家语》出于孔猛之家，使猛不受业于肃，犹可说也；猛为己之弟子，如出一人，乃谓家藏之书适足证明其说，殆不啻自发其覆矣。[②]

又如顾颉刚说：

> 《家语》何以知为王肃所作？这在他的《孔子家语解·自序》上早已说明白了……[③]

① （清）黎庶昌辑《古逸丛书》（下）所收《玉烛宝典》卷二，第 432 页，盖为孙君所本。该本"故急期会也"，《岁时习俗资料汇编》（一）所收《玉烛宝典》卷二第 88 页，作"故念期会也"。似以作"念"为是，"念""急"两字形近而讹。

② （清）范家相：《家语证伪》卷一一，《续修四库全书》第 931 册，第 183 页下栏。

③ 顾颉刚：《中国上古史研究讲义》，第 334 页。

其实王肃像历史上任何一位自负担当斯文、天命在我的学人一样，任道之勇乃至自命之夸张诚有之，正如近代自负上天以国粹赋余的“章疯子”太炎先生，造语之绝对，适见其真情与狂态之不可遏制。必谓伪造古书、且必在自序中流露破绽，固愚不至此之极也。[①]

① 余草此书稿甫毕，就有学者提醒我注意参考虞万里《以丁晏〈尚书余论〉为中心看王肃伪造《古文尚书传》说——从肯定到否定后之思考》一文（刊于《中国文哲研究集刊》第37期，2010年9月，第131～152页，“中央研究院”中国文哲研究所）。拜读之下，深感前辈学者（不只此文），固有先获吾心之处，然也不敢妄自菲薄。益信拙著创获所得，或能补前人之所未逮也。读者鉴之。

第五章　《家语·后序》之可靠性与孔安国“撰集”说

连类而及，《家语》尚有两篇《后序》，乃伪书说与平反伪书说两造争议之焦点，其所牵扯的内容，颇有不限于《家语》者，所关甚大，值得专门讨论。

一　《家语》“序”的名目

在正式讨论之前，对《家语》之《序》的称引与歧见之历史，首先要追溯一下。

见在文献中，较早引及《家语·后序》的有陆德明，《经典释文·序录》述“及秦禁学，孔子之末孙惠壁藏之。(《家语》云：“孔腾，字子襄，畏秦法峻急，藏《尚书》《孝经》《论语》于夫子旧堂壁中。”《汉纪·尹敏传》以为孔鲋藏之。)”[①] 其所引“《家语》”之说，文在载有孔衍之奏折的《后序》后一篇中。《汉书·艺文志》儒家类：“《谰言》十（一）篇。”班固自注：“不知作者，陈人君法度。”如淳曰：“谰音粲烂。”师古曰：“说者引《孔子家语》云‘孔穿所造’，非也。”[②] “说者”所引《家语》之文，亦在《后序》此篇中。自孔颖达《尚书正义》明引此篇，而始冠以“《家语·序》”称：“《家语·序》云：‘子襄以秦法峻急，壁中藏其家

① （唐）陆德明撰，吴承仕疏证，张力伟点校《经典释文序录疏证（附经籍旧音二种）》，第 50 页。

② （汉）班固撰《汉书》卷三〇《艺文志》，第 1725～1728 页。标点有所调整。

《书》。’是安国祖藏之。”[①] 宋代王柏《家语考》相承亦以“《序》”称，该《考》两度称引“其《序》”，一则谓“当时公卿大夫士及诸弟子悉集录夫子之言，总名之曰《家语》”，一则曰：“当秦昭王时，荀卿入秦王问儒术，卿以孔子语及弟子言参以己论献之”。（均见前文）所引之文，皆在蒋善国、李学勤等学者所谓以孔安国口吻写的那一篇序中。则唐宋学者有以除王肃自序之外他篇之序亦称为“序”者，盖统诸序为“《序》”称。后世则多目后者为“《后序》”。如宋叶适《习学记言》云：“《家语》四十四篇，虽孔安国撰次，按《后序》，实孔氏诸弟子旧所集录，与《论语》《孝经》并，时取其正实而切事者，别出为《论语》，其余则都集录，名曰《孔子家语》。”[②] 已有“《后序》”之名，而所指则在以孔安国口吻写的一篇中，高似孙《子略》引述及“《孔子家语·后叙（巍按：即‘后序’）》及《孔子世家》，皆言子思年止六十二。”[③] 引文在载有孔衍之奏的那篇中，而亦有“《后序》”之称矣。盖均为区别于王肃《家语解》自序为说，或所见原本如此。马端临在《文献通考·经籍考十一》中，亦以“《后序》”收录以孔安国口吻写的那段内容，并以“博士孔衍言”领起选录了载有孔衍之奏的后部。[④] 王柏以整部《家语》为王肃所伪托，则意以“其《序》”亦为王肃所伪，尽管讽刺的是王柏的立论根据颇借重于“其序”，此“其《序》”（主要是后人所谓“《后序》”）运用于辨伪之值得大书的一笔。明人何孟春则明文以今人所指以孔安国口吻写的那一篇序为“魏王肃序”“王肃代安国序”。[⑤] 清朱彝尊之《经义考》著录《孔子家语》，引以孔安国口吻之序为“孔安国《后序》”，并下按语道：“安国《家语·后序》，疑亦后人伪撰。”从朱氏后面两段录文来看，盖本王柏、何孟春两家之说。此“孔安国《后序》”与朱氏录“王氏（肃）《孔子家语解》”所引“肃《自序》”自别。《经义考》又录“王氏（柏）《家语考》（未见）”引“郎

---

① 《尚书正义》卷一，（清）阮元校刻《十三经注疏》上册，第115页上栏。

② （宋）叶适著《习学记言序目》卷一七，中华书局，1977，第231页。

③ （宋）高似孙撰，张艳云、杨朝霞校点《史略、子略》之《子略》卷一，辽宁教育出版社，1998，第38页。原书标点有误，作了调整。

④ （宋）马端临著，上海师范大学古籍研究所、华东师范大学古籍研究所点校《文献通考》卷一八四，第9册，第5427～5428页。

⑤ （明）何孟春注《孔子家语》之《序》，《四库全书存目丛书·子部》第1册，第2～3页。

瑛曰：王文宪公《家语考》一编，以四十四篇之《家语》，乃王肃自取《左传》《国语》《荀》《孟》、二戴《记》割裂织成之，孔衍之《序》亦王肃自为也”，则又敷衍出“孔衍之《序》”为王肃所伪之说，歧中出歧，前文已讨论过。[①] 范家相《家语证伪》，全文收录了“王肃《序》”（即朱彝尊所谓“肃《自序》”）、“孔安国《序》”（范氏从何孟春说以为“此序为王肃代作”，即以孔安国口吻写的那一篇）、“王肃《后序》”（即载有孔衍之奏的那一篇）加以辨伪。[②] 如此将三序并载且分别标目，颇为难得。传世《家语》文本，如上海古籍出版社明覆宋本书首只收“王氏”之“《孔子家语·序》”，其他两篇未录，却有校刻者吴郡黄鲁曾所撰《孔子家语·后序》，[③] 此“《后序》”大不同于前人之所谓“《后序》”矣。又如四库本书首录有“王肃序”之“《家语·序》”（即王肃《家语解》自序）书尾收有“后序”，将按孔安国口吻写的和载有孔衍之奏的全文连贯而下，只另起一行别之，不另标目。孙志祖《家语疏证》未专门录出王肃自序加以考辨，但罗列“《后序》”的条文并作了辨析。其中首录“好事亦各以意增损其言”一则，出于以孔安国口吻写的部分，其余均在载有孔衍奏的一篇，亦未加以分别标目，而统称“《后序》”。[④] 陈士珂辑《孔子家语疏证》则干脆未收上述任何一篇之“序”。严可均辑《全上古三代秦汉三国文》以“《孔子家语解序》”为名收录毛晋重刻北宋本《家语》王肃之序；[⑤] 以“《家语序》”为名收录以孔安国口吻写的那一篇，并下按语道：“元王广谋、明何孟春注《家语》，皆载此序，以为王肃作。又载孔衍上书云：‘安国撰次《家语》，值巫蛊不行。’则以此序为安国作。毛晋重刻北宋本《家语》，别有《王肃序》全篇，肃不言安国撰次也，疑此序及孔衍上书，皆后人依托。”[⑥] 则严氏虽以两者均为伪托，但不以为王肃所伪，而

① （清）朱彝尊撰，林庆彰等主编《经义考新校》卷二七八，第10册，第5018～5024页。

② （清）范家相：《家语证伪》卷一一，《续修四库全书》第931册，第183页上栏～186页下栏。

③ 《孔子家语》，第123页。

④ （清）孙志祖：《家语疏证》卷六，《续修四库全书》第931册，第258页上栏～259页下栏。

⑤ （清）严可均辑《全上古三代秦汉三国六朝文（附索引）》第2册，第1180页下栏～1181页上栏。

⑥ （清）严可均辑《全上古三代秦汉三国六朝文（附索引）》第1册，第197页上栏～下栏。

认定“后人依托”。又以“《上成帝书辩〈家语〉宜记录》”为名，收录孔衍之奏书，称“衍，安国孙，成帝时为博士。（按：西晋亦有孔衍字舒元，别是一人。）”复下按语以为“此文疑后人依托”。[①]

当代学者对《家语》之“《序》”的研究，也颇为重视。举其要者，将之作为专题讨论对象的，如魏玮《〈孔子家语〉“三序”研究》（曲阜师范大学硕士论文，指导教师：杨朝明，2009年1月）；张固也、赵灿良《从〈孔子家语·后序〉看其成书过程》〔载《鲁东大学学报（哲学社会科学版）》2009年9月第26卷第5期〕；邬可晶《〈孔子家语〉成书时代和性质问题的再研究》（复旦大学博士论文，指导教师：裘锡圭，2011年4月）之第三章“关于《家语》所谓孔安国《序》、后《序》的讨论”等。其中对于“《序》”之称谓加以厘定的，如蒋善国认为：“《家语后序》原无撰著人名，据序里面所说，纯作汉孔安国口气。”他又将载有孔衍之奏的那篇一析为二：“《孔安国传》和《孔衍上书》可以说是《后序》的后序。传末说‘子国孙衍为博士’，下紧接‘孔衍奏曰’，词意紧接，原是一篇；今为叙述明显起见，分名为《孔安国传》和《孔衍上书》。”[②] 杨朝明、宋立林主编《孔子家语通解》“附录”依次收录“孔安国《孔子家语后序》”“《孔子家语》后孔安国序”“王肃《孔子家语序》”。[③] 张固也、赵灿良则认为：“《后序》包括两篇文字，前一篇孔安国撰，后一篇不著撰者，由于其中载录孔衍奏言，通常亦称之为孔衍序。”[④]

笔者认为，对古书篇目之定名，应当兼顾历史流延之传统与循名责实之原则。为了论述方便起见，今依严可均所为，以“《孔子家语解序》”称王肃之自序，简称“王《序》”；依朱彝尊所为，以“孔安国《后序》”称以孔安国口吻所写的一篇，省称“孔《序》”；以“载有孔衍奏书之《后序》”称最末篇，简称“末《序》”，所谓“孔衍序”，为郎瑛等相传之谬，名不副实，不复从之。后两篇，合称“《孔子家语·后序》”，简称“《家语·后序》”，省称“《后序》”。“王《序》”连“《后序》”，统称所有之

① （清）严可均辑《全上古三代秦汉三国六朝文（附索引）》第1册，第197页下栏～198页上栏。

② 蒋善国：《尚书综述》，第348、349页。

③ 杨朝明、宋立林主编《孔子家语通解》，第578～583页。

④ 张固也、赵灿良：《从〈孔子家语·后序〉看其成书过程》，《鲁东大学学报（哲学社会科学版）》2009年第5期，第1页。

“《家语·序》”，从杨朝明等所为，称“《孔子家语》三序”，省称“《家语》三序”。

《后序》的重要，正如学者一再引到的，顾颉刚在《孔子研究讲义》中说得最为明白：

> 王肃伪作家语，赖以欺人者在其所伪造之孔安国序及孔衍表。欲辨《家语》之伪，不可不先知此义也。[①]

今举其要者，王柏据之倡言《家语》为王肃伪托，范家相、孙志祖指其为作伪之自供状，丁晏等大发王肃遍造群书之论，莫不因缘于是。近人如胡平生、杨朝明、张固也等务为之平反，仍当藉途于此，邬可晶等重证伪作之论更不能不集矢于是。此不特破案之线索，尤为定案之关键也！而《后序》所述史事，不仅关乎《家语》此一书、孔安国与王肃此两人，其中环节之复杂与牵连之深广，有远逾于顾氏所论者。

二 今本《家语》流传所生歧疑例

首先必须指出，与《家语》正文一样，《后序》颇有因流传不慎而产生误文歧义之现象。最明显的例子，是“末《序》”云：

> 子襄以好经书博（巍按：“博”，范家相本作“传”[②]）学，畏秦法峻急，乃壁藏其家语《孝经》《尚书》及《论语》于夫子之旧堂壁中。[③]

若依传世今本，则《家语》与《孝经》《尚书》《论语》均为子襄所藏之壁中书。宋代陈振孙已怀疑及之：

---

① 顾颉刚：《孔子研究讲义按语》，载《中国典籍与文化论丛》第7辑，北京大学出版社2002，第18页。待检原书。

② （清）范家相：《家语证伪》卷一一，《续修四库全书》第931册，第185页上栏。

③ 参见杨朝明、宋立林主编《孔子家语通解》，第580页。

> 云博士安国所得壁中书也，亦未必然。其间所载，多已见《左氏传》《大戴礼》诸书云。[①]

当据此类传本之“末《序》”而立说。至清代范家相更认为凡此之类，“全为壁藏而作也”。与“《史记》《汉书》言古文止有《尚书》《孝经》《论语》《逸礼》，无《家语》”不合，而径视为“王肃《后序》”了。[②] 近来李学勤或亦缘此以为“……在这一段后，又录有另一说法，认为《家语》同《尚书》《论语》《孝经》等都出于孔壁，由孔安国编为四十四篇”等说法“尤为失实”。[③]

孙志祖所引徐鲲之说颇能释此疑：

> 此“家语”二字后人妄加也。《汉书·艺文志》云：鲁恭王坏孔子宅，得《古文尚书》及《礼记》《论语》《孝经》，凡数十篇，皆古字也。《景十三王传》但云，得古文经传。《水经·泗水注》云：“得《尚书》《春秋》《论语》《孝经》”。孔安国《尚书序》云：“得先人所藏古文虞、夏、商、周之《书》及《传》：《论语》《孝经》”，并无《家语》。即颜师古注《汉书·艺文志》引《家语》云云，亦无“家语”二字。观此传下文云“子国又集录孔氏家语，为四十四篇”，不在壁中蝌斗本之数，则此处不得有“家语”明矣！[④]

徐氏内外交证，颇为有力。有学者进而认为：“衍文只有一个‘语’字，孔衍原文当为‘壁藏其家’之书，后人因其为《家语序》在‘家’下妄加一‘语’字。除了这个衍文，二序非但没有矛盾，而且正好相互应证、相互补充。”[⑤] 亦甚是。

---

① （宋）陈振孙著，徐小蛮、顾美华点校《直斋书录解题》卷九，上海古籍出版社，1987，第269页；（宋）马端临著，上海师范大学古籍研究所、华东师范大学古籍研究所点校《文献通考》卷一八四，第9册，第5429页。

② （清）范家相：《家语证伪》卷一一，《续修四库全书》第931册，第185页上栏~下栏。

③ 李学勤：《竹简〈家语〉与汉魏孔氏家学》，见氏著《简帛佚籍与学术史》，第382页。

④ （清）孙志祖：《家语疏证》卷六，《续修四库全书》第931册，第259页上栏。

⑤ 张固也、赵灿良：《从〈孔子家语·后序〉看其成书过程》，《鲁东大学学报（哲学社会科学版）》2009年第5期，第2页。

我们想强调的是这种现象，即在短短的《后序》之中也非孤例。为方便讨论起见，今将《末序》所载孔衍奏书关于孔安国一段迻录于下：

> 臣祖故临淮太守安国，逮仕于孝武皇帝之世，以经学为名，以儒雅为官，赞明道义，见称前朝。时鲁恭【共】王坏孔子故宅，得古文科斗《尚书》《孝经》《论语》，世人莫有能言者，安国为之（巍按：《文献通考》所录本“之”作“改”[1]）今文读而训传其义。又撰次《孔子家语》。既毕讫，会值巫蛊事起，遂各废不行于时。然其典雅正实，与世所【相】传者，不可同日而论也。光禄大夫向，以其为时所未施行（巍按：或本“以为其时所未施之”，《文献通考》所录本作“以其为时所未施行”，[2] 可从），故《尚书》则不记于《别录》，《论语》则不使名家也。臣窃惜之。且百家章句，无不毕记，况《孔子家语》（巍按：《文献通考》所录本无“语”字，请读者注意！）古文正实而疑之哉！又戴圣近世小儒，以《曲礼》不足，而乃取《孔子家语》杂乱者，及子思、孟轲、孙【荀】卿之书以裨益之，总名曰《礼记》，今尚见其已在《礼记》者，则便除《家语》之本篇，是为灭其原而存其末，不亦难乎！臣之愚，以为宜如此为例，皆记录别见，故敢冒昧以闻。奏上，天子许之，未即论定，而遇帝崩，向又病亡，遂不果立。[3]

其中“且百家章句，无不毕记，况《孔子家语》古文正实而疑之哉!”马端临《文献通考》所录的文字为：“且百家章句，无不毕记，况孔子家古文正实而疑之哉!”[4] 马本比俗本少一“语”字，至为重要！此奏前文称“时鲁恭【共】王坏孔子故宅，得古文科斗《尚书》《孝经》《论语》”等，虽“各废不行于时。然其典雅正实，与世所【相】传者，不可同日而论也。”从上下文理来看，所谓“孔子家古文正实”正指“典雅正实”之壁

---

① （宋）马端临著，上海师范大学古籍研究所、华东师范大学古籍研究所点校《文献通考》卷一八四，第9册，第5428页。

② （宋）马端临著，上海师范大学古籍研究所、华东师范大学古籍研究所点校《文献通考》卷一八四，第9册，第5428页。

③ 参见杨朝明、宋立林主编《孔子家语通解》，第581页。

④ （宋）马端临著，上海师范大学古籍研究所、华东师范大学古籍研究所点校《文献通考》卷一八四，第9册，第5428页。

中书也，因其为经传之古文而与“百家章句”相对而称，可以决其原文必为“孔子家”而非“孔子家语”。奏文紧接以“又”领起乃评论及《家语》与“戴圣”之“《礼记》”与“《孔子家语》”的关系，前一误衍的“语”字当为由此而臆增。可见，此与上举一例皆为“后人因其为《家语序》在‘家’下妄加一‘语’字”也。这种带有规律性的讹误足有发人深省者，如果缘此以为《后序》生造《家语》为壁中书之故实，特为张扬而欺世人，岂不冤哉！

上述讨论，可以获得两个至关重要的认识：一是包括《后序》在内的《家语》文本历经流传，非复往昔之旧，后人妄以误文而轻下断语，不仅值得深刻反省，而且需要提到方法论的高度加以强调。二是《后序》将《孔子家语》与壁中书作严格区别论述，这从任何角度来说，都是一个坚强的事实。

再则，我们也应指出，奏文颇合于汉人的语气。范晔《后汉书》卢植本传，记其“作《尚书章句》《三礼解诂》。（诂，事也。言解其事意。）时始立太学石经，以正《五经》文字，植乃上书曰”：

> 臣少从通儒故南郡太守马融受古学，颇知今之《礼记》特多回冗。（回冗犹纡曲也。）臣前以《周礼》诸经，发起粃谬，（粃，粟不成。谕义之乖僻也。）敢率愚浅，为之解诂，而家乏，无力供缮〔写〕上。（缮，善也。言家贫不能善写而上也。）愿得将能书生二人，共诣东观，就官财粮，专心研精，合《尚书》章句，考《礼记》失得，庶裁定圣典，刊正碑文。古文科斗，近于为实，而厌抑流俗，降在小学。（古文谓孔子壁中书也。形似科斗，因以为名。《前书》谓文字为“小学”也。）中兴以来，通儒达士班固、贾逵、郑兴父子，并敦悦之。（兴子众也，自有传。《左传》曰“郄縠悦《礼》《乐》而敦《诗》《书》”也。）今《毛诗》、《左氏》、《周礼》各有传记，其与《春秋》共相表里，（表里，言义相须而成也。《前书》云：“《河图》、《洛书》相为经纬，八卦、九章相为表里。”）宜置博士，为立学官，以助后来，以广圣意。[①]

① （宋）范晔撰《后汉书》卷六四《卢植列传》，中华书局，1965，第2116页。

卢植的上书，至少有两点值得注意：第一，从他的为学经历可见，经典之立于学官的重要。卢氏从事于私学，在不“得将能书生”与“就官财粮”（即人力与物资资源两不具备）的情况下，连“缮写”文本都难以做到，枉论其他！这恐怕也是孔衍上书希冀“施行”的重要原因。第二，更重要的是所谓奏中“古文科斗，近于为实”之用辞与孔衍“孔子家古文正实”，以及上文“时鲁共王坏孔子故宅，得古文科斗《尚书》《孝经》《论语》”云云，如出一辙，当皆为有所本而言也。尤其是两奏用到了“正实”“为实”词汇，“正实”一词亦见于《家语》“孔《序》”，其言曰：“《孔子家语》者，皆当时公卿士大夫及七十二弟子之所谘访交相对问言语也，既而诸弟子各记其所问焉。与《论语》《孝经》并。时弟子取其正实而切事者，别出为《论语》，其余则都集录之，名之曰《孔子家语》。凡所论辩疏判较归，实自夫子本旨也。”[①] 即是说，其所以为“正实”，因“本旨”皆来自孔子。当然，怀疑者会说《后序》为揣摩汉人口气而揣摩拟似之，再者，孔衍奏文何以出现了“科斗”一词，因为照有些学者的说法，此词是很晚出的，如蒋善国云：

> 伪《孔传大序》说：“鲁共王坏孔子旧宅，于其壁中得先人所藏古文虞、夏、商、周之书，皆科斗文字。”又说：“科斗书废已久。”按“科斗”一词，是东汉末季才有的。汉代把古文字叫做“古文”、“籀文”（大篆），却不叫作科斗。东汉和帝时许慎作《说文解字叙》，还称“古”、“籀”，不说科斗，直到东汉末卢植、郑玄才叫科斗。卢植上书说：……（巍按：上文已引，此略）郑玄《书赞》说：“《书》初出屋壁，皆周时象形文字，今所谓科斗书。”始以《古文尚书》为科斗书。卢、郑以前，没有这个名称……“科斗书”三字，在晋太康时风行一时，是写古文的时髦语，是古文形体的标志。伪《孔传大序》有“科斗”二字，即使伪《孔传》确是汉孔安国作的，这篇《大序》一定是晋太康以后人所伪托，至少作者是受了西晋“科斗书”时髦语的暗示，孔安国生当西汉武帝的时候，当时尚没有“科斗”这个名词。[②]

---

① 参见杨朝明、宋立林主编《孔子家语通解》，第 578 页。

② 蒋善国：《尚书综述》，第 330 ~ 331 页。

蒋氏之说，有一定道理，但不能太绝对。今按：《家语》“孔《序》”提到“始皇之世，李斯焚书，而《孔子家语》与诸子同列，故不见灭。高祖克秦，悉敛得之。皆载于二尺竹简，多有古文字。”[①] 也称“古文字”，而通篇未见“科斗”说法。孔衍之奏尚在其后，当成帝时，有无可能有“科斗”之称呢？谨慎地说，除了后人伪作之外，尚有两种可能。第一，“科斗”两字，因缘后世流行“古文科斗”的说法，为后人所增。如上述衍“语”字之例，此为文本流传中出现的问题。至于“末《序》”所云：“皆所得壁中科斗本也”[②] 之“科斗”两字，为孔衍后辈若孔猛者所书，正在“科斗”说法流行过程中，自无可疑处。第二，原文如是，相传有此一说。我们看郑君已有“科斗”的说法，而其《书赞》又曾自称：“我先师棘子下生安国”，[③] 也不能排除此类说法源自孔安国的可能性，毕竟卢、郑二君离许君时极相近，似也不必举一而废一也。尤其是当我们仔细比勘《家语·后序》与伪《孔传大序》，发现两者之间颇有不能合辙之处，而非如前儒所云以伪扶伪，就更是如此了。

所谓《家语·后序》之伪，丁晏辨之最力。其《尚书余论》开篇“《古文尚书孔传》见王肃《家语·后序》，为一手伪书”一节，专论此题，文不长，值得详引于此：

> 王肃《家语·后序》云：“孔安国，字子国，天汉后，鲁恭王坏夫子故宅，得壁中《诗》《书》，悉以归子国。子国乃考论古今文字，撰众师之义，为《古文论语训》十一篇、《孝经传》二篇、《尚书传》五十八篇，皆所得壁中科斗本也。”又载孔衍上书云：“鲁恭王坏孔子故宅，得古文科斗《尚书》《孝经》《论语》，世人莫有能言者，安国为之今文读而训传其义。又撰《孔子家语》，既毕，会值巫蛊事起，遂各废不行。光禄大夫向，以为其时所未施行之故，《尚书》则不记于《别录》，《论语》则不使名家也。”《尚书孔安国序》亦言，孔壁

---

① 参见杨朝明、宋立林主编《孔子家语通解》，第578页。

② 参见杨朝明、宋立林主编《孔子家语通解》，第580页。

③ 黄怀信校：“卢、阮并云：‘子’字衍。”（汉）孔安国传、（唐）孔颖达正义、黄怀信整理《尚书正义》卷二，第64页；而王鸣盛校读为“我先师棘下生子安国”，参见（清）王鸣盛著，顾实田、刘连朋校点《尚书后案》下册，第669～670页。无论如何，讲的都是郑玄与孔安国的学术渊源关系。

得古文《书》及传《论语》《孝经》皆科斗文字，承诏作传，定五十八篇。朱子尝谓《大序》不类西京文字，亦不是孔安国作。真不刊之论！其言受诏作古文《书传》，乃子虚乌有之谈，正与《后序》一类。因悟古文《书传》与安国《论语注》《孝经传》俱系一手伪书，特于《家语·后序》著其篇目，又伪造《尚书孔序》，彼此牵缀以实其言，冀取后人之信。《家语》本肃所伪撰，则此古文《书传》亦肃所私造而托名安国者也。且《后序》一篇所言无一可信：鲁恭王，汉景帝子，薨于元朔元年，不得至天汉之后；刘子政经学大儒，如有圣裔著书，岂得不记。《家语》为王肃私定，巧为弥缝，其伪可立见也。《汉艺文志》言古文《尚书》与《论语》出孔子壁中，孔安国悉得其书献之，并不言作传。《志》载《尚书经》二十九卷、《传》四十一篇。此伏生今文《书大传》也，与《孔传》篇目不符。《志》又载《论语》古二十一篇、《孝经》古孔氏一篇，皆不言作传。西京孔安国只传授古文，未尝著书也。《班志》原本《七略》，确然可据，马融《尚书序》云逸十六篇绝无师说，若古文先有《孔传》，何得云无师说乎？《儒林传》云：“孔氏有《古文尚书》，孔安国以今文字读之，因以起其家《逸书》，得十余篇，盖《尚书》滋多于是矣。安国为谏大夫授都尉朝，而司马迁亦从安国问，故迁书载《尧典》《禹贡》《洪范》《微子》《金縢》诸篇多古文说。都尉朝授胶东庸生，庸生授清河胡常少子，常授虢徐敖，敖授王璜及平陵涂恽子真，子真授河南桑钦君长（《释文序录》作乘钦）。”王充《论衡·正说篇》云：“《论语》壁中古文，孔安国以授鲁人扶卿。”即《汉志》传《鲁论》扶卿。张禹传扶卿说，《论语释文》引“郑云扶先”是也。遍考两汉之书，无有言安国作传者，独《家语·后序》言之，此肃之臆造也。安国并无《论语注》，今何晏《集解》引有《孔注》亦伪造也。何氏与肃时代相接，魏晋人不学，从而误信之耳。①

丁氏怀疑《后序》的理由，归纳起来有几点：一是所谓孔安国据“所

① 丁晏：《尚书余论》，（清）阮元、王先谦编《清经解、清经解续编（附索引）》，第拾壹册，第4295页上栏~中栏。

得壁中科斗本”而“为《古文论语训》十一篇、《孝经传》二篇、《尚书传》五十八篇”之说，不见于旧传或他书。二是其中“《尚书传》五十八篇”与伪《尚书孔安国序》所云“定五十八篇”云云密合，一伪俱伪。三是其中《论语》孔注甚为可疑，为《后序》联络伪作之参证。四是《家语》旧有王肃伪作之说，因而推论上述一切冒名孔安国的著作皆肃“一手”所伪。

经过吴承仕、陈梦家等学者的驳正，蒋善国已经不信伪《孔传》与王肃有多少关联了：

> 人们多说《家语》是王肃窜改，用它攻击郑玄；但细考各篇的思想，与郑说异处并不多，拿一二经学上的异说，怎能就打倒了郑学！又有人说王肃伪作《家语》是为了羽翼伪《孔传》的经传，但细考《家语》内容也见不出什么羽翼伪《孔传》的地方。再细考《家语注》与伪《孔传》也不尽相同，不但王肃不像《孔传》的作者，并且好像他未见到伪《孔传》和伪经。①

蒋氏扼要地总结了相关的研究成果，自己也提供了一些证据，颇有道理，但亦得出了一些似是而非的结论。他提出了三个方面的问题：一是认为《后序》袭取伪《孔传大序》，出于伪《大序》之后：“伪《家语后序》和伪《孔安国古文尚书传大序》同是伪书；不过《后序》说：‘又撰次《孔子家语》既毕讫，会巫蛊事起，遂各废不行于时。’完全抄袭伪《孔传大序》的‘会国有巫蛊事，经籍道息，用不复以闻。’很显然《后序》出于伪《大序》以后。伪《大序》是东晋初出现的，那么《后序》决在东晋以后才出现。”二是认为《后序》颇有“盗憎主人”类的托词。如谓“（《孔安国传》和《孔衍上书》）这两篇都述孔安国作《孝经传》《论语训》《古文尚书传》和传《孔子家语》事，亟力为这四种书辩护。当起于这四种书已盛行而被人怀疑的时候，可能成于齐、梁以后。所说的‘故《尚书》则不记见于《别录》，《论语》则不使名家也’，纯粹是针对学者指责《古文尚书传》和《论语训》不见于《别录》而发的……衍认为

① 参见蒋善国《尚书综述》，第 348 页。

《礼记》抄《家语》，不是《家语》抄《礼记》，如把这些篇删去，等于灭原存末，他这样弥缝《家语》割窃《礼记》等书的行为，实是‘盗盗主人，及诬主人为盗’。再说上书天子，直骂同朝经生戴圣为小儒，未免失体，这点更可反证这篇上书是后人伪作，不是真有这回事。”三是认为《后序》有关记载混淆失伦。他据《史记·孔子世家》“安国生卬，卬生驩”，认为“安国只有一位名驩的孙儿在武帝末，并无另一个名衍的孙儿。孔衍是西晋人……”据此他推论《后序》非王肃所及见，非王氏所伪。他又以为《后序》“把东晋的孔安国误当作西汉的孔安国……伪作《家语后序》所附《孔安国传》的人误把西晋孔衍当作东晋孔安国的孙子，真是荒谬绝伦。”①

蒋氏的质疑颇有流于细琐甚至推按失当之处。比如孔衍斥戴圣“小儒”，未为“失体”，《汉书·何武传》就对戴圣大有微词，说他“行治多不法，前刺史以其大儒，优容之……毁武于朝廷。武闻之，终不扬其恶。而圣子宾客为群盗，得，系庐江，圣自以子必死。武平心决之，卒得不死。自是后，圣惭服。”② 又如《史记·孔子世家》记安国后代一句其实是大有问题的（详后文），蒋氏却据以驳孔衍为孔安国孙的说法，自不如前引严可均“西晋亦有孔衍字舒元，别是一人”之说为稳。则王肃是否不及见《后序》也有疑问。再如“末《序》”说“孔安国字子国”，蒋氏所引《晋书》及《世说新语注》引《续晋阳秋》均谓“（孔）安国字安国”，名虽相同，“字子国”与“字安国”，“字”却不同，何得相乱？（亦详下文）但是他比前儒更为深切地提出了《后序》与伪《孔传大序》的关系问题，却很值得讨论。

当代学者争辩《家语》是否伪书之两造，亦有力求细致而反失大体的趋向，如“《家语》后《序》‘孔氏三世出妻’的问题”正是一例。但是诸如“《家语》后《序》所载孔氏世系的问题”之类，则仍然是分歧特甚未得定论的重要问题。

我们汇聚诸家讨论的焦点，集中在两个方面加以进一步的探讨。一是关于孔安国生平著述的记载。二是关于孔安国的年寿世次。凡此均涉及孔

① 参见蒋善国《尚书综述》，第348~351页。

② （汉）班固撰《汉书》卷八六《何武王嘉师丹传》，第3482页。

安国与《家语》之关系，当然更关乎《后序》是否可靠，甚至《家语》的撰集者究竟为谁的问题。

三 《家语》“末《序》”所载孔安国生平著述解

首先必须从方法上厘清一个事实，即传说之误与有意作伪应当严格区分。像“末《序》”这样具有鲜明的家乘色彩的文献，不可与信史完全等量齐观。王肃《孔子家语解序》云：

> 孔子二十二世孙有孔猛者，家有其先人之书，昔相从学，顷还家，方取已来，与予所论，有若重规叠矩。①

王肃序在着眼点上与《后序》有很大不同。首先值得注意的是，王氏强调《家语》出于孔家，而《后序》则斥言为孔安国所“撰集”或“集录”。前儒已经多少触及此点。如严可均说：“肃不言安国撰次也，疑此序及孔衍上书，皆后人依托。”② 这是以王序以辨《后序》之伪。我们也认为安国《后序》特见精审，绝非后人能伪；③ 而“末《序》”与王序两序皆夸张而皆真，夸大其辞更见其真。王肃的张皇过甚之处，是说自己平素的见解与《家语》“有若重规叠矩”，从群经之疏及类书等所引来看，是王肃特别地借重了《家语》，王氏之自夸，反映了他在学术上的自信和个性的张扬，然则正是这一点启人疑窦，所谓自供状之说就是由此而起。但是，在笔者看来，与其是作伪的证据，不如说是出于“圣证”的需要。有一个比自序所反映出来的更重要的事实是：通检《家语》全书王注，竟没有一处提到孔安国！对传述者如此严重的有意忽略，是要说该书由谁传述并不重要，重要的是与他“有若重规叠矩”的是孔子本人的圣言，这是他笼统地强调此书为孔“家有其先人之书”而不著安国一字的根源。这也可以反证王柏等所谓王肃伪托于安国说之不确。另一方面，如果《家语》为王肃之徒如孔猛辈伪造，何以书注不及安国一字，让《后序》所云完全落空，

---

① 《孔子家语》，第1页上栏。

② （清）严可均辑《全上古三代秦汉三国六朝文（附索引）》（1），第197页下栏。

③ 主要参见胡平生《阜阳双古堆汉简与〈孔子家语〉》，载《国学研究》第7卷，2000。

也是不可思议的。是则崔述等的见解亦不可通。

我们认为“末《序》”为孔家后代所述，从王《序》提供的线索来看，为孔猛或其前辈、孔衍之后辈所撰的可能性较大。而“末《序》”的夸张失实之处比王肃为严重，与其说出于作伪的动机，不如说是为张扬祖德而夸大其辞，这与《家语》正文中不乏虚演孔子事迹言论之例同一理由，从今本来看，有传闻失实之处，也有后世流传中出现的文字讹误问题，颇为复杂。

“末《序》”述安国之先祖自孔子至子思云：

> 孔子生伯鱼。鱼生子思，名伋。伋常遭困于宋，作《中庸》之书四十七篇，以述圣祖之业，授弟子孟轲之徒数百人，年六十二而卒。子思生子上，名白，年四十七而卒。自叔梁纥始出妻，及伯鱼亦出妻，至子思又出妻，故称孔氏三世出妻。[①]

这里说子思“作《中庸》之书四十七篇”，《孔丛子》作“撰《中庸》之书四十九篇”，[②] 两篇之差不足为异，或传闻有别，或文字有讹，或各据所见本篇数而言，凡此不可拘泥视之。至于所云“授弟子孟轲之徒数百人”，则显为失实之谈，《孔丛子》亦有“孟轲问子思”的记载，[③] 显与孟子自称“予私淑诸人也”[④] 之说和《史记·孟子荀卿列传》“受业子思之门人”[⑤] 之说不合，可当演义看待。“年六十二而卒”与《史记·孔子世家》“年六十二”[⑥] 的记载同，“六十二”，学者或以为当为“八十二”（毛奇龄）、或以为当为“九十二”（王叔岷）之讹。凡此皆不可深信。至于范家相、孙志祖、杨朝明、邬可晶等诸位学者花费甚多笔墨之“‘孔氏三世出妻’的问题”，此事有无、或三世或四世之类，似亦无太关乎此序之真伪。与《礼记·檀弓》所载，可以传闻异辞视之。从上下文来看，“末

---

① 参见杨朝明、宋立林主编《孔子家语通解》，第579～580页。

② 傅亚庶撰《孔丛子校释》卷之二，中华书局，2011，第133页。

③ 傅亚庶撰《孔丛子校释》卷之二，第131页。

④ 《孟子注疏》卷八上，（清）阮元校刻《十三经注疏》下册，第2728页上栏。

⑤ 《索隐》：“王劭以‘人’为衍字，则以轲亲受业孔伋之门也。今言‘门人’者，乃受业于子思之弟子也。”参见（汉）司马迁撰《史记》卷七四《孟轲列传》，第2343～2344页。王劭之说，当隐据《孔丛子》之类的记载，不可从。

⑥ （汉）司马迁撰《史记》卷四七《孔子世家》，第1946页。

《序》”此句的要点，似更在于强调自孔子至子思的一脉单传。无论如何，此种说法起不到任何护卫《家语》的作用。

“末《序》”又记安国之生平与著述云：

> 子国少学《诗》于申公，受《尚书》于伏生，长则博览经传，问（巍按：范家相本作“学”）无常师，年四十为谏议大夫，迁侍中博士。天汉后（巍按：“后”，范本作“中”[①]），鲁恭王坏孔子故宅，得壁中《诗》《书》，悉以归子国。子国乃考论古今文字，撰众师之义，为《古文论语训》十一篇、《孝经传》二篇、《尚书传》五十八篇，皆所得壁中科斗本也。又集录《孔氏家语》为四十四篇，既成，会值巫蛊事，寝不施行。
>
> 子国由博士为临淮太守，在官六年，以病免，年六十卒于家。其后，孝成皇帝诏光禄大夫刘向校定众书，都记录名《古今文书论语别录》。子国孙衍为博士，上书辨之曰：……[②]

这段记载有虚有实，而未必出于刻意的伪造。为方便起见，先论安国受学与传述情形，再及生平与世次。

文中所谓“受《尚书》于伏生”，颇启后人疑窦。总因安国与伏生年世不相及，故无缘得亲受业也。所以有学者认为“乃因二人皆以《尚书》学名世，而有此传闻美谈。”[③] 笔者也认为，此事实不可信，惟此类不可独责“末《序》”。钱穆《先秦诸子系年》卷一“三〇·孔门传经辨”曾揭示“汉儒传经之说，有可信，有不可信”之例，《史》《汉》等所载，颇有经不起细致考按的。[④] “末《序》”此类之说，盖相传“不可信”者也。安国后人益犯此类锦上添花之病。下文“天汉后（范本作‘中’），鲁恭王坏孔子故宅，得壁中《诗》《书》，悉以归子国。”亦如此类。范家相以为：“此当在景帝之末与武帝之初。在安国得科斗文，徐为考究，自必历有年

① （清）范家相：《家语证伪》卷一一，《续修四库全书》第931册，第185页下栏。

② 参见杨朝明、宋立林主编《孔子家语通解》，第580~581页。

③ 参见张固也《西汉孔子世系与孔壁古文之真伪》，《史学集刊》2008年第2期，第16页；陈以凤《孔安国学术研究》（山东大学博士学位论文，2010年4月15日。导师：于海广），第18页。

④ 钱穆著《先秦诸子系年》卷一，商务印书馆，2001，第96~101页。

所，而后献。云在天汉可也，若以坏宅为天汉，不大误乎?”[1] “鲁共王坏孔子故宅”之年，范辨甚是，所以张固也只能读“天汉后，鲁恭王坏孔子故宅得壁中《诗》《书》悉以归子国”为一句，以“天汉实为孔壁古文悉归安国之年”，并谓刘歆《移让太常博士书》与《汉书》的有关记载均源于“孔衍序”。[2] 笔者认为，张氏以载有孔衍之奏书的序必为孔衍亲笔，已成问题，刘、班诸说或与孔衍之奏所载同源，必谓《移书》与《汉书》本于孔衍后辈若孔猛者所撰之“末《序》”，则为倒置之见，并无确据。天汉后为安国得书之年或可备一说，然更可能的是安国后代如孔猛辈实已经不得当年真相，故只能笼统混沌说之。鲁恭王坏孔壁得孔氏古文之事，康有为等以为子虚乌有之事，固属孟浪，王叔岷以为《史记》不载正见史公特识，亦属牵强。事实是，班固虽记载了其事，对古文一节，亦不能悉其款曲矣。所以他在《艺文志》中云“武帝末，鲁共王坏孔子宅，欲以广其宫，而得古文……”，[3] 述此事之年已不确；在《儒林传》中则说：“孔氏有古文《尚书》，孔安国以今文字读之，因以起其家逸《书》，得十余篇，盖《尚书》兹多于是矣。遭巫蛊，未立于学官。安国为谏大夫，授都尉朝，而司马迁亦从安国问。故迁书载《尧典》、《禹贡》、《洪范》、《微子》、《金縢》诸篇，多古文说。”[4] 一个“盖”字下得何其慎重！至于所谓（孔安国传古文《尚书》及）迁书“多古文说”何所指称，至今学者纷纭未定。如刘起釪云：“清代早期如臧琳《经义杂记》，指出《史记》所用皆今文，后期如陈寿祺《左海经辨》论定司马迁时《书》唯有欧阳立于学官，其所据《尚书》为欧阳本，《尧典》等五篇所用之字仍为今文。至清末今文家更推阐此说，特别是崔适《史记探源》逐篇考明《史记》所用皆今文说，未引古文。他的仔细考订是可信的。可知此处孔安国授司马迁古文之说确不足信，孔安国治《尚书》一生从来没有传授过古文。”[5] 马宗霍的看法则不同：“按：古文说与古文字不同。‘说’者，说其义也。今《史记》述《尚书》之文，多以诂训字易之，疑即受之安国。安国以今文

---

① （清）范家相：《家语证伪》卷一一，《续修四库全书》第931册，第186页下栏。

② 参见张固也《西汉孔子世系与孔壁古文之真伪》，《史学集刊》2008年第2期，第15～17页。

③ （汉）班固撰《汉书》卷三〇《艺文志》，第1706页。

④ （汉）班固撰《汉书》卷八八《儒林传》，第3607页。标点有所调整。

⑤ 刘起釪：《尚书学史（订补本）》，第119页。

字读之者，盖以今字释古字，即所谓‘说’也。然其所说之字本为古文，故谓之‘古文说’。或者误解，以为安国用当时隶书对读古文，此惑于伪《孔传序》‘隶古，定’之言，非也。又有疑太史公为今文说者，更非也。许君所引经文为古本，而所说字义多与太史公所易之诂训字相合。故今凡《说文》引《书》有为《史记》所载者，则采《史记》证之，以见子长、叔重《尚书》之学，异流而同源也。”[①] 我们以为后说近是。

孔安国传述古文之事，当时或后人多不得其详之故，在于私学固难与官学相提并论也。然既传古文，必训解之。丁晏所谓“西京孔安国只传授古文，未尝著书也”之说，无乃太武断乎！“子国乃考论古今文字，撰众师之义，为古文《论语训》十一篇、《孝经传》二篇、《尚书传》五十八篇，皆所得壁中科斗本也”，[②] 非为绝无可能之事也。惟所述是否安国当时之实情不可质言，但不可谓全无所本也。即就“《尚书传》五十八篇”而言，盖因古文经有五十八篇，安国每篇为一传，故有此目。而“五十八篇”之说确有依据，顾实《汉书艺文志讲疏》引《太平御览》卷六〇八引桓谭《新论》曰：“《古文尚书》旧有四十五卷，为五十八篇。”[③] 又引王应麟《汉艺文志考证》引“刘向《别录》云：‘五十八篇。’”[④][⑤] 乃丁晏牵引伪《孔传序》云云为比，实为不伦。按伪《书·大序》云：

> 科斗书废已久，时人无能知者，以所闻伏生之《书》，考论文义，定其可知者，为隶古，定，更以竹简写之，增多伏生二十五篇。伏生又以《舜典》合于《尧典》，《益稷》合于《皋陶谟》，《盘庚》三篇合为一，《康王之诰》合于《顾命》，复出此篇，并《序》，凡五十九篇，为四十六卷。其余错乱摩灭，弗可复知，悉上送官，藏之书府，

---

① 马宗霍：《〈说文解字〉引经考》，台北：台湾学生书局，1971，第110～111页。

② 参见杨朝明、宋立林主编《孔子家语通解》，第580页。

③ 巍按：《御览》原文作“《古文尚书》旧有四十五卷，为十八篇。”（宋）李昉等撰《太平御览》卷六〇八，第3册，第2737页上栏。朱谦之引“严（可均）云：按《汉志》作四十六卷五十七篇。师古引郑玄《序赞》云：后汉又亡其一篇，故五十七篇，则此当云‘五十八篇’。”见（汉）桓谭撰、朱谦之校辑《新辑本桓谭新论》，中华书局，2009，第38页。

④ 见（宋）王应麟《汉艺文志考证》卷一，第10页上栏。收在（宋）王应麟辑《玉海》第6册。

⑤ （汉）班固编撰，顾实讲疏《汉书艺文志讲疏》，第22页。

以待能者。承诏为五十九篇作传，于是遂研精覃思，博考经籍，采摭群言，以立训传。约文申义，敷畅厥旨，庶几有补于将来。《书序》，序所以为作者之意。昭然义见，宜相附近，故引之各冠其篇首，定五十八篇。既毕，会国有巫蛊事，经籍道息，用不复以闻，传之子孙，以贻后代。若好古博雅君子，与我同志，亦所不隐也。①

所谓“增多伏生二十五篇”“凡五十九篇，为四十六卷”云云之说，皆为《后序》所无！《大序》所谓“定五十八篇”之说明明为与桓谭、刘向及“末《序》”“五十八篇”之说相符合，乃出此弥缝之论。更明显的是，《大序》有所谓“隶古，定”之说，又谓“其余错乱摩灭，弗可复知，悉上送官，藏之书府，以待能者。”《孔丛子》所附《连丛子·与从弟书》亦云：“知以今雠古，以隶篆推科斗，已定五十余篇，并为之传云。其余错乱文字摩灭，不可分了，欲垂待后贤，诚合先君阙疑之义。”②《后序》只说文字“科斗”形、文本未“施行”而已，并无此类之说；尤其是所谓“承诏为五十九篇作传”之说，《孔丛子》所附《连丛子·叙书》亦有“侍中安国受诏，缀集古义”云云，③ 如蒋善国所云“这是一件大事”，④ 然《家语·后序》并不见“承诏”或“受诏”只字！如果真有此事，孔衍何以不据之援“先帝之旧章”以力争之，如刘歆《移让太常博士书》所为者乎！此可证丁晏牵合伪《大序》之粗疏、蒋善国以《后序》“完全抄袭伪《孔传大序》”之倒置。

此益证安国古文私学之隐晦，今复以所谓“会值巫蛊事”节明之。

上文已引《儒林传》安国传《古文尚书》：“遭巫蛊，未立于学官。”⑤《艺文志》也说：“《古文尚书》者，出孔子壁中。武帝末，鲁共王坏孔子宅，欲以广其宫，而得古文……孔安国者，孔子后也，悉得其《书》，以考二十九篇，得多十六篇。安国献之。遭巫蛊事，未列于学官。”⑥《楚元王传》录刘歆《移让太常博士书》亦云：“及鲁恭王坏孔子宅，欲以为宫，

① 《尚书正义》卷一，（清）阮元校刻《十三经注疏》上册，第115页下栏～116页中栏。

② 傅亚庶撰《孔丛子校释》卷之七，第451页。

③ 傅亚庶撰《孔丛子校释》卷之七，第447页。

④ 蒋善国：《尚书综述》，第351页。

⑤ （汉）班固撰《汉书》卷八八《儒林传》，第3607页。

⑥ （汉）班固撰《汉书》卷三〇《艺文志》，第1706页。标点有所调整。

而得古文于坏壁之中：《逸礼》有三十九；《书》十六篇，天汉之后，孔安国献之，遭巫蛊仓卒之难，未及施行……"[①]《家语》"末《序》"载孔衍上书道："臣祖故临淮太守安国，逮仕于孝武皇帝之世，以经学为名，以儒雅为官，赞明道义，见称前朝。时鲁共王坏孔子故宅，得古文科斗《尚书》《孝经》《论语》，世人莫有能言者，安国为之（改）今文读而训传其义。又撰次《孔子家语》。既毕讫，会值巫蛊事起，遂各废不行于时。"（校正详见前文）"末《序》"又云："天汉后（范本作"中"），鲁恭王坏孔子故宅，得壁中《诗》《书》，悉以归子国。子国乃考论古今文字，撰众师之义，为《古文论语训》十一篇、《孝经传》二篇、《尚书传》五十八篇，皆所得壁中科斗本也。又集录孔氏家语为四十四篇，既成，会值巫蛊事，寝不施行。"《汉书》述及"巫蛊"至少三见，短短"末《序》"亦频繁两见，且不论伪《大序》，"会值巫蛊事"之作为理由何其盛也！何哉？刘歆《移让太常博士书》"天汉之后，孔安国献之"，沈钦韩《汉书疏证》云：

> 《孔子世家》末叙云："安国为今皇帝博士，至临准太守，早卒。"则安国不及见巫蛊之祸也。荀悦《汉纪》"鲁恭王坏孔子宅，得古文《尚书》，多十六篇。帝（巍按：《汉纪》原文为"武帝"，疑脱"武"字）时孔安国家献之。会巫蛊事，未立于学官。"则与《世家》"早卒"之文合。王鸣盛云："宋本《文选》刘歆《移书》，亦有'家'字。"按近代阎氏、王氏辨伪《孔传》已详，不复复出。然又有可疑者，安国身为儒官，既以古文传授，何不及生存时献，而当身后倥偬多事始上之乎？当鲁恭王始封在景帝中，本传首云好治宫室、季年好音，则坏壁得古文亦在景、武之际。武帝即位，敦崇儒术，未逞多欲。苟知孔氏所藏古书，纵使世儒无能通晓，宁有不录秘府而任其隐滞民间，则"广开献书之路"何为乎？苟谓今文方兴、诸儒嫉妬，或有壅遏之者，考伏生虽授朝错，微若一线。今文至兒宽始显，而欧阳、大小夏侯之学又在其后，宽先受业孔安国，则古文始师名辈，在先无踰于安国。治今文者，何能抑使不行乎？盖古文之不显，实缘世

① （汉）班固撰《汉书》卷三六《楚元王传》，第1969页。标点有所调整。

主之不好，而学者所苦难。史云“巫蛊事，不得施行”遂为疑案。[①]

关于《古文尚书》为“安国”抑或“安国家”献之，详下文。沈氏指出“古文之不显”之主因为“实缘世主之不好，而学者所苦难。”甚为有见，如此则史文所谓“会值巫蛊事”云云，竟为饰词矣！如《艺文志》“遭巫蛊事，未列于学官。”顾实《讲疏》云：

> 武帝自戾太子巫蛊事兴，文事武略，不复见诸桑榆暮景。故刘歆曰：“遭巫蛊仓卒之难，未及施行。”（《移太常博士书》）《班志》因之。然武帝尊儒，本循虚声，相公孙弘黜董仲舒其明验也。故自言《尚书》朴学弗好，（《儒林传》）则古文近于为实，宜更厌抑，不及施行，原无足怪。惟后之为臣者不能不为掩护过短，故借口巫蛊之事，亦未可知，则此事似不可拘泥而论矣。[②]

沈、顾二氏之论，可谓深得“巫蛊”事与“古文”公案关系之真趣也！我们当可进一步指出《汉书》与“末《序》”均以鲁恭王及安国得古文事笼统含糊地系于汉武帝时，正缘“巫蛊”事起于汉武帝末年（无论《汉志》所云“武帝末”还是《家语》“末《序》”所云“天汉”皆然），故均有此误。史臣、孔氏后学为谨遵政治正确之底线，乃于有意无意间湮没了圣学传流之真相，私学之可悲与可贵，真让人感慨系之！

今当再申论者，为安国传古文事与鲁恭王得古文事相关而不能混同之一节。《汉志》云：

> 《古文尚书》者，出孔子壁中。武帝末，鲁共王坏孔子宅，欲以广其宫，而得古文《尚书》及《礼记》、《论语》、《孝经》凡数十篇，皆古字也。共王往入其宅，闻鼓琴瑟钟磬之音，于是惧，乃止不坏。孔安国者，孔子后也，悉得其《书》，以考二十九篇，得多十六篇。安国献之。遭巫蛊事，未列于学官。[③]

① （清）沈钦韩等撰《汉书疏证（外二种）》卷二七，第1册，第762页下栏。

② （汉）班固编撰，顾实讲疏《汉书艺文志讲疏》，第33页。

③ （汉）班固撰《汉书》卷三〇《艺文志》，第1706页。标点有所调整。

许慎《说文解字序》说：

> 壁中书者，鲁恭王坏孔子宅，而得《礼记》《尚书》《春秋》《论语》《孝经》。又北平侯张苍献《春秋左氏传》。[①]

《汉书·楚元王传》录刘歆《移书让太常博士》又云：

> 及鲁恭王坏孔子宅，欲以为宫，而得古文于坏壁之中：逸《礼》，有三十九篇；《书》，十六篇，天汉之后，孔安国献之，遭巫蛊仓卒之难，未及施行；及《春秋》，左氏丘明所修——皆古文旧书，多者二十余通，臧【藏】于秘府，伏而未发。

综合以观，孔壁所出之书，至少有古文《尚书》及《礼记》（即今之《仪礼》）、《论语》《孝经》《春秋》等，至于《后汉书·儒林传》说“孔安国所献《礼古经》五十六篇”，[②] 刘师培等亦云“而孔安国所献《礼古经》五十六篇，（即今《仪礼》）”，[③] 则不可信，恐系误读《汉书·艺文志》及《移书》而然。[④] 证以《家语》“末《序》”所载，孔安国所传习出自孔壁者“为《古文论语训》十一篇、《孝经传》二篇、《尚书传》五十八篇，皆所得壁中科斗本也。”亦不及其他，如《礼经》《春秋》之类。今又检荀悦《汉纪》述刘向所言云：“鲁恭王坏孔子宅以广其宫，得古文《尚书》多十六篇，及《论语》《孝经》，武帝时孔安国家献之，会巫蛊事，未列于学官。”[⑤] 所得之本同为古文《尚书》《论语》《孝经》三种，记载若合符节，颇可参证。

安国从鲁恭王处所得之书即定，安国及从其学者撰述训解，至孔氏后

---

① 丁福保编纂《说文解字诂林》，云南人民出版社，2006，第5册，第3612页上栏左、下栏右上。

② （宋）范晔撰《后汉书》卷七九《儒林传》，第2576页。

③ 刘师培：《国学发微》，邬国义、吴修艺编校《刘师培史学论著选集》，上海古籍出版社，2006，第134页。

④ 参见拙文《读刘歆〈移书让太常博士〉——汉代经学“古文”争议缘起及相关经学史论题探》，载《社会科学研究》2012年第4期，收在本书“附录”。

⑤ 张烈点校《两汉纪》，中华书局，2002，上册卷二五，第435页。

人如孔猛辈时已知有“古文《论语训》十一篇、《孝经传》二篇、《尚书传》五十八篇”，有何不可信？至于篇数，前文已讨论过“《古文尚书》旧有”“五十八篇”说之有据，则“古文”“《尚书传》五十八篇”，盖依经立传，经一篇传一篇也。至于“古文《论语训》”与“《孝经传》”之篇数，《汉志》云：“《论语》古二十一篇（出孔子壁中，两《子张》）。”顾实《讲疏》曰：

> 亡。此孔壁《古文论语》也。何晏曰：“鲁恭王坏孔子宅，得《古文论语》。《古论》惟孔安国为之训说，而世不传。马融亦为之训说。郑玄就《鲁论》篇章，考之《齐》《古》为之注。”（《论语集解序》）然何晏既云孔安国训说不传，而其《论语集解》又采孔安国注，盖出晏等所伪作欤。（沈涛《论语孔注辨伪》，已详之。）马注久佚，郑注则近有燉煌石室所出《论语注》残本，仅四卷，题曰“孔氏本，郑氏注”，盖唐人写者误题，以为孔安国《古文论语》本也。①

而罗振玉、王国维则认为，《郑注》篇章全从《鲁论》，字句全从《古论》即“孔本”，后者是称《郑注》为“孔氏本”的原因。关于“孔安国注的真伪问题”，王素的看法与“清人怀疑‘孔注’为伪作”说不同：

> 看来，解决这一问题的关键，在于正确理解《集解》序中“而世不传”这四个字的含义。根据常识推测，如果何晏清楚知道孔安国的“《古论》训说”早已失传，那么，他也应清楚知道自己所见的“孔注”是伪作了。既清楚知道“孔注”是伪作，为什么序中不直接了当地指出？为什么书中还要屡引？显然，于情于理都说不通。因此，笔者以为，“而世不传”这四个字的真正含义应是：“其训说虽存，却没有传人。”皇侃《论语义疏》于“而世不传”下云：“世人不传孔注古文之《论》也。”即隐约披露了这个真正含义。《隋书·经籍志》“《论语》类”云：“《古论》先无师说。”则披露得比较明显。我们知

① （汉）班固编撰，顾实讲疏《汉书艺文志讲疏》，第69～70页。

道，两汉经学重师承，没有把心法传给门生弟子，不管著作是否仍在流行，人们都认为其学已无传人。《汉书·孔安国传》详载《古文尚书》由安国传都尉朝，朝传胶东庸生，庸生传清河胡常少子，等等，却无一字谈到《古文论语》的传承，证明孔氏"《古论》"确无传人。这样，《集解》序中"而世不传"四个字的真正含义就更清楚了。没有传人，并未影响"孔注"的流行，《郑注》字句全从"《古论》"即"孔本"，《集解》屡引"孔注"之文，郑玄、何晏当然是看到过货真价实的"孔注"的。"孔注"伪作说不能成立。[①]

巍按，何晏绝不致明知其伪而再引及之，王素所辨甚是。更不致自伪而自留缝隙供人揭伪，此类如为王肃所伪诸说皆无明据。王氏解"而世不传"为"没有传人"则有可商。笔者认为，若无传人，郑、何等从何而得"货真价实的'孔注'"？所谓"而世不传"仍当与《后序》所述"《论语》则不使名家"、未得"施行"等有关，盖指私下传学，既未立学官，亦不得官方簿籍之著录，故不能为世所广传也。《汉书·孔安国传》详载《古文尚书》源流，亦因《古文尚书》等新莽时曾立学官，为一代之典章制度所系（虽然对于班固来说，新莽已是伪朝），故不能不详为追溯，非谓古文《论语》等因无传人而不及之也。要而论之，除伪《古文尚书》经传已证定为伪作之外，其他类如《论语注》等冠名"孔安国"者皆与安国之传学有一定的渊源关系，未必尽出于伪作之一途，其传播之隐晦，多缘私学非官学也。笔者以为"末《序》"所谓安国为"《古文论语训》十一篇"即其一也，而"十一篇"或为"二十一篇"之脱一"二"字而讹传所致，盖亦如安国为"古文""《尚书传》五十八篇"之例，古经一篇为传亦一篇也。至于《汉志》著录"《孝经》古孔氏一篇"而"末《序》"载安国为"《孝经传》二篇"，篇数亦不同，则未必为流传中文字之错讹，因《孝经》原文就短，"一篇"足矣；"传文稍繁"，"二篇"乃足也。《敦煌类书·录文篇》231－34－01"坟籍"有云："《孔子家语》共十卷，总四十四篇；《古文尚书》十三卷，五十八篇；《古文论语》十卷，廿一篇；

① 王素编著《唐写本论语郑氏注及其研究》，文物出版社，1991，王素述罗、王之说见第244页，王氏自己的见解见第250～251页。

《孝经传》二篇。”① 所记著述皆与“末《序》”所载孔安国相关，所举典籍之名，全同，除《家语》外，与《汉纪》所载亦密合；而篇数除“《古文论语》”外，皆同。可证原本《家语》“末《序》”原文当为“《古文论语训》二十一篇”，与《敦煌类书》所谓“《古文论语》十卷，廿一篇”篇数相合，今本误夺“二”字。凡此不可拘泥而论，亦不详说之。可以想见当孔猛辈所处之时代，安国一脉传承下来之诸传或皆尚存，据所见而言，故有此说；或相传自有此事，据所闻而录。丁晏、皮锡瑞等竟以为皆王肃一手所伪，殊不可通。

四 《家语》“末《序》”所载孔安国年寿世次征实

以上的讨论，颇涉及今本《家语》文字之讹误而所述事类或有夸张之处而未必为刻意伪造所致。笔者必须郑重地指出，这是一个非常严重的事实，甚至可以说是一种通例。前文只就《后序》所述安国之著述而加以讨论，由此而牵连到安国之世次年寿等生平行实，尤其如此。

请先论年寿，再及世次。

关于安国年寿问题的讨论，如上文沈钦韩所述，由清儒辨伪《古文尚书》案而来。阎若璩《尚书古文疏证》云：

> 予尝疑安国献书遭巫蛊之难，计其年必高，与马迁所云“早卒”者不合。信《史记》“早卒”，则《汉书》之献书必非安国；信《汉书》献书，则《史记》之安国必非早卒。然马迁亲从安国游者也，记其生卒，必不误者也。窃意天汉后安国死已久，或其家子孙献之，非必其身，而苦无明证。越数载，读荀悦《汉纪·成帝纪》云：“鲁恭王坏孔子宅，得古文《尚书》多十六篇。武帝时，孔安国家献之，会巫蛊事，未列于学官。”于“安国”下增一“家”字，足补《汉书》之漏。益自信此心此理之同，而《大序》所谓“作传毕，会国有巫

① 王三庆：《敦煌类书·录文篇》，台北：台湾丽文文化事业股份有限公司，1993，第 273 页。转引自张固也、赵灿良《〈孔子家语〉分卷变迁考》，《孔子研究》2008 年第 2 期第 61 页。检核原书，确是如此。

蛊”出于安国口中，其伪不待辨矣。[①]

阎氏之说，据《史记》安国“早卒”之记载，及《汉纪》有“家”之文，似解决了《史》《汉》年寿不合的矛盾，立论之巧，既为阎氏之所自负，又颇为后学所从。如王鸣盛云：“宋本《文选》，刘歆《移书》亦有‘家’字，巫蛊出安国口中，其谬可知。”[②] 既为进一步证成阎氏之说，似此案可毋庸再议矣！然“亦有‘家’字”之“宋本《文选》刘歆《移书》”颇不易睹，博学如黄彰健，亦无奈地说：“王鸣盛所见宋本，惜未见。”[③] 我们要问的是即令“刘歆《移书》”与《汉纪》同作“安国家献之”，《汉书》与《汉纪》所指称者是否只能为安国之后代？是否必须将安国本人除外？《史记·孔子世家》安国“早卒”之文果可据乎？

《家语》“末序”云：

> ……年四十为谏议大夫，迁侍中博士……子国由博士为临淮太守，在官六年，以病免，年六十卒于家。其后，孝成皇帝诏光禄大夫刘向校定众书，都记录名《古今文书论语别录》。子国孙衍为博士，上书辨之曰……[④]

所谓“年四十”已经为官“谏大夫”[⑤] 等，至“年六十卒于家”云云，显与《史记》“早卒”之说不合，是《家语》伪书不足据，还是《史记》的记载有问题？以往学者固守《史记》，多信阎若璩之说，近年因阜阳双古堆汉简等出土新材料的启发，学者乃始信《家语·后序》的记载，而不从《史记》之说。如胡平生就果断地认为：

> 两序中的确也有一些问题，例如孔安国的寿龄长短、任官时间、献书年代等等。这些问题，在其它文献记载中已相互矛盾，莫衷一

① （清）阎若璩：《尚书古文疏证》卷二，（清）阮元、王先谦编《清经解、清经解续编（附索引）》，第玖册，第126页上栏~中栏。

② （清）王鸣盛著，顾实田、刘连朋校点《尚书后案》下册，第682页。

③ 黄彰健：《经今古文学问题新论》，中研院历史语言研究所，1982，第35页。

④ 参见杨朝明、宋立林主编《孔子家语通解》，第580、581页。

⑤ “谏议大夫”为“谏大夫”之讹，参前儒及张固也等说。

是，两序一出，又增一说，但是我们如果以两序为主折衷全部材料，却能够排出一张比较合理的“孔安国大事年表”……“早卒”之说，不见于《儒林传》、刘歆《移太常博士书》《艺文志》等，今不依此说，而采用王序（巍按：称“王序”不确）“年六十卒于家”说，大体上可以理顺各种关系。①

张固也在此基础上进一步“以‘年四十为谏（议）大夫’作为最重要的支点”，重排“孔安国大事年表”，亦有进境，并认为：

（阎若璩）这个校勘学上的著名案例，其实难以成立。因为《汉书》两言“安国献之”，不太可能都是脱漏所致……既然孔衍序（巍按：称“孔衍序”亦不确）先言“天汉”，后言“巫蛊事起”，当指征和之事无疑，不容作其它解释。

又推测道：

班固记载孔子世系是根据《史记》略作删节的，其所见《史记》“武生延年”四字很可能在“早卒”二字前，今本偶有错简。②

这又涉及今本《史》《汉》所记安国世次相差一代的歧异问题，至于所谓安国之“早卒”，他归结为“今本偶有错简”所致。胡、张诸说未尽而颇有见地，然此后研究安国生平与学术或者辨伪《家语》者，颇有不加采信之者。如陈以凤博士论文《孔安国学术研究》仍本《史记》“早卒”之说立论；邬可晶博士论文《〈孔子家语〉成书时代和性质问题的再研究》亦坚守阎若璩、王鸣盛之名校云：

既然《尚书大序》的“既毕，会国有巫蛊事”是后人据脱“家”字的误本而作的伪品，那么《家语》后《序》的“既成，会值巫蛊

① 胡平生：《阜阳双古堆汉简与〈孔子家语〉》，《国学研究》第7卷，第526～527页。

② 张固也：《西汉孔子世系与孔壁古文之真伪》，《史学集刊》2008年第2期，第18、15页。

事”和孔衍奏书的“既毕讫，会值巫蛊事起”恐怕也应该是伪造的。[①]

此说近据阎、王而远本《史记》，辨伪思路则与蒋善国所谓《后序》抄袭《尚书大序》之说如出一辙。

笔者认为，学者对《史记》安国“早卒”与“末《序》”安国“年四十为谏（议）大夫，迁侍中博士……年六十卒于家。”两种截然不同的说法，疑者自疑信者自信，其根源有两点特别值得注意：一是今本《史记》之误文，尚未得到深入的揭发；二是今本《家语》“末《序》”之错文亦有待彻底的梳理。今试分析如下。

关于孔安国的世次，学术界众说纷纭、莫衷一是。有学者作了综述：

> 与孔安国生卒时间问题相类，学者们在孔安国的世次问题上亦存有异议，目前主要有三种说法：第一种是认为其为孔子第十一代孙，黄怀信先生持此说；[②] 第二种是认为其为孔子第十二代孙，张立兵持此说；[③] 第三种是认为其为孔子第十三代孙，张固也持此说。[④] 产生三种不同观点的原因在于《汉书》《史记》和《孔子家语·后序》等史料记载存有不同之处……[⑤]

可惜，作者漏略了一种看法：即安国为孔子十世孙之说。此说，王叔岷氏坚执之。《史记·孔子世家》“忠生武，武生延年及安国。”日人泷川资言《史记会注考证》引梁玉绳道：

> （《汉书》）《孔光传》：“忠生武及安国，武生延年。”（《家语》）《后序》：“季中生武及子国（安国字）。”《唐表》：“忠二子：武、安

① 原注参看（清）孙志祖《家语疏证》，《续修四库全书》931册，第259页；屈万里《先秦文史资料考辨》，第475页。见邬可晶《〈孔子家语〉成书时代和性质问题的再研究》，第276页。

② 原注参见黄怀信《〈孔从子〉与孔子世系》，黄怀信、李景明主编《儒家文献研究》，齐鲁书社，2004，第221～339页。

③ 原注参见张立兵《对史载汉初孔子后裔世系的一点辨正》，载《孔子研究》2009年第5期。

④ 原注参见张固也《西汉孔子世系与孔壁古文之真伪》，载《史学集刊》2008年第2期。

⑤ 陈以凤：《孔安国学术研究》，第12页。

国，武生延年。”则《史》以安国为武子，误也。《阙里考》云：“武字子威。”

王叔岷《史记斠证》按云：

安国如为武之子，则是孔子十一世孙。故《尚书序疏》云：“《孔子世家》云，安国是孔子十一世孙。”《论语序邢疏》亦云：“《世家》，安国孔子十一世孙。”据《孔光传》《后序》《唐表》，安国是忠之子，则为孔子十世孙。敦煌本《尚书目录》（伯目二五四九），卷末有孔安国小传：“孔国，字子国。又曰孔安国，汉武帝时为临淮太守，孔子十世孙。”称孔国，未知何据，恐晚出。称“孔子十世孙”，则与《孔光传》《后序》《唐表》合。是也。去秋陈铁凡君据此小传撰文以证史公之误，且以质于岷。岷以为史公记事，固有纰缪。然史公曾从安国受学，决不致误安国为忠之孙，武之子。此文盖本作“忠生武及安国，武生延年。”与《孔光传》《后序》《唐表》及敦煌本《尚书序》卷末小传皆合。“及安国”三字，盖传钞误倒在“武生延年”下耳。孔颖达、邢昺并未留意及此，遂以为《世家》云“安国是孔子十一世孙。”后人亦纷纷以史公为误矣！①

王氏广征博引，列诸说甚详，颇便检讨，然推按似有不当。“孔子十世孙”之说只见于敦煌本《尚书目录》卷末孔安国小传，与《孔光传》《孔子世家》《后序》诸说皆不合，孤证不立，不可为据。问题的关键是“孔子第 n 世孙”的数法难以确定（如从哪一代算起？孔子本人在不在第一代内?），数法不同世次自然各异。见在文献中最可依据的，为《汉书·孔光传》。其言云：

孔光字子夏，孔子十四世之孙也。孔子生伯鱼鲤，鲤生子思伋，伋生子上帛，帛生子家求，求生子真箕，箕生子高穿。穿生顺，顺为魏相。顺生鲋，鲋为陈涉博士，死陈下。鲋弟子襄为孝惠博士，

① 王叔岷撰《史记斠证》卷四七，中华书局，2007，第3册，第1794页。

> 长沙太傅。襄生忠，忠生武及安国，武生延年。延年生霸，字次儒。霸生光焉。安国、延年皆以治《尚书》为武帝博士。安国至临淮太守。霸亦治《尚书》，事太傅夏侯胜，昭帝末年为博士，宣帝时为太中大夫，以选授皇太子经，迁詹事，高密相。是时，诸侯王相在郡守上。[1]

其所以最可据依，主要在于首句“孔光字子夏，孔子十四世之孙也。”明文有孔光这一世次定点，而且“十四”之“四”字讹误的可能性很小，至少比“一”“二”“三”等互错的可能性小得多了。有此一定点，其余皆可顺推。最保险的办法，是逆推，我们就从孔光为十四世孙为起点上推，结果如下：

孔光字子夏，孔子十四世之孙也。孔子（1）生伯鱼鲤（2），鲤生子思伋（3），伋生子上帛（4），帛生子家求（5），求生子真箕（6），箕生子高穿（7）。穿生顺（8），顺为魏相。顺生鲋，鲋为陈涉博士，死陈下。鲋弟子襄（9）为孝惠博士，长沙太傅。襄生忠（10），忠生武及安国（11），武生延年（12）。延年生霸（13），字次儒。霸生光（14）焉。

这是读“鲋弟子襄”为孔鲋之弟“子襄”，一说读为孔鲋之弟之子“襄”：《史记·孔子世家》“子襄生忠”，钱大昕《廿二史考异》按云：“上云鲋弟子襄，此云子襄生忠，是子襄为鲋弟矣。《汉书·孔光傅》‘鲋弟子襄，襄生忠’，则襄为鲋弟之子矣。孔光为孔子十四世孙，鲋、襄各为一世，乃合十四之数。此文盖衍一‘子’字。”[2] 这样读，盖将孔子本人除外，从孔鲤算起为第一代，不确。王先谦《汉书补注》引王鸣盛云：“十四世连前后并及身总言之，后人言谱牒者皆当以此为例。沈约《宋书自序》、萧子显《南齐书》序太祖道成先世例同。”[3]（魏按：说详王鸣盛《十七史商榷》卷二十六[4]）王氏此说可从。因此我们认为：《孔光传》“襄生忠”，逆向运用钱大昕说例，疑夺一“子”字，《汉书·孔光传》原

---

① （汉）班固撰《汉书》卷八一《孔光传》，第 3352 页。

② （清）钱大昕著，方诗铭、周殿杰校点《廿二史考异（附：三史拾遗、诸史拾遗）》卷四，上海古籍出版社，2004，上册，第 57 页。

③ （清）王先谦：《汉书补注》卷八一《孔光传》，下册，第 1435 页上栏。

④ 详见王鸣盛《十七史商榷》卷二六，陈文和主编《嘉定王鸣盛全集》，中华书局，2010，第 4 册，第 278～279 页。

文当为“子襄生忠”；《汉书·古今人表》第三等（上之下）“孔襄（孔鲋弟子）”王先谦《汉书补注》云：“‘子’字衍。钱大昕云：‘当与孔鲋同等’（巍按：见钱著《三史拾遗》，原文此后尚有‘误超二格’四字。[①] 孔鲋于《人表》列第五等中之中。）此皆刊本之误，非班意。”[②] 我们认为今本《人表》“孔襄（孔鲋弟子）”原文当为“孔子襄（孔鲋弟）”，“子”字非衍，而是误挪了位置。照钱氏的看法，孔襄为孔鲋之弟之子，而我们则认为孔子襄为孔鲋之弟。《古今人表》终止于孔鲋、陈胜、董翳、孔子襄、吴广、司马欣。表中他们时序紧接，表中人物为孔鲋之弟的可能性比是孔鲋之弟之子的可能性大得多了。

然无论怎样读，均不影响逆推上去安国为孔子第十一代孙。依《史记·孔子世家》“忠生武，武生延年及安国”之文，多一代，照《汉书·孔光傅》算法，为孔子第十二代孙。（无论“十一”与“十二”，均与敦煌本《尚书目录》卷末孔安国小传“十代孙”说不合，王说非是。）所以《尚书序疏》云：“《孔子世家》云，安国是孔子十一世孙。”《论语序邢疏》亦云：“《世家》，安国孔子十一世孙。”唐、宋两代这一致的说法不知是怎样算出来的，颇疑“十一”为“十二”之讹。王叔岷氏盖据此等误说，推减一年，而以为“称‘孔子十世孙，’则与《孔光传》《后序》《唐表》合”，显然错了，错因盖不单在于未细审《孔光传》等的记载，又强与敦煌本《尚书目录》卷末孔安国小传相附会所致。

而王说“‘及安国’三字，盖传钞误倒在‘武生延年’下耳。”则可备一说。其实今本《史记·孔子世家》的问题，是远不止于此的。

让我们先来看今本《史记》之记载，问题到底在哪里。为此必须回到原书上下文：

孔子生鲤，字伯鱼。伯鱼年五十，先孔子死。

伯鱼生伋，字子思，年六十二。尝困于宋。子思作《中庸》。

子思生白，字子上，年四十七。

---

① （清）钱大昕著，方诗铭、周殿杰校点《廿二史考异（附：三史拾遗、诸史拾遗）》，第1415页。

② （清）王先谦：《汉书补注》卷二〇《古今人表》，上册，第388页上栏。

子上生求，字子家，年四十五。

子家生箕，字子京，年四十六。

子京生穿，字子高，年五十一。

子高生子慎，年五十七，尝为魏相。

子慎生鲋，年五十七，为陈王涉博士，死于陈下。

鲋弟子襄，年五十七。尝为孝惠皇帝博士，迁为长沙太守。长九尺六寸。

子襄生忠，年五十七。

忠生武，武生延年及安国。安国为今皇帝博士，至临淮太守，早卒。安国生卬，卬生驩。[1]

照王叔岷的看法，原本末句当为："忠生武及安国，武生延年。安国为今皇帝博士，至临淮太守，早卒。安国生卬，卬生驩。"经此校正，安国之世次倒是与《汉书·孔光传》相合了（与敦煌本《尚书目录》不合），但也产生了一个问题，即如此改动与太史公笔法不甚相合。仔细揣摩司马迁书法，他叙孔子至子慎一线单传，均用"生"字，至有二男，乃用"弟"字之例，如上文子慎有二子"鲋"与"子襄"，变"生"文用"鲋弟子襄"表述，一则以见子慎之两子，一则以见"鲋"为兄"子襄"为弟。史公用墨之精审，于此可见。但他不用"子慎生鲋及子襄"这样的表述，细味之，盖为分述两人行事之方便与清晰。史公用心之周到，亦于此可见。这使我们有理由推断下文述武与安国兄弟也会采用同一书法，今本之讹文是否出在"及"字上？而且，今本史文之错误，远不止此。史公述孔子后代的年寿，无一例外详举细数，（尽管如梁玉绳说"《后序》子高年五十七。但此所书孔氏之年，慎、鲋、襄、忠四人，三代皆五十七岁，并子高则四世同寿，可疑也。"[2] 不排除偶有误文的可能，无论如何，古籍中数字之错讹概率总要大些，本书讨论所及尤其是如此，上文如"末《序》"所谓安国为"《古文论语训》十一篇"之"十一篇"当为"二十一篇"脱"二"字而讹，下文还会出现，如"末序"云："孔安国，字子

① （汉）司马迁撰《史记》卷四七《孔子世家》，第1946～1947页。

② （清）梁玉绳撰《史记志疑》卷二五，中华书局，1981，第3册，第1141页。

国，孔子十二世孙也。”之“十二”误例。）无缘亲从问学的安国，既知其“卒”，而不书年数，岂有此理？如张固也说“早卒”者为他人若孔延年者，唯以此例衡之，亦当细数之也。且《汉书》亦无延年“早卒”之说，紧见下文。

为了进一步了解史公之特笔，很有必要将之与班固之《汉书·孔光传》加以比较。据上文所引，班氏均不详年寿，这是与史公最大的不同，所以“早卒”之说是最有问题的。至于学者为弥合《史》《汉》之矛盾而提出各种“早卒”异说（参见蒋善国《尚书综述》与陈以凤《孔安国学术研究》，此不赘），似皆为横生支解。《汉书》说“忠生武及安国”，当然可以视作本于《史记》，以变文之例圆之，与前史公“弟”例不同，亦可通也。惟《史》文后又有“安国生卬，卬生驩”之记载，日人泷川氏《考证》说：“此盖天汉以后事，后人补记。”① 盖泷川氏以为史公不及安国后代时事尤其难悉其孙辈之事，故有此说，颇有道理。然这一记载很有问题。《孔丛子》所附《连丛子·叙世》云：

> 臧子琳，位至诸吏，亦传学问。琳子黄，厥德不修，失侯爵。大司徒光，以其祖有功德而邑土废绝，分所食邑三百户。封黄弟茂为关内侯。茂子子国，生子卬，为诸生，特善《诗》《礼》而传之。子卬生仲驩，为博士弘农守。善《春秋》三《传》，《公羊》《穀梁》训诸生。仲驩生子立，善《诗》《书》。少游京师，与刘歆友善。尝以清论讥贬史丹，史丹诸子并用事，为是不仕，以《诗》《书》教于阙里数百人……②

王叔岷《史记斠证》于“安国生卬，卬生驩”下按云：“《孔丛子·叙世篇》作子卬；又驩作仲驩。”③ 盖以为《孔丛子》所附《连丛子·叙世》足补《史记》之记载，因名字完全可对上号也。而问题在于世次颇为不伦，《史记》所述与《孔丛子》的记载绝不能弥合。据《连丛子·与从

① （汉）司马迁撰，〔日〕泷川资言考证，水泽利忠校补《史记会注考证附校补》卷四一《孔子世家》，上海古籍出版社，1986，下册，第1165页左下栏。

② 傅亚庶撰《孔丛子校释》卷之七，第452～453页。

③ 王叔岷撰《史记斠证》卷四七，第3册，第1794页。

弟书》与《连丛子·与子琳书》，“侍中子国”为孔臧之从弟，同辈；又据上述《连丛子·叙世》则孔“臧”为“子国”曾祖辈。“侍中子国”（安国?）与“茂子子国”绝不能为一人。示意如下：

臧————琳————黄

侍中子国　　　　　茂————子国

由此可见，王氏这条斠证不能成立。《家语》“末《序》”云：“孔安国，字子国。”他的错误在于将《孔丛子》所载“茂子子国”与《史记·孔子世家》的“安国”混淆了。王氏的疏误很有启发性，到底是《孔丛子》本《史记》生造世系，还是今本《史记》误据《孔丛子》而为此说呢？众所周知，《孔丛子》这类书颇有夸张失实的记载，上段自孔臧至孔子立以下的记载就不无可议之处，[①] 但是不至于同一书中文字紧挨着的两处记载会有太过明显的错乱，“侍中子国”与“茂子子国”非一人，这一点是再清楚不过的。我们认为是今本《史记》与王氏犯了同样的错误，而之所以如此，因这一段话绝非史公之亲笔，而是如泷川氏所言乃“后人补记。”为泷川氏所不知而更严重的是，“补”又补错了。从此人稀里糊涂参考《孔丛子》一段不甚可靠的记载来看，补笔至少出于东汉之后。这位好事者很不了解孔氏之家事，像安国“早卒”云云，亦为此人之补笔。因此我们认为今本《史》文“忠生武，武生延年及安国。安国为今皇帝博士，至临淮太守，早卒。安国生卬，卬生驩。”其中“蚤卒。安国生卬，卬生驩”皆为后人补笔，史公原文至“安国为今皇帝博士，至临淮太守”而绝。至于上文“忠生武，武生延年及安国”之不通，如王叔岷说为“忠生武及安国，武生延年”之“传钞误倒”，我们觉得或当为“武生延年，（武）弟安国”之讹，“弟”与“及”形近而讹，与史公上文“弟”之述例笔法一致，另一方面，如此行文，紧接下文安国事尤为顺当。所以今本

① 如黄怀信说：“孔臧之孙孔茂既与孔光同时，则已是刘歆同时人，而下云茂四代孙子立与刘歆友善，已是不可能之事，再下又记子立之孙子建不仕于莽，祖孙七代均与王莽同时，显然是荒唐的。”参见氏著《〈孔丛子〉与孔子世系》，载黄怀信、李景明主编《儒家文献研究》，齐鲁书社，2004。转引自张固也《西汉孔子世系与孔壁古文之真伪》，《史学集刊》2008 年第 2 期，第 14 页。

《孔子世家》关于孔安国的记载是很不可靠的，运用此段材料，得万分小心。

安国“早卒”云云不可据之说既明，则如胡平生、张固也等揭示者，《家语》“末《序》”所述安国“六十而卒于家”等记载大体可信，或者也可说相互参证。我们回过头来看“古文”“孔安国献之”尤其是“孔安国家献之”的确切意谓。今先汇录有关记载如次。

《史记·儒林列传》云：

> 伏生者，济南人也……自此之后，鲁周霸、孔安国，雒阳贾嘉，颇能言《尚书》事。孔氏有古文《尚书》，而安国以今文读之，因以起其家。（巍按：此读法有问题，详下文）逸《书》得十余篇，盖《尚书》滋多于是矣。[①]

《汉书·儒林传》道：

> 孔氏有古文《尚书》，孔安国以今文字读之，因以起其家逸《书》，得十余篇，盖《尚书》兹多于是矣。遭巫蛊，未立于学官。安国为谏大夫，授都尉朝，而司马迁亦从安国问故。（巍按：参见《经典释文序录》“卿者兒宽门人，又从欧阳氏问，为学精熟，所问非一师”[②] 的类似有关“从”师“问”学的记载，“故”字连从下文读为是，此亦不确。）迁书载《尧典》、《禹贡》、《洪范》、《微子》、《金縢》诸篇，多古文说。[③]

《汉书·楚元王传》录刘歆《移书让太常博士》云：

> 及鲁恭王坏孔子宅，欲以为宫，而得古文于坏壁之中：逸《礼》，有三十九篇；《书》，十六篇，天汉之后，孔安国献之，遭巫蛊仓卒之难，未及施行；及《春秋》，左氏丘明所修——皆古文旧书，多者二

---

① （汉）司马迁撰《史记》卷一二一《儒林列传》，第3124～3125页。

② （唐）陆德明撰，黄焯汇校，黄延祖重辑《经典释文汇校》卷一，第12页上栏。

③ （汉）班固撰《汉书》卷八八《儒林传》，第3607页。

十余通，臧【藏】于秘府，伏而未发。[①]

《汉志》曰：

> 古文《尚书》者，出孔子壁中。武帝末，鲁共王坏孔子宅，欲以广其宫，而得古文《尚书》及《礼记》、《论语》、《孝经》凡数十篇，皆古字也。共王往入其宅，闻鼓琴瑟钟磬之音，于是惧，乃止不坏。孔安国者，孔子后也，悉得其《书》，以考二十九篇，得多十六篇。安国献之。遭巫蛊事，未列于学官。[②]

荀悦《汉纪》述刘向所言云：

> 鲁恭王坏孔子宅以广其宫，得古文《尚书》多十六篇，及《论语》《孝经》，武帝时孔安国家献之，会巫蛊事，未列于学官。[③]

《家语》"末《序》"载孔衍奏书曰：

> 然其典雅正实，与世所【相】传者，不可同日而论也。光禄大夫向，以其为时所未施行，故《尚书》则不记于《别录》，《论语》则不使名家也。臣窃惜之。且百家章句，无不毕记，况孔子家古文正实而疑之哉！[④]（巍按：本人的校正详见前文）

上述诸文涉及"家"字处甚多，古来学者有不同的理解。《史》《汉》《儒林传》："因以起其家逸书得十余篇。"司马贞《史记·索隐》于"《逸书》"后逗开，"按：孔臧与安国书云'旧《书》潜于壁室，欻尔复出，古训复申。唯闻《尚书》二十八篇取象二十八宿，何图乃有百篇。即知以

① 具体读法，参见拙文《读刘歆〈移书让太常博士〉——汉代经学"古文"争议缘起及相关经学史论题探》，载《社会科学研究》2012 年第 4 期，此不赘。

② （汉）班固撰《汉书》卷三〇《艺文志》，第 1706 页。标点有所调整。

③ 张烈点校《两汉纪》卷二五，上册，第 435 页。

④ 参见杨朝明、宋立林主编《孔子家语通解》，第 581 页。

今觿古，隶篆推科斗，以定五十余篇，并为之传也’。《艺文志》曰：‘二十九篇，得多十六篇。’起者，谓起发以出也。”[①] 王先谦《汉书补注》于“起其家”后逗开，引何焯之说曰：“‘起其家’，似谓别起家法，司马贞云‘起者，谓起发以出也。’则当属下‘逸书’读。”[②] 王念孙《读书杂志》云：

> 当读“因以起其家”为句，“逸书”二字连下读。起，兴起也。家，家法也。（《后汉书·顺帝纪》曰：“先能通经者，各令随家法。”《儒林传》曰：“立五经博士，各以家法教授。”《徐防传》曰：“汉立博士，十有四家。”）汉世《尚书》多用今文，自孔氏治古文经，读之、说之，传以教人，其后遂有古文家。（《论衡·感类篇》说《金縢》曰：“古文家以周公奔楚，故天雷雨以悟成王。”）是古文家法，自孔氏兴起也。故曰：“因以起其家”。《汉书·艺文志》曰：“凡《书》九家”，谓孔氏古文、伏生《大传》、欧阳大小夏侯说，及刘向《五行传》、许商《五行传记》《逸周书》《石渠议奏》也。《刘歆传》曰：“数家之事，皆先帝所亲论，今上所考视。”谓《逸礼》《古文尚书》《春秋左氏》也。是《古文尚书》自为一家之证。《书序正义》引刘向《别录》曰：“武帝末，民间有得《泰誓》者，献之，与博士，使读、说之，数月皆起。”《后汉书·桓郁传注》引华峤书曰：“明帝问郁曰：子几人能传学？郁曰：臣子皆未能传学，孤兄子一人，学方起。上曰：努力教之，有起者，即白之。”是“起”谓其学兴起，非谓发书以出也。《逸书》已自壁中出，何又言起发以出邪？[③]

今按，何焯尤其是王念孙力申“别起家法”之说，以与司马贞“起者，谓起发以出也”说立异，后学多从之，言似甚辨，实未必然。《孔臧与安国书》今见载于《孔丛子》，其书是否可据另当别论，小司马引之证“起发以出”说，显然非谓孔安国如鲁恭王无意之中挖出一堆古书而莫名

---

① （汉）司马迁撰《史记》卷一二一《儒林列传》，第 3125～3126 页。

② （清）王先谦：《汉书补注》卷八八，下册，第 1520 页上栏。

③ （清）王念孙：《读书杂志》三之六，《史记第六》“因以起其家”条，第 160 页上栏～下栏。

其妙般的“发得”，所以王念孙之所谓“非谓发书以出也。《逸书》已自壁中出，何又言起发以出邪”的指责，对司马贞来说完全落空，太冤枉了；王氏对《索隐》之文是断章取义的。两种说法的差别，还在于：司马氏重在解“起”字，而何、王两氏别说“家”为“家法”。我们认为，后说有增字解释之失。王念孙以后汉“家法”观念，强解先汉史公之文，未得为契合历史的观点。旧读“因以起其家逸书，得十余篇……”不可废也。史迁述《尚书》学渊源，无论伏生与孔安国，均先说藏书、得书、有书、起书之事，再记其传学。马、班皆强调“盖《尚书》滋多于是矣。”既指安国“读”“发”之功，又标孔家文本之特尊。此所以史汉之文必先记“孔氏有古文《尚书》”，后乃记安国之传学；此安国也，必强调身为“孔子后也”；“以今文（字）读之”“起”之者，贵以其为“孔氏”（孔家）之书也；“孔安国献之”者，亦尊以其为“孔氏”之书也；“武帝时孔安国家献之”者，以孔安国及其家在“武帝时”为“孔氏”之代表也；其书其学以别立一家“家法”为“百家”之一“家”为可贵乎，抑其为“孔子家古文正实”而可尊邪？太史公何得睹后世森严之“家法”、安国“早卒”之补笔，刘歆、荀悦又哪里梦想得到后世《古文尚书》案辩难之纷纭，而强说之孔安国必不得亲历天汉后献书之事，必不能置身于“孔安国家”之中而必谓“孔安国家”为孔安国之后代乎？所谓“其家”“孔安国家”，重其先人邪，抑重其后嗣邪？凡此皆可覆案原文，不待烦言而解者也。

所以孔安国之重要，不仅因其才学仕履颇有可观，兼因其为孔子之“后”、圣学所系也。那么他到底是孔子的第几代孙呢？前文已知近人有“十世孙”（王叔岷）“第十一代孙”（黄怀信）、“第十二代孙”（张立兵）、“第十三代孙”（张固也）诸说，笔者也以孔子第十一世孙为是，详上文，这里要讨论的是《家语·后序》所载是否确实的问题。

王叔岷说：“敦煌本《尚书目录》卷末有孔安国小传称‘孔子十世孙，’则与《孔光传》《后序》《唐表》合。”是则他以《家语·后序》所载孔安国亦为“孔子十世孙”，张固也亦是据《家语·后序》立说，他的看法则为“第十三代孙”，而《家语》“末序”的原文第一句话则是：“孔安国，字子国，孔子十二世孙也。”同一《家语·后序》为何引出如此纷纭之歧说？《家语·后序》的可信度到底如何？请先录“末《序》”原文如次：

孔安国，字子国，孔子十二世孙也。孔子生伯鱼。鱼生子思，名伋。伋常遭困于宋，作《中庸》之书四十七篇，以述圣祖之业，授弟子孟轲之徒数百人，年六十二而卒。子思生子上，名白，年四十七而卒。自叔梁纥始出妻，及伯鱼亦出妻，至子思又出妻，故称孔氏三世出妻。

子上生子家，名傲，后名永，年四十五而卒。子家生子直，名榼（巍按，孙志祖本作“榼”；[1] 范家相本作“樣”[2]），年四十六而卒。子直生子高，名穿，亦著儒家语十二篇，名曰《讕言》（巍按：范、[3]孙本均作“《谰言》”；孙校曰：“毛本讹讕”[4]），年五十七而卒。子高生武，字子顺（巍按，孙校：“‘子顺’，《史记》作‘子慎’，慎、顺通。《汉书》作‘顺’。”[5]），名微（巍按：范本作“徵”[6]），后名斌，为魏文王相，年五十七而卒。子武生子鱼，名鲋；及子襄，名腾；子文，名祔。子鱼后名甲。子襄以好经书博（巍按：范本作“传”[7]）学，畏秦法峻急，乃壁藏其家语（巍按：“语”字为衍文，理由详前）《孝经》《尚书》及《论语》于夫子之旧堂壁中。子鱼为陈王涉博士、太师，卒陈下，生元路，一字元生，名育，后名随。

子文生最，字子产。子产（巍按：范本无“子产”二字[8]）后从高祖，以左司马将军从韩信破楚于垓下，以功封蓼侯，年五十三而卒，谥曰夷侯。长子灭嗣（巍按，孙校：“《史记·高祖功臣表》作‘臧’，此‘灭’字讹。”[9]），官至太常。次子襄，字子士，后名让，为孝惠皇帝博士，迁长沙王太（巍按：范本作“大”[10]）傅，年五十七而卒。生季中（巍按，孙校：“《史记》‘子襄生忠’，《书序疏》引

---

① （清）孙志祖：《家语疏证》卷六，《续修四库全书》第931册，第258页下栏。
② （清）范家相：《家语证伪》卷一一，《续修四库全书》第931册，第185页上栏。
③ （清）范家相：《家语证伪》卷一一，《续修四库全书》第931册，第185页上栏。
④ （清）孙志祖：《家语疏证》卷六，《续修四库全书》第931册，第258页下栏。
⑤ （清）孙志祖：《家语疏证》卷六，《续修四库全书》第931册，第258页下栏。
⑥ （清）范家相：《家语证伪》卷一一，《续修四库全书》第931册，第185页上栏。
⑦ （清）范家相：《家语证伪》卷一一，《续修四库全书》第931册，第185页上栏。
⑧ （清）范家相：《家语证伪》卷一一，《续修四库全书》第931册，第185页上栏。
⑨ （清）孙志祖：《家语疏证》卷六，《续修四库全书》第931册，第259页上栏。
⑩ （清）范家相：《家语证伪》卷一一，《续修四库全书》第931册，第185页上栏。

《史》作‘中’。”[①]），名员，年五十七而卒。生武及子国。[②]

前文已略提及，此“末序”，最有可能是孔家后人所为，这从其记家事的详明不难看出，又从其载有孔衍之奏书，以及王肃序记书得自“孔子二十二世孙有孔猛者”来看，“末序”很有可能出自孔猛辈。前人有说、近人有持孔衍所作，或称孔衍序的，或以为刘歆参考及之的，皆不确当。带有疑伪倾向而又有总结性看法的，如邬可晶博士云：

> 总之，《家语》后《序》所载孔氏世系有不少自相矛盾以及跟其他史料相扞格之处，可能是后人参考《史记·孔子世家》《汉书·孔光传》的世系和其他材料增添、附会而成的。子文、孔最一支不见于他书记载，但孔最是汉初孔氏爵位最为显赫者（因战功封蓼侯），其子孔臧嗣爵（有人推测后《序》中孔最“官至太常”的灭嗣就是孔臧）。编后《序》的人想方设法在世系中加入官爵显赫的孔最，但又须照顾到孔安国的近祖名中带“襄”字的事实，不得已只能把子襄、孔襄拆为二人，即使造成安国十二世孙与十三世孙的矛盾亦在所不惜，其目的就是想把孔安国排入子文、孔最一支。能这样做的人，应该跟孔安国和孔最都有十分密切的关系。至于这个人可能是谁，我下到本文结语部分再综合其他情况去讨论。[③]

他的结论是，连“《家语》后《序》”与正文，皆王肃之学生如孔猛辈一体有所本而伪作的可能性最大。

我们则认为，就“末《序》”而论，此为孔猛辈所述，其中自相矛盾乃至其他错误不通之处，乃今本文献之讹文错乱所致，决非刻意伪造。

首先必须指出，序文是参考了《史》《汉》的，主要是史家笔法，至于材料则为同源，甚至颇有独家报道，而未必抄自史文。最明显的，“孔安国，字子国，孔子十二世孙也”这一句话至关重要的领起的话，其叙述手

① （清）孙志祖：《家语疏证》卷六，《续修四库全书》第931册，第259页上栏。
② 参见杨朝明、宋立林主编《孔子家语通解》，第579～580页。
③ 邬可晶：《〈孔子家语〉成书时代和性质问题的再研究》，第273页。

法，当本于《汉书·孔光传》“孔光字子夏，孔子十四世之孙也”这样的写法，王鸣盛说“十四世连前后并及身总言之，后人言谱牒者皆当以此为例。”“末《序》”所为，当是效法的好例，而每世必详举卒年，此法则本于《史记·孔子世家》。是则“末《序》”大体综合两家笔法，孔猛辈既身在马、班之后，那是很自然的，至于事迹，则为何不能本于家传呢？

问题的关键是：“末《序》”“所载孔氏世系有不少自相矛盾以及跟其他史料相扞格之处”，到底是怎么回事？

我们就用《汉书·孔光传》所采用的“连前后并及身总言之”算法，来排一下“末《序》”中的孔安国世次：由于传世文献中“二”与“一”“三”互讹的可能性太大，先将首句“孔安国，字子国，孔子十二世孙也”搁置一边，老老实实从孔子排起：

孔子（1）生伯鱼（2）。鱼生子思（3），名伋。伋常遭困于宋，作《中庸》之书四十七篇，以述圣祖之业，授弟子孟轲之徒数百人，年六十二而卒。子思生子上（4），名白，年四十七而卒。自叔梁纥始出妻，及伯鱼亦出妻，至子思又出妻，故称孔氏三世出妻。

子上生子家（5），名傲，后名永，年四十五而卒。子家生子直（6），名槿【孙：“楂”；范：“欀”】，年四十六而卒。子直生子高（7），名穿，亦著儒家语十二篇，名曰《讕言》【范、孙本作“《谰言》”，孙校曰：“毛本讹讕”】，年五十七而卒。子高生武（8），字子顺，名微【范：“徵”】，后名斌，为魏文王相，年五十七而卒。子武生子鱼（9），名鲋；及子襄（9），名腾；子文（9），名祔。子鱼后名甲。子襄以好经书博【范：“传”】学，畏秦法峻急，乃壁藏其家（语）《孝经》《尚书》及《论语》于夫子之旧堂壁中。子鱼为陈王涉博士、太师，卒陈下，生元路，一字元生，名育，后名随。

子文生最（10），字子产。子产【范本无“子产”二字】后从高祖，以左司马将军从韩信破楚于垓下，以功封蓼侯，年五十三而卒，谥曰夷侯。长子灭嗣【孙校：“《史记·高祖功臣表》作‘臧’（11），此‘灭’字讹。”】，官至太常。次子襄（11），字子士，后名让，为孝惠皇帝博士，迁长沙王太【范：“大”】傅，年五十七而卒。生季中（12）【孙校：“《史记》‘子襄生忠’，《书序疏》引《史》作‘中’。”】，名员，年五十七而卒。生武（13）及子国（13）。

排出来的结果是：按今本《家语》“末《序》”所述，字子国的孔安国为孔子第十三世孙。与首句“孔安国，字子国，孔子十二世孙也”相出入一世。邬可晶博士说：“《家语》后《序》关于孔安国所处世代的记载是自相矛盾的，虽然文字上说是孔子十二世孙，但实际上却排在了十三世孙的位置。《史记》载孔安国为十二世孙，《汉书》载孔安国为十一世孙。如果仅就后《序》所说的话来看，孔安国为孔子十二世孙与《史记》相合。”① 无论对“末《序》”真伪持何种看法，今本《家语》的记载确是如此。邬氏又说：“《家语》后《序》在孔鲋弟子襄与孔襄之间，多出元路、孔最一代人……按照《史记》《汉书》的记载，‘为孝惠博士、长沙太傅’的是孔鲋之弟子襄，而不是孔鲋的孙辈孔襄。上文说过，孔鲋是秦末人，‘为陈王涉博士、太师’，他的弟弟当过汉惠帝的博士、长少太傅，年龄上是合适的。从这一点看，《家语》后《序》分子襄、孔襄为二人，中间插入孔最一辈，似有编造之嫌。”② 邬文所及，颇涉关键。“《家语》后《序》分子襄、孔襄为二人，中间插入孔最一辈”，确为《家语》与《史记》《汉书》等相关文献比较而得最为显著之差异、独一无二的记载，如果说“文字上说是孔子十二世孙，但实际上却排在了十三世孙的位置”的“自相矛盾”尚可以传本“二”为“三”字之讹化解之，但“《家语》后《序》在孔鲋弟子襄与孔襄之间，多出元路、孔最一代人”，从而使孔安国为孔子十三世孙之说，与我们已经根据《汉书·孔光传》而推定的孔安国为孔子十一世孙之说，误差两世，这怎么不让人怀疑？因此“似有编造之嫌”“可能是后人参考《史记·孔子世家》《汉书·孔光传》的世系和其他材料增添、附会而成的”诸说，也真的是情有可原的了。然细按之，皆不然也。“末《序》”原文有一段记载最可疑：

> 子武生子鱼，名鲋；及子襄，名腾；子文，名祔。子鱼后名甲。子襄以好经书博【范：“传”】学，畏秦法峻急，乃壁藏其家（语）《孝经》《尚书》及《论语》于夫子之旧堂壁中。子鱼为陈王涉博士、太师，卒陈下，生元路，一字元生，名育，后名随。

① 邬可晶：《〈孔子家语〉成书时代和性质问题的再研究》，第271页。

② 邬可晶：《〈孔子家语〉成书时代和性质问题的再研究》，第271～272页。

此段文字的文理很不通。此述子武三子，一般先讲老大事迹，然此处交代完孔鲋“后名”之后，竟插入一大段老二的藏书事，再讲老大的行事，一人之事而被分割若此，一不通也；最奇怪的是，文中所述孔子后代（无论是他的同辈兄弟还是上下辈）皆有子嗣，而惟“子襄”独无记载，相关交代下落之文字亦为空白，绝不可能，二不通也。关于“子襄”，似除了藏书事外，别无可记。而关于“藏书”故事，旧有三说，陆德明《经典释文序录》云：

> 及秦禁学，孔子之末孙惠壁藏之。（《家语》云：“孔腾，字子襄，畏秦法峻急，藏《尚书》《孝经》《论语》于夫子旧堂壁中。”《汉纪·尹敏传》以为孔鲋藏之。）

吴承仕《疏证》详论之道：

> 《家语·后序》云：……《汉记·尹敏传》以为孔鲋所藏，《孔丛·独治篇》说与《汉记》同。（《序录》作“《汉纪·尹敏传》”云云，颜注《汉书》引作“《汉记》”，按：《汉纪》不得有“传”，师古引作《汉记》者，盖谓《东观汉记》也；《序录》作“《汉纪》”，疑为传写之讹；朱彝尊辄作“荀悦《汉纪》”，益为疏失。）《序录》以为孔惠所藏，《隋书·经籍志》《史通·古今正史篇》说同，不知本何注记，亦不审惠之世次也。（毛奇龄云：“《史记》‘子襄之子名忠’，‘忠’与‘惠’字形相近而误。”此不敢辄定。）按：《家语》《孔丛》皆王肃所私定，难可保信；《汉记》所言或得其实；《序录》以为“孔惠”，当别有所据。校其时，当为子鱼兄弟子姓辈也。伪孔《尚书序》亦云：“秦始皇灭先代典籍，焚书坑儒，天下学士逃难解散，我先人用藏其家书于屋壁。”浑言“先人”，不敢指尺（巍按：“尺”疑“实”字之讹），是其慎也。至《家语》所称安国撰《书、论、孝经传》云云，并不足信，须后详论之。[1]

① （唐）陆德明撰，吴承仕疏证，张力伟点校《经典释文序录疏证（附经籍旧音二种）》，第50~51页。

吴氏纠正了若干误传，可谓审矣，于三说中独取《汉记》“孔鲋”说，甚是。然不信《家语·后序》，终当一辨。我们认为，“末《序》”与《汉记》《孔丛·独治篇》所述为同源，亦持孔鲋藏书说，惟今本颇有讹文混淆之处。“末《序》”“子鱼后名甲”后之“子襄”两字当为衍文，而下段“次子襄，字子士”当为“子襄，一字子士”。“次”字因上文“长子”而误增，“一”之夺依上文“生元路，一字元生，名育，后名随。”例补。子襄，原名腾，又字子士，后名让，置于孔氏中如“元路”等例，有何可怪？笔者的观点是，所谓“《家语》后《序》分子襄、孔襄为二人”的现象，绝非臆造，乃是讹文所致，其实所谓“孔襄”乃是子虚乌有先生，乃孔鲋之弟“孔子襄”误传而生。下文所有述孔“襄”之文，其实皆孔“子襄”之事迹。而“末《序》”之所以采用先述长子孔鲋、再述小子子文、最后述次子子襄的秩序，原因很简单，因为“末《序》”的主人公是孔安国，而子襄为其直系祖上，放在最后一支叙述，有写法上之方便与文字上严密之效，史文自有其例。从陆德明所引已然来看，今本之误，自唐以前已如是矣。《汉记》《孔丛·独治篇》与之密合，可见“末《序》”所载远有渊源，颇为可据。今依校改之文，并重排世次如下：

孔子（1）生伯鱼（2）。鱼生子思（3），名伋。伋常遭困于宋，作《中庸》之书四十七篇，以述圣祖之业，授弟子孟轲之徒数百人，年六十二而卒。子思生子上（4），名白，年四十七而卒。自叔梁纥始出妻，及伯鱼亦出妻，至子思又出妻，故称孔氏三世出妻。

子上生子家（5），名傲，后名永，年四十五而卒。子家生子直（6），名槥【孙：“榼”；范：“檔”】，年四十六而卒。子直生子高（7），名穿，亦著儒家语十二篇，名曰《讕言》【范、孙本作“《谰言》”，孙校曰：“毛本讹讕”】，年五十七而卒。子高生武（8），字子顺，名微【范：“徵”】，后名斌，为魏文王相，年五十七而卒。子武生子鱼（9），名鲋；及子襄（9），名腾；子文（9），名祔。子鱼后名甲。（子襄）（魏按：衍此二字，则紧接顺叙而下的孔鲋事迹，误归于子襄矣。）以好经书博【范：“传”】学，畏秦法峻急，乃壁藏其家（语）《孝经》《尚书》及《论语》于夫子之旧堂壁中。子鱼为陈王涉博士、太师，卒陈下，生元路，一字元生，名育，后名随。

子文生最（10），字子产。子产【范本无“子产”二字】后从高祖，以左司马将军从韩信破楚于垓下，以功封蓼侯，年五十三而卒，谥曰夷侯。长子灭嗣【孙校：“《史记·高祖功臣表》作‘臧’（11），此‘灭’字讹。”】，官至太常。

（次）（巍按：衍此一“次”字，则“子襄”变为“襄”，成为空空洞洞无子无孙的藏书者，紧接顺叙而下的“子襄”事迹，误归于“襄”矣。）子襄（9），【一】字子士，后名让，为孝惠皇帝博士，迁长沙王太【范：“大”】傅，年五十七而卒。生季中（10）【孙校：“《史记》子襄生忠，《书序疏》引《史》作‘中’。”】，名员，年五十七而卒。生武（11）及子国（11）。

结果是：其实原文子国为孔子第十一代孙，今本首句“孔安国，字子国，孔子十二世孙也”当为“孔安国，字子国，孔子十一世孙也。”“二”字为“一”字之讹，传世文献颇见其例，无缘传述者本人有算不清世次的。如此，又与《汉书·孔光传》密合，岂偶然哉!?

愚之所考，虽自奉甚谨，然仍或有识者质疑之曰：“如此改动原文，恐有‘改字解经’之嫌!”余于通校初稿之际，不期而检得一条极有力之旁证。前文曾引及王应麟《玉海》卷四十一有云：

> 《家语》今自《相鲁》至《曲礼公西赤问》四十四篇，汉元封中孔安国集录(孔子十一世孙)……①

王氏所说，当为对所见《家语》尤其是其《后序》之概括。“孔安国《后序》”云“元封之时，吾仕京师”,② 为“汉元封中”所本；“末《序》”云“又集录《孔氏家语》为四十四篇”,③ 为“集录”一词所从出；孔安国为“孔子十一世孙”的注语，则当径录自“末《序》”第一句话。此颇可证：宋人有见善本《家语》“末《序》”之原文首句为——“孔安国，字子国，孔子十一世孙也”。盖“末《序》”中文，自唐以来已颇有流传之误，于此积重难返之中，尚存至关重要的一句之真，何其幸也！得此一坚

① （宋）王应麟辑《玉海》卷四一，第2册，第773页下栏。

② 参见杨朝明、宋立林主编《孔子家语通解》，第579页。

③ 参见杨朝明、宋立林主编《孔子家语通解》，第580页。

强之定点，则本书所考，满盘皆活。真可谓：虽不中，亦不远矣。

《家语》之“末《序》”既可靠，孔安国之世次既明，以孔安国的口吻写的“孔安国《后序》”，如胡平生等学者论证非亲历者不能为，则如孔《序》所称，《孔子家语》为孔安国所“撰集”，[1] 又有什么可以怀疑的呢？

① “撰集”一词，语出“孔安国《后序》”：“乃以事类相次，撰集为四十四篇。”参见杨朝明、宋立林主编《孔子家语通解》，第579页。

结　论

《孔子家语》最早著录于《汉书·艺文志》，是一部记录孔子及门弟子言行的书。今传王肃注《孔子家语》一书，据王《序》称，得自孔子二十二世孙孔猛，为其家先人之书；所附《后序》则谓为孔安国所“撰集”。然王肃同时郑学之徒马昭指称该书为“肃所增加”，由此渐滋疑议，宋王柏以是书为王肃伪托于孔安国而作，至清儒范家相《家语证伪》、孙志祖《家语疏证》诸家书出，《家语》王肃伪书说浸成定论，疑伪成风，乃至于陈士珂《孔子家语疏证》之辑撰，本为今本辩护的，也被误认为辨伪之作了。近人则承清人之说而加以推演，如屈万里等本崔述说以为《家语》为王肃弟子伪作。又有学者如丁晏据《家语·后序》，以为古文《尚书》经传、《论语孔注》《孝经传》《孔丛子》连《家语》五书均为王肃“一手”所伪。于是，对王肃个人与《孔子家语》此书之疑伪程度达到登峰造极的地步。王肃是否伪造《孔子家语》，是中国学术史上牵连极为深广的著名公案。

20 世纪 70 年代以来，随着一批与《家语》内容有关的战国、西汉时代竹简木牍的面世、敦煌写本《孔子家语》的公布，为重审这一公案，提供了新的材料，也带来了新的契机、形成了新的研究热潮，出现了一批新的研究成果。大致可以归结为两种倾向性的意见：一派可谓今本《家语》可信说。他们认为，与出土简帛相关的《家语》内容远有渊源、史志所著录的《家语》卷数的不同乃分卷方法有异，而非内容有大的缩减或损伤。《孔子家语》为孔安国所编纂或为汉魏孔氏家学之产物，非王肃所能尽伪，王氏不过藉注此书张己说而已。其中也有较为夸张的看法认为，《家语》为研究孔子、孔门生平思想的“第一书”。另一派则可谓重证《家语》伪书说。他们则认为，与出土简帛相比较，《家语》与之的相合程度不如《说苑》等文献，《儒家者言》等出土材料并非《家语》原型，今本《家语》系王肃据《说苑》《礼记》《韩诗外传》等古书撰辑而成此一旧说不可动摇，《家语》的某些篇章虽偶有胜处，其整体价值也未必在《礼记》等书之上，不可过高估计。总之，今本《家语》并非《汉书·艺文志》著录的原本，而是较晚编成之本，尽管为远有所本之纂集，质言之实为王肃或王肃之徒所伪造。

两派都利用了新出土材料，基本上均通过将出土简帛古书与《家语》相关内容加以比勘等方法，但是大家对《家语》一书的时代和性质问题的认识仍存在尖锐的分歧，有的分歧深刻地关涉到对二十世纪疑古思潮的认识与评价。

在这种疑者自疑信者自信的情况下，我们认为应该另辟蹊径，从公案学的角度，对学术史进行深入细致的分析，解剖事实上有千丝万缕关系的公案群，对王肃伪造《家语》说之来龙去脉作一个彻底的侦查与断案。

本书先梳理了此公案的缘起。群经之疏中不仅记载了马昭“《家语》肃所增加，非郑所见”等的质疑初声，也收录了唐宋学者对此的反应。有信从其说的，也有不认可其说的，即使同一个人对此也歧见迭出，渺不为定论。而清代学者所谓张融等与马昭一样不信《家语》的说法，更是不能成立。群经之疏中还可以找到王肃之前《家语》的踪迹，又如一则《家语》关于琴牢的材料所例示的，都可以让人们看到前王肃时代《家语》的流传情况。这对伪作说是不利的。由于马昭为郑学之徒，所以他的指控涉及经学史上的“郑、王之争”，这是《家语》案涉及的第一个学术公案。因此，他的身份，也使其对王肃的指控，缺乏法理上的公正性、学理上的客观性。

从伪书说的理论构成来看，与马昭的王肃“增加”说具有同等重要性的是后人对唐颜师古《汉书·艺文志》注“非今所有《家语》”之诠释，这可以说是它的第二根支柱。其实颜氏本意未必具有质疑今传《家语》文本可靠性的负面意义，而包括《隋书·经籍志》等文献所彰显的唐人主流见解，是认为《家语》为“孔氏所传仲尼之旨”。颜师古的注语到宋代王柏手里，才发展成“古《家语》”“今《家语》”这样文本两分的说法，才提出《家语》为“王肃杂取《左传》《国语》、荀、孟、二戴之绪余，混乱精粗，割裂前后织而成之，托以安国之名”这一系统看法。然而，只要我们覆按王肃注解之语，尤其是某字“宜为”某字之例，细审王肃之校勘成绩，及其明举或未明举相关书名者，可知正是王肃本人最早将这些文献与《家语》的相关性明白揭示，光明正大提出来让人留意的。后人乃循流忘源，反以为王氏作伪的证据，真是极大的反讽。不仅如此，王柏此说的逻辑起点，在于为批驳朱子借证于《家语》校正《中庸》而发，以为他提出将《中庸》分为两篇的创说扫清道路。由于王柏根据《家语·后序》的有关说法加以曲解后提出所谓《家语》历经数变、弥失本真之说，又兼据王肃之校勘工作调转方向以为其“杂取”与伪托，是故从证据的运用上，对今本《家语》采用了“买椟还珠”的方式，从动机与逻辑上看，是《中庸》分篇说之无根推演的结果。这是王柏所谓王肃伪造《家语》说之真谛。它深刻地关联到经学、理学研究史上的《中庸》分篇公案，这是《家语》案涉及的第二个学术公案。

《家语》伪书案又由于伪《古文尚书》案而扩大与深化。起先是后者受前者影响，渐渐地前者转而受后者支配。学者由审查伪古文案衍生出来“伪作之人”“或云王肃，或云王肃之徒”诸种论说，颇近于“辨伪”之同时而孳生“造伪”之虚说。更重要的是，由于伪《古文尚书》公案在学术史上处于至关重要的枢纽地位，《家语》伪书案愈演愈成为其中的一个子命题。牵扯更深，也更牢不可破了。在对王肃人品心术的怀疑上，在辨伪方法之挪用上，在将文本一析为二的思路的移植上，在“一手”伪书说之运用推演上，学者对《家语》的研究，普遍存在一种类似于伪《古文尚书》案一样的《家语》伪书案锻炼成狱之心理趋向，产生了机械移植、推论过度、疏而不证、笼统混淆、牵强附会等问题。其间所滋生的王肃伪造五书之说，又成为近代康有为的刘歆遍伪群经说之造端，影响广远。这是《家语》案涉及的第三个学术公案。

在《家语》本身的真伪以及由此而涉及的《家语》与诸公案的关联上，《家语》三序的可靠与否，是一个关键。如果将对此议题的探讨独立出来，则可以说这是《家语》案涉及的第四个学术公案。本书的研究表明，“王序”在着眼点上与《后序》有很大的不同。王肃强调了《家语》之出于孔家，而《后序》则斥言为孔安国所“撰集”或“集录”。更值得注意的是，通检《孔子家语》全书王注，竟没有一处提到孔安国。笔者认为如此严重的对传述者的有意忽略，并不是他认为此书非孔安国撰集，而是说该书由谁传述并不重要，重要的是与其“有若重规叠矩”的是孔子本人的圣言，这是他笼统地强调此书为孔“家有其先人之书”而不着安国一字的根源。载有孔衍奏书的“末《序》”为孔家后代所述，从王《序》提供的线索来看，为孔猛或其前辈、孔衍之后辈所撰的可能性较大。包括《后序》在内的《家语》文本历经流传，非复往昔之旧，后人妄以误文轻下断语而作出夸张的结论，是值得深刻反省的，这一点需要提到方法论的高度加以强调。部分由于今本《家语》文字之流传出错，从而所述事类或有夸张谬误之处，而未必为刻意伪造所致。这是一个非常严重的事实，甚至可以说是一种通例。例如，马端临《文献通考》所载本将《孔子家语》与壁中书作严格区别论述，而他本则混为一谈。“末《序》”所述安国生平著述也是历有渊源，今本称安国为孔子十二世孙，而实数为十三世孙，乃为衍文脱文及错文所致，实际应为十一世孙。安国“年六十卒于家”的记载比《史记·孔子世家》“早卒”之说可信，后者为好事者补笔，非史公原文。加上“孔安国《后序》”也有学者论证非亲历者不能为，则如孔《序》所称，《孔子家语》为孔安国所“撰集”，是可信的。

我们试图采用公案学的取径追溯探讨此一公案乃至案中之案，考察观点形成的历史性与尊重文本的整体性，是我们谨守的重要原则。本书特别注意追究说法之源头、理论的形成与移植、方法的挪用、内在与外部关系的梳理、传本误文的校勘与订正，这是一项追本溯源的研究，而结论也恢复如初了。笔者希望，此项成果能为中国学术史的研究拓展新的天地。

征引文献

一　古代典籍（大体以经史子集为序，《家语》单列）

（清）阮元校刻《十三经注疏》，中华书局，1980。

雪克辑校《孙诒让全集·十三经注疏校记》，中华书局，2009。

（汉）孔安国传，（唐）孔颖达正义，黄怀信整理《尚书正义》，上海古籍出版社，2007。

（汉）郑玄注，（唐）贾公彦疏，彭林整理《周礼注疏》，上海古籍出版社，2010。

（汉）郑玄注，（唐）孔颖达正义，吕友仁整理《礼记正义》，上海古籍出版社，2008。

（清）孙诒让撰，王文锦、陈玉霞点校《周礼正义》，中华书局，1987。

（清）刘宝楠撰，高流水点校《论语正义》，中华书局，1990。

（清）黄式三撰，张涅、韩岚点校《论语后案》，凤凰出版社（原江苏古籍出版社），2008。

程树德撰，程俊英、蒋见元点校《论语集释》，中华书局，1990。

（清）焦循撰，沈文倬点校《孟子正义》，中华书局，1987。

（清）臧琳：《经义杂记》，收入（清）阮元、王先谦编《清经解、清经解续编（附索引）》第贰册，凤凰出版社（原江苏古籍出版社），2005。

（清）惠栋：《古文尚书考》，收入（清）阮元、王先谦编《清经解、清经解续编（附索引）》第叁册。

（清）阎若璩：《尚书古文疏证》，收入（清）阮元、王先谦编《清经解、清经解续编（附索引）》第玖册。

（清）阎咏：《尚书古文疏证后序》，收入（清）阎若璩撰，黄怀信、吕翊欣校点《尚书古文疏证（附〈古文尚书冤词〉）》，上海古籍出版社，2010。

（清）丁晏：《尚书余论》，收入（清）阮元、王先谦编《清经解、清经解续编（附索引）》第拾壹册。

（清）王鸣盛著，顾实田、刘连朋校点《尚书后案》，北京大学出版社，2012。

（清）王聘珍撰，王文锦点校《大戴礼记解诂》，中华书局，1983。

（清）陈立撰，吴则虞点校《白虎通疏证》，中华书局，1994。

（唐）陆德明撰，黄焯汇校、黄延祖重辑《经典释文汇校》，中华书局，2006。

（唐）陆德明撰，吴承仕疏证、张力伟点校《经典释文序录疏证（附经籍旧音二种）》，中华书局，2008。

张涌泉主编、审订《敦煌经部文献合集》，中华书局，2008，第九册“小学类群书音义之属”，许建平撰。

（清）朱彝尊：《经义考》，朱彝尊撰、翁方纲撰、罗振玉撰《经义考·补正·校记》，中国书店，2009。

（清）朱彝尊撰，林庆彰等主编《经义考新校》，上海古籍出版社，2010。

（清）王念孙：《读书杂志》，江苏古籍出版社，2000。

（清）王引之：《经义述闻》，江苏古籍出版社，2000。

康有为著，朱维铮、廖梅编校《新学伪经考》，三联书店，1998。

（清）皮锡瑞著，周予同注释《经学历史》，中华书局，2008。

（汉）司马迁撰《史记》，中华书局，1959。

（汉）班固撰《汉书》，中华书局，1962。

（宋）范晔撰《后汉书》，中华书局，1965。

（晋）陈寿撰《三国志》，中华书局，1959。

（西晋）陈寿撰，卢弼著《三国志集解》，中华书局，1982。

（唐）魏征、令狐德棻撰《隋书》，中华书局，1973。

（后晋）刘昫等撰《旧唐书》，中华书局，1975。

（宋）欧阳修、宋祁撰《新唐书》，中华书局，1975。

（清）钱大昕著，方诗铭、周殿杰校点《廿二史考异（附：三史拾遗、诸史拾遗）》，上海古籍出版社，2004。

（清）梁玉绳撰《史记志疑》，中华书局，1981。

（清）梁玉绳：《人表考》，二十五史补编委员会编《史记两汉书三史补编》，北京图书馆出版社，2005，第壹册。

（清）沈钦韩等撰《汉书疏证（外二种）》，《汉书疏证》，上海古籍出版社，2006。

（清）王先谦：《汉书补注》，中华书局，1983。

（汉）司马迁撰，〔日〕泷川资言考证、水泽利忠校补《史记会注考证附校补》，上海古籍出版社，1986。

张烈点校《两汉纪》，中华书局，2002。

（唐）杜佑撰，王文锦、王永兴、刘俊文、徐庭云、谢方点校《通典》，中华书局，1988。

（唐）刘知幾著，（清）浦起龙通释，王煦华整理《史通通释》，上海古籍出版社，2009。

（北宋）刘恕编《资治通鉴外纪》，收入景印文渊阁四库全书第312册，台湾商务印书馆，1986。

（宋）马端临著，上海师范大学古籍研究所、华东师范大学古籍研究所点校《文献通考》，中华书局，2011。

（清）黄宗羲原著，全祖望补修，陈金生、梁运华点校《宋元学案》，中华书局，1986。

（清）郭庆藩撰，王孝鱼点校《庄子集释》，中华书局，1961。

王叔岷撰《王叔岷著作集·庄子校诠》，中华书局，2007。

（清）王先谦撰，沈啸寰、王星贤点校《荀子集解》，中华书局，1988。

董治安、郑杰文汇撰《荀子汇校汇注》，齐鲁书社，1997。

杨伯峻撰《列子集释》，中华书局，1979。

（汉）韩婴撰，许维遹校释《〈韩诗外传〉集释》，中华书局，1980。

（汉）刘向编著，石光瑛校释，陈新整理《〈新序〉校释》，中华书局，2009。

（汉）刘向撰，向宗鲁校证《说苑校证》，中华书局，1987。

（汉）桓谭撰，朱谦之校辑《新辑本桓谭新论》，中华书局，2009。
王利器撰《颜氏家训集解》，中华书局，1993。
（梁）萧统编，（唐）李善注《文选》，中华书局，1977。
（清）严可均辑《全上古三代秦汉三国六朝文（附索引）》，中华书局，1958。
董治安主编《两汉全书》第1册，山东大学出版社，1999。
曹书杰主编《魏晋全书》第2册，吉林文史出版社，2006。
（宋）欧阳修：《问进士策》，收入李逸安点校《欧阳修全集》卷四八，中华书局，2001，第二册。
（宋）朱熹撰，朱杰人、严佐之、刘永翔主编《朱子全书》，上海古籍出版社、安徽教育出版社，2002。
（宋）张栻撰，（宋）朱熹编，刘永翔、许丹校点《南轩先生文集》，收入朱杰人、严佐之、刘永翔主编《朱子全书外编》第4册，华东师范大学出版社，2010。
（宋）石䃥编，（宋）朱熹删定，严佐之校点《中庸辑略》，收入朱杰人、严佐之、刘永翔主编《朱子全书外编》（肆册）第1册。
黄灵庚、吴战垒主编《吕祖谦全集》，浙江古籍出版社，2008。
（宋）叶适著《习学记言序目》，中华书局，1977。
（宋）王应麟著，（清）翁元圻等注，栾保群、田松青、吕宗力校点《困学纪闻（全校本）》，上海古籍出版社，2008。
（清）戴震撰，杨应芹、诸伟奇主编《戴震全书（修订本）》，黄山书社，2010。
陈文和主编《嘉定王鸣盛全集》，中华书局，2010。
（清）崔述：《洙泗考信录》，收入崔述撰著，顾颉刚编订《崔东壁遗书》，上海古籍出版社，1983。
（清）崔述：《古文尚书辨伪》，收入崔述撰著，顾颉刚编订《崔东壁遗书》。
任莉莉：《七录辑证》，上海古籍出版社，2011。
（汉）刘向、刘歆撰，（清）姚振宗辑录，邓骏捷校补《七略别录佚文·七略佚文》，上海古籍出版社，2008。
（汉）班固编撰，顾实讲疏《〈汉书·艺文志〉讲疏》，上海古籍出版社，

2009。

（宋）晁公武撰，孙猛校证《郡斋读书志校证》，上海古籍出版社，1990。

（宋）高似孙撰，张艳云、杨朝霞校点《史略、子略》，辽宁教育出版社，1998。

（宋）王应麟：《汉艺文志考证》，收入（宋）王应麟辑《玉海》第6册，江苏古籍出版社、上海书店联合出版，1987。

（清）纪昀、陆锡熊、孙士毅等原著，四库全书研究所整理《钦定四库全书总目（整理本）》，中华书局，1997。

（宋）李昉等撰《太平御览》，中华书局，1960。

（宋）王应麟辑《玉海》，江苏古籍出版社、上海书店联合出版，1987。

（清）黎庶昌辑《古逸丛书》（下），江苏广陵古籍刻印社，1994。

《孔子家语》，上海古籍出版社1987年影印文渊阁四库全书本（简称“四库本”）。

《孔子家语》，上海古籍出版社1990年影印明覆宋刊本（简称“明覆宋本”）。

（宋）王柏：《家语考》，氏著《鲁斋集（附录，补遗）》，王云五主编《丛书集成初编》本，商务印书馆据《金华丛书》本排印，1936。

（明）何孟春注《孔子家语》之《序》，收入《四库全书存目丛书·子部》第一册，齐鲁书社，1995。

（清）孙志祖：《家语疏证》，《续修四库全书》第931册，上海古籍出版社，2002。

（清）范家相：《家语证伪》，《续修四库全书》第931册，上海古籍出版社，2002。

陈士珂辑《孔子家语疏证》，上海书店，1987。

羊春秋注译，周凤五校阅《新译〈孔子家语〉》，台北三民书局股份有限公司，2008。

杨朝明、宋立林主编《孔子家语通解》，齐鲁书社，2009。

二　近世文献（以姓氏拼音为序）

陈梦家：《尚书通论（外二种）》，河北教育出版社，2000。

陈以凤:《孔安国学术研究》(山东大学博士学位论文,2010年4月15日。导师:于海广)。

程元敏:《王柏之生平与学术》,华东师范大学出版社,2011。

邓瑞全、王冠英编著《中国伪书综考》,黄山书社,1998。

丁福保编纂《说文解字诂林》,云南人民出版社,2006。

冯友兰著《中国哲学史》,华东师范大学出版社,2000。

傅亚庶撰《孔丛子校释》,中华书局,2011。

郭沂:《郭店竹简与先秦学术思想》,上海教育出版社,2001。

顾颉刚编著《古史辨(五)》,上海古籍出版社,1982。

顾颉刚、杨向奎:《三皇考》,原载1936年1月出版之《燕京学报专号》之八,见吕思勉、童书业编著《古史辨(七)》之中册,上海古籍出版社,1982。

顾颉刚:《中国上古史研究讲义》,中华书局,1988。

顾颉刚撰,王煦华导读《秦汉的方士与儒生(附:〈中国辨伪史略〉)》,上海古籍出版社,1998。

顾颉刚:《中国上古史研究讲义》,中华书局,1988。

顾颉刚遗著,王煦华整理《孔子研究讲义按语》,载《中国典籍与文化论丛》第7辑,北京大学出版社,2002。

胡平生:《阜阳双古堆汉简与〈孔子家语〉》,《国学研究》第7卷,2000年。

黄怀信:《〈孔丛子〉与孔子世系》,载《儒家文献研究》,齐鲁书社,2004。

黄彰健:《经今古文学问题新论》,台北中研院历史语言研究所,1982。

〔日〕内藤虎次郎等著,江侠庵编译《先秦经籍考》,国家图书馆出版社,2010。

蒋善国撰《尚书综述》,上海古籍出版社,1988。

李传军《〈孔子家语〉辨疑》,《孔子研究》,2004年第2期。

李零:《出土发现与古书年代的再认识》,载《李零自选集》,广西师范大学出版社,1998。

李学勤:《竹简〈家语〉与汉魏孔氏家学》,《孔子研究》1987年第2期。

李学勤:《竹简〈家语〉与汉魏孔氏家学》,收入氏著《简帛佚籍与学术史》,江西教育出版社,2001。

李振兴著《王肃之经学》，台湾：嘉新水泥公司文化基金会，1980。
梁涛著《郭店竹简与思孟学派》，中国人民大学出版社，2008。
刘国忠著《五行大义研究》“附录五：《五行大义》校文”，辽宁教育出版社，1999。
刘起釪：《尚书学史（订补本）》，中华书局，1989。
刘师培：《国学发微》，收入邬国义，吴修艺编校《刘师培史学论著选集》，上海古籍出版社，2006。
刘巍：《读刘歆〈移书让太常博士〉——汉代经学“古文”争议缘起及相关经学史论题探》，《社会科学研究》2012 年第 4 期。
张岂之主编，刘学智副主编，刘学智著《中国学术思想编年·隋唐五代卷》，陕西师范大学出版社，2006。
吕思勉、童书业编著《古史辨（七）》，上海古籍出版社，1982。
马铁浩著《〈史通〉引书考》，学苑出版社，2011。
马宗霍：《〈说文解字〉引经考》，台北：台湾学生书局，1971。
宁镇疆：《英藏敦煌写本〈孔子家语〉的初步研究》，《故宫博物院院刊》2006 年第 2 期。
庞朴：《话说“五至三五”》，《文史哲》2004 年第 1 期。
钱穆：《中国近三百年学术史》，商务印书馆，1937。
钱穆：《先秦诸子系年》，商务印书馆，2001。
钱玄同：《重论经今古文学问题》，收入《钱玄同文集》第 4 卷，中国人民大学出版社，1999。
屈万里：《先秦文史资料考辨》，台北联经出版事业公司，1983。
束景南：《朱熹年谱长编》，华东师范大学出版社，2001。
王化平：《由〈孔子家语〉与〈礼记〉、〈说苑〉诸书的关系看其价值》，《古籍整理研究学刊》2011 年第 1 期。
王三庆：《敦煌类书·录文篇》，台北：台湾丽文文化事业股份有限公司，1993。
王叔岷撰《史记斠证》，中华书局，2007。
王素编著《唐写本论语郑氏注及其研究》，文物出版社，1991。
王玉华：《历代〈孔子家语〉研究述略》，《中国史研究动态》2009 年第 6 期。

萧敬伟：《今本〈孔子家语〉成书年代新考——从语言及文献角度考察》，香港大学博士论文（指导教师：单周尧），2004 年 12 月。

李学勤主编，王志平著《中国学术史·三国、两晋、南北朝卷》，江西教育出版社，2001。

邬可晶：《〈孔子家语〉成书时代和性质问题的再研究》，复旦大学博士论文（指导教师：裘锡圭），2011 年 4 月。

吴承仕：《尚书传王孔异同考》，载中国大学编《国学丛编》第 1、2 期。

吴静安撰《春秋左氏传旧注疏证续》，东北师范大学出版社，2005。

徐复观：《中国人性论史》，华东师范大学出版社，2005。

杨伯峻编著《春秋左传注（修订本）》，中华书局，1990。

张宝三撰《五经正义研究》，华东师范大学出版社，2010。

张固也：《西汉孔子世系与孔壁古文之真伪》，《史学集刊》2008 年第 2 期。

张固也、赵灿良：《〈孔子家语〉分卷变迁考》，《孔子研究》2008 年第 2 期。

张固也、赵灿良：《从〈孔子家语·后序〉看其成书过程》，《鲁东大学学报（哲学社会科学版）》2009 年第 5 期。

张心澂编著《伪书通考》，上海书店出版社，1998。

张荫麟：《伪〈古文尚书〉案之反控与再鞫》，原载《燕京学报》第 5 期，1929 年 6 月，收入张云台编《张荫麟文集》，教育科学出版社，1993。

索　引

H

J

K

L

M

P

Q

S

T

W

X

Y

Z

附录

读刘歆《移书让太常博士》

——汉代经学“古文”争议缘起及相关经学史论题探

摘　要：刘歆等之争立诸经，上承汉成帝时代掀起的以刘向等为中坚的尚古热潮，并凭借了《左氏》学等渐由民间显学跻身朝廷官学的势头。面对五经博士的抵制，他们援引、提升并强化了孔子壁中书的神圣性、完整性和权威性，以为正名的力量，这就是《移书让太常博士》一再宣扬的“古文”或“古文旧书”的内涵，它不仅指“逸《礼》《尚书》”，更包括了《汉书·艺文志》所著录之“《春秋古经》”，亦即许慎《说文解字序》所称“壁中书”之一的“《春秋》”，而《毛诗》不在其列。他们根据孔壁“古文”与所争立诸学相互参证，对学官所传的经与传均施以激烈反击，但与后世衍生出来的宽泛而又或绝对化的“古文”壁垒颇有距离。

关键词：《移书让太常博士》　刘歆　古文

古文经之发现与整理不自刘歆始，而关于“古文”之争议则由刘歆而凸显，殆为不争的事实。此为汉代经学史上至关重要的大事因缘，其核心文件就是载于《汉书·楚元王传》[①] 而后又收入《文选》[②] 的《移书让太常博士》，或称《让太常博士书》。班固用以此《移书》[③] 为刘歆传记的绝

① （汉）班固撰《汉书》卷三六《楚元王传》中华书局，1962，第1967～1971页。

② （梁）萧统编，（唐）李善注《文选》卷四三，中华书局，1977，第610～612页。

③ 以下《移书让太常博士》有时省称《移书》，不再注明。

大篇幅，揭示了刘氏一生志业之关节，彰显了作为大史家的特识。很自然地，晚清今文经学巨擘康有为在其《新学伪经考》“汉书刘歆王莽传辨伪第六”，关于刘歆传部分，也就集矢于《移书让太常博士》，现代学者还有专以“由古文到古学——刘歆《让太常博士书》”、[①]“刘歆的《让太常博士书》与经今古文学的第一次论争”等为节题来作讨论的。[②]

事实上，由于此《书》紧扣汉代经学今古文之争这一历久弥新的热门议题，又密切关系到刘氏所述此前经学史是否可靠等问题，甚至还深沉地勾连到古文经的来历这一千古谜案，可以毫不夸张地说，十足千字文的《让太常博士书》是一篇值得反复吟味之经典历史文献。

举其大端言之，关于刘歆争立诸经一事，前贤颇有相左之见，如刘师培说：

> 西汉之时，经学始萌芽于世。武帝虽表章经术，然宣帝即位，重法轻儒，说经之儒，犹抱遗经，拳拳勿失，故今文、古文之争未起。自刘歆移书太常，为古文竞胜今文之始。[③]

皮锡瑞亦谓：

> 而当古文未兴之前，未尝别立今文之名……至刘歆始增置《古文尚书》《毛诗》《周官》《左氏春秋》。既立学官，必创说解。后汉卫宏、贾逵、马融又递为增补，以行于世，遂与今文分道扬镳。[④]

以上两君，一主古文一主今文，为晚清经学家中学风平实通达者，而似皆以为两汉经学今古文分门别户之争自刘歆始。钱穆则曰：

---

① 徐复观：《徐复观论经学史二种》，世纪出版集团上海书店出版社，2005，第137~143页。

② 章权才：《两汉经学史》第4章“西汉后期世家豪族势力的发展与古文经学的兴起”第4节。广东人民出版社，1990。

③ 刘师培：《国学发微》，刘师培著，邬国义、吴修艺编校《刘师培史学论著选集》，上海古籍出版社，2006，第133页。

④ （清）皮锡瑞著，周予同注释《经学历史》，中华书局，2008年第2版，第88页。

> 宣帝时既已增立诸经博士，至哀帝元年而又有刘歆请建《左氏春秋》《毛诗》《逸礼》《古文尚书》一案。后人率目歆争立者为“古文经”，而谓宣帝以来所立诸博士经为“今文”，经学有今古文界划全本于此，而夷考当时情实，则颇不然。①

是则代表了力辟经学门户之见者的看法，与前说迥异。

后学者无论择其一说或别立新解，势不能不对前贤立说的根据地重加一番勘察之功，《移书》中一再渲染的“古文”，究竟是何指谓，就是一项首当查清的课题。

与之密切相连的是，关于《春秋》古文经的来历，也有不同的记载，有互歧的说法。或以为属于鲁恭王所坏孔子宅而得之壁中书（说见许慎《说文解字序》），或以为与《春秋左氏传》一道均为北平侯张苍所献（说见段玉裁《说文解字序注》），等等，又何所适从？刘歆执笔之《移书》又为记载孔子壁中书的早出文献，对它的解读也涉及此类公案的清查。

如此等等，迷雾重重，而均极关乎对汉代经学今古文争议这一难题的把握，这就不仅主要依赖于对两汉经学与经学史的研习与通观，还必须对清代以降的纷纭之见时时加以反省，《移书让太常博士》虽重要，也只是处于其中的一个阶段、一个关节上，本文没有能力给自己预定要超额完成的任务，却无法回避有关的纠结，千里之行始于足下，笔者试以此《移书》为线索，参伍相关资料，疏通证明，解释疑难，窃附“温故知新”之义也。

一 刘歆等争立诸经的背景与前奏

以后世的某种眼光来看，《移书让太常博士》煞似古文经学奋起树旗的宣言，但是在当时，它只是一篇义愤填膺的告书。它不过是刘歆等争立诸经于学官的持续运动中遭遇特大顿挫的惨败记录。关于它的直接背景，班固交代得再明白不过了：

---

① 钱穆：《两汉博士家法考》，《两汉经学今古文平议》，商务印书馆，2001，第231～232页。

> 哀帝初即位，大司马王莽举歆宗室有材行，为侍中太中大夫，迁骑都尉、奉车光禄大夫，贵幸。复领《五经》，卒父前业……及歆亲近，欲建立《左氏春秋》及《毛诗》《逸礼》《古文尚书》皆列于学官。哀帝令歆与《五经》博士讲论其义，诸博士或不肯置对，歆因移书太常博士，责让之曰：……①

刘歆既借权臣王莽之助而得哀帝亲幸，又欲依靠最高威权以行己志，建立四学，其中尤以《左氏春秋》为主，正如《移书》所说："今圣上……下明诏，试《左氏》可立不，遣近臣奉指衔命，将以辅弱扶微，与二三君子比意同力，冀得废遗。"② 而《五经》博士的反应是："今则不然，深闭固距，而不肯试，猥以不诵绝之，欲以杜塞馀道，绝灭微学。"③《五经》博士似有独立于皇权的崇高尊严，竟可以置最高指示于不顾，他们的气势凌人反衬出争立一方的微弱，但刘歆却不是孤军作战，《移书》也不只是他的一家之言，而是代表了房凤、王龚等的共同见解。史称：

> 房凤字子元，不其人也。以射策乙科为太史掌故。太常举方正，为县令都尉，失官。大司马票骑将军王根奏除补长史，荐凤明经通达，擢为光禄大夫，迁五官中郎将。时光禄勋王龚以外属内卿，与奉车都尉刘歆共校书，三人皆侍中。歆白《左氏春秋》可立，哀帝纳之，以问诸儒，皆不对。歆于是数见丞相孔光，为言《左氏》以求助，光卒不肯。唯凤、龚许歆，遂共移书责让太常博士，语在《歆传》。大司空师丹奏歆非毁先帝所立，上于是出龚等补吏，龚为弘农，歆河内，凤九江太守，至青州牧。④

如杨树达已指出者："时与歆共移书者有房凤、王龚"，⑤ 据此传又可见，刘歆是争立《左氏春秋》的主力，哀帝是后台，房凤、王龚是盟友，

---

① （汉）班固撰《汉书》卷三六《楚元王传》，第 1967 页。

② （汉）班固撰《汉书》卷三六《楚元王传》，第 1970 页。

③ （汉）班固撰《汉书》卷三六《楚元王传》，第 1970 ~ 1971 页。

④ （汉）班固撰《汉书》卷八八《儒林传》，第 3619 页。

⑤ 杨树达：《汉书窥管》卷四，上海古籍出版社，1984，上册，第 298 页。

三驾马车为此事的失败还付出了贬官的代价，饶有政治意味，不纯是学术事件。刘歆应该是《移书》的执笔人，这大概是“语在《歆传》”之所指吧。[①] 而他们之所以能结成联盟，皆因缘于“共校书”的集体经验，“三人皆侍中”则意味着他们可以有机会接触中秘之书，校书确是重要的一环，它是争立学官的前提。史称：

> 歆及向始皆治《易》，宣帝时，诏向受《穀梁春秋》，十馀年，大明习。及歆校秘书，见《古文春秋》《左氏传》，[②] 歆大好之。时丞相史尹咸以能治《左氏》，与歆共校经传。歆略从咸及丞相翟方进受，质问大义。初《左氏传》多古字古言，学者传训故而已，及歆治《左氏》，引传文以解经，转相发明，由是章句义理备焉。歆亦湛靖有谋，父子俱好古，博见强志，过绝于人。歆以为左丘明好恶与圣人同，亲见夫子，而公羊、穀梁在七十子后，传闻之与亲见之，其详略不同。歆数以难向，向不能非间也，然犹自持其《穀梁》义。[③]

此段文字所反应者为争立学官之前奏。刘歆“复领《五经》，卒父前业”的职责所在、家学所承，及其与《左氏》专家尹咸“共校经传”、并通过尹咸、翟方进以及上文提到的房凤等而“受”获其学并承接到汉代《左氏》学的源远传统，乃是刘歆等争立诸经的两大背景。

（一）成帝时代刘向的稽古事业

相比于司马谈、司马迁父子，班彪、班固父子，在子承父业的家学传延中，刘向、刘歆父子之间似乎被赋予了过多的反叛意味。

这样说也许并不过分，关于刘向、刘歆父子之学术分歧，在晚清的经学今古文之争中被空前地绝对化了。康有为的见解当然是一方面的代表：

---

① 有学者也注意到房凤等参与其议，是矣，但说《移书》为刘、房所“合著”，微有不当。见刘跃进《秦汉文学编年史》，商务印书馆，2006，第295页。

② 此处标点从洪业，见《春秋经传引得序》，《洪业论学集》，中华书局，1981，第249页。盖《古文春秋》专指《艺文志》所谓“《春秋古经》”，秘府中汇集了此古文经与《左氏传》，故如此读。更多的学者读为“古文《春秋左氏传》”或“《古文春秋左氏传》”，只指《左传》，今不取。说详后文。

③（汉）班固撰《汉书》卷三六《楚元王传》，第1967页。

"歆任校书，向亦任校书，凡歆所见之书，向亦见之，歆不能出向外也。以向说考歆，无不凿枘。向则今学说也，歆则古学说也，则真伪具白矣。"[①] 在班固的记载里还是父子各持《穀梁》义与《左氏》义不能合同，范宁盖本于此而有所谓"父子异同之论（《穀梁疏》曰：父子异同，谓刘向好《穀梁》，刘歆善《左氏》）"，[②] 到康有为那里变成今古学之分乃至真伪学之别了。与刘歆同时之桓谭的说法则是"刘子政、子骏、伯玉三人，尤珍重《左氏》，教子孙下至妇女，无不读诵。"稍后的王充亦提到"刘子政玩弄《左氏》，童仆妻子皆呻吟之。"盖均谓刘歆之精于《左氏》离不开其父的熏陶。符定一《新学伪经考驳谊》广引"《说苑》《新序》《汉书·五行志》向说本《左传》者"证明桓谭、王充之所言不虚，痛驳康说，并认为："向习今文，亦好古学，非与歆凿枘不相入也。"[③] 这种说法看似平允得多了。作为章太炎的弟子，符氏实在是发挥了乃师《春秋左传读叙录》之《序》中的观点："刘子政呻吟《左氏》（见《论衡》），又分《国语》（见《艺文志》），寔先其子为古学，故《说苑》《新序》《列女传》三书，孤文犆字，多有存者。"[④] 但是，对古书援引经传的例子好作调查统计的徐复观的有关研究，有助于我们对上述歧见重加反思。他指出："西汉人引《公羊》《穀梁》，固称为《春秋》，汉初的《新语》《韩诗外传》《新书》等，皆广引《左氏传》，有的亦称为《春秋》。其大量引《左氏传》而不称《春秋》者，经我的考查，仅有刘向的《新序》《说苑》……歆之所以'数以难向'，正因向明习《左氏》，而不以其为传《春秋》。刘向之见，系受当时博士的影响。"[⑤] 诚如所说，则"《左传》"这部古书虽如章、符所考被刘向大量征引过，但对其是否"传《春秋》"的看法确有父子之异。至于这种分别被撕裂为康、章辈所谓"今学""古学"乃至真伪之争未免离谱，这是经历过正反合的曲折之后回复到《汉书·刘歆传》的旧有观点上来了。

---

① 康有为：《刘向经说足证伪经考第十四》，《新学伪经考》，中华书局，1958，第352页。

② 《监本附音春秋穀梁传注疏序》，（清）阮元校刻《十三经注疏》，中华书局，1980，下册，第2361页。

③ 符定一：《新学伪经考驳谊》，商务印书馆，1937，第56～59页。

④ 章太炎：《春秋左传读叙录》，《章太炎全集》（二），上海人民出版社，1982，第808页。

⑤ 徐复观：《两汉思想史》，华东师范大学出版社，2001，第3卷，第162页。并参见同书第49～53页。

所以颇应引以为戒的是，当人们对刘向是否属今学、古学问题忙于进行 DNA 检测时，很容易忽略了一个最基本的事实：正是汉成帝及刘向君臣等掀起的大规模的古籍收罗与整理运动，为刘歆等争立诸经提供了不可或缺的历史前提。

不言而喻，在“朕即国家”的时代，皇帝的好尚左右整个朝廷上下的风气。成帝本人对典籍的兴趣掀起了对“古文旧书”的搜寻、调查与研究之热潮。史称：“成帝即位，显等伏辜，更生乃复进用，更名向……而上方精于《诗》《书》，观古文，诏向领校中《五经》秘书。”[①] “（河平三年）秋八月乙卯晦，日有蚀之。光禄大夫刘向校中秘书。谒者陈农使，使求遗书于天下。”[②]《史记》《汉书》所谓“古文”究竟是指先秦古写本有时指古文经学派，还是特指《诗》《书》六艺（与百家言相对而言之官书）？王国维与钱穆等是有不同看法的，愚以为他们各有所得、亦各有所蔽，不可一概而论，应视上下文而定。此处所谓“古文”自首当指先秦古写本而言，成帝之“精于《诗》《书》”，必不满足于对通行本的研究，而锐意收罗古本，参考穷治之；而此处“古文”两字上承“《诗》《书》”下接“《五经》秘书”，则显然又特指《五经》之先秦古写本。此所以刘向有“领校中《五经》秘书”、陈农有“使求遗书于天下”之必要也。上有所尚，下必效之。也正是在这种崇古的气氛下，才会出现张霸献伪书《百两篇》之事：

> 世所传百两篇者，出东莱张霸，分析合二十九篇以为数十，又采《左氏传》《书叙》为作首尾，凡百二篇。篇或数简，文意浅陋。成帝时求其古文者，霸以能为百两征，以中书校之，非是。霸辞受父，父有弟子尉氏樊并。时太中大夫平当、侍御史周敞劝上存之。后樊并谋反，乃黜其书。[③]

这里至少有三点是值得注意的：一是所谓“求其古文者”正指《尚书》之古本，此处“古文”，即上引“而上方精于《诗》《书》，观古文”

① （汉）班固撰《汉书》卷三六《楚元王传》，第 1949 ~ 1950 页。
② （汉）班固撰《汉书》卷一〇《成帝纪》，第 310 页。
③ （汉）班固撰《汉书》卷八八《儒林传》，第 3607 页。

之古文，似非如钱穆所言，与“《诗》《书》”一样“同指《六艺》”，[①]即，不是泛称六艺而是特指六艺之古写本，是可知也。二是“中书”——即秘府之书，颜师古所谓“天子所藏之书也”[②]——的权威，也是在校正伪书的过程中逐渐确立起来的。三是张霸所献就是为了投合成帝等“求其古文者”的癖好，而当已经验明正身为赝品的情况下，嗜古者仍不忍绝之，当有关系者事涉大逆不道乃终黜之；如王充所说：“成帝奇霸之才，赦其辜，亦不减【滅】其经，故百二《尚书》传在民间。”[③]不是很可见当时崇古之风之盛吗？

《移书》说：“孝成皇帝闵学残文缺，稍离其真，乃陈发秘臧，校理旧文，得此三事。”[④]这正是在同一风气下的大动作，刘歆的话可谓是对先帝示范作用的实录，而绝非仅仅将他当招牌来用的。

进一步说，刘歆所称举之“孝成皇帝”，也正涵盖了其父刘向等最高御旨之具体执行者。今举一例，可概其余。前述当时，有“以中书”校黜张霸所献《百两》篇之事，那么，其主事者为谁呢？王充说：“成帝出秘《尚书》以考校之，无一字相应者。”[⑤]身为皇帝者显然不会为此等事去亲力亲为，陆德明引《汉书儒林传》指实是刘向，曰：“成帝时，刘向校之，非是。后遂黜其书。”[⑥]此正为刘向之工作成果而可冒成帝之名之一好例也。

《汉书·艺文志》记载的刘向“校理”业绩就有：以中《古文易经》校施、孟、梁丘、费氏经文；[⑦]以中古文校欧阳、大小夏侯三家经文；[⑧]以及“校书，得《乐记》二十三篇，(《汉纪》所谓“古《乐记》”，[⑨]《经典

① 钱穆：《刘向歆父子年谱》，《两汉经学今古文平议》，第 80 页。

② （汉）班固撰《汉书》卷八八《儒林传》，第 3607 页。

③ 黄晖：《论衡校释（附刘盼遂集解）》卷二〇《佚文篇》，中华书局，1990，第 3 册，第 862 页。

④ （汉）班固撰《汉书》卷三六《楚元王传》第 1969～1970 页。

⑤ 黄晖：《论衡校释（附刘盼遂集解）》卷二〇《佚文篇》，第 3 册，第 862 页。

⑥ （唐）陆德明撰，吴承仕疏证，张力伟点校《经典释文序录疏证（附经籍旧音二种）》，中华书局，2008，第 59 页。

⑦ （汉）班固撰《汉书》卷三〇《艺文志》，第 1704 页。

⑧ （汉）班固撰《汉书》卷三〇《艺文志》，第 1706 页。

⑨ 张烈点校《两汉纪》上册《汉纪》卷二五，《孝成皇帝纪二》，中华书局，2002，第 436 页。

释文序录》所谓“《古文记》”。[1])”校黜武帝时河间献王与毛生等杂采古书而私作的——传到成帝时常山王禹所献的——《乐记》。[2]

不仅如此，刘向之有功经术，绝不止于对经典文本的校勘，更有对经说的考论：

> 京房受《易》梁人焦延寿。延寿云尝从孟喜问《易》。会喜死，房以为延寿《易》即孟氏学，翟牧、白生不肯，皆曰非也。至成帝时，刘向校书，考《易》说，以为诸《易》家说皆祖田何、杨叔【元】、丁将军，大谊略同，唯京氏为异，党焦延寿独得隐士之说，托之孟氏，不相与同。[3]

是则汉人于校经同时必考经说，《汉书·艺文志》与《儒林传》两者分述，陆德明《经典释文序录》则合记为一体，而将考说置于校文之前，[4]盖深得汉人虽重经文异同而尤重经说分合之义也。关于《易》学传授渊源，《史记·仲尼弟子列传》与《汉书·儒林传》的记载颇有分歧，梁玉绳指出：“不但里居姓名不同，传授亦互异，疑史公误，故陆氏《释文》、孔氏《周易正义》论并从《汉书》为说。”[5] 又，《史记·儒林列传》：“然要言《易》者，本于杨何之家。”而《汉书·儒林传》作：“要言《易》者，本之田何。”[6] 此类不同，盖皆本刘向处于成帝时代，在新的历史条件下，对有关经学问题作出与史公相左的新判断。

以上为见诸《汉书·艺文志》等处而明标“刘向”之名校理经传古今文、辨章学术的显例。其不具刘向之名而实际为刘向校勘成果的，岂在少数。我们不可能一一指实何者为刘向所考校，但其校理著录《周官》一

---

① 参见（汉）刘向、刘歆撰，（清）姚振宗辑录，邓骏捷校补《七略别录佚文·七略佚文》，上海古籍出版社，2008，第25页。

② （汉）班固撰《汉书》卷三〇《艺文志》，第1712页。

③ （汉）班固撰《汉书》卷八八《儒林传》，第3601页。

④ （唐）陆德明撰，吴承仕疏证，张力伟点校《经典释文序录疏证（附经籍旧音二种）》，第34页。

⑤ （清）梁玉绳撰《史记志疑》卷二八，中华书局，1981，第3册，第1222页。

⑥ 参见王先谦《汉书补注》卷八八《儒林传》，中华书局，1983，下册，第1516页下栏；（汉）司马迁撰，〔日〕泷川资言考证，水泽利忠校补《史记会注考证附校补》卷一二一《儒林列传》，上海古籍出版社，1986，下册，第1953页左上栏。

事，却不能忽略不谈。贾公彦《序〈周礼〉废兴》引马融的《周官传》曰：

> 至孝成皇帝，达才通人刘向、子歆，校理秘书，始得列序，著于《录》《略》。[1]

贾氏致疑于此，据《汉书·艺文志》谓“歆之录，在于哀帝之时，不审马融”何以将刘歆之事亦系于成帝之时？“盖刘向父子并被帝命，至向卒，哀帝命歆卒父所修者，故今文乖，理则是也。”[2] 有学者以马融所记不确，并谓“贾公彦已指其误。”[3] 这样的理解似言重了。贾氏虽称“文乖”，但疏通证明其“理则是也”。其实他疏解《周礼·太宰》郑注“‘嫔’，故书作‘宾’”说：“言‘故书’者，郑注《周礼》时有数本。刘向未校以前，或在山岩石室有古文，考校后为今文。古今不同，郑据今文注，故云‘故书作宾’。”[4] 且不论他对“故书”的理解是否确当，[5] 贾氏认为《周官》经刘向校理，则是一定的，亦当本于马融之说也。《周官》经向、歆父子之“校理”并著录于“录”（《别录》）、“略”（《七略》），子承父业，而其事发轫于成帝之时，此马、贾之意可据而说者，论及刘歆等争立诸经之事，此类掌故，是不能置之不理的。

荀悦赞道：

> 夫孝武皇帝时董仲舒推崇孔氏，抑绌百家。至刘向父子典校经籍，而新义分方，九流区别，典籍益彰矣。[6]

这真是史家的大实录！成、哀之际，是一个比武帝时代有过之而无不及的“典籍益彰”的大时代，就对经典的调查、整理、传播而言，“刘向父子”

---

① 贾公彦：《序周礼废兴》，（清）阮元校刻《十三经注疏》上册，第635页。

② 贾公彦：《序周礼废兴》，（清）阮元校刻《十三经注疏》上册，第636页。

③ 洪业：《礼记引得序》，《洪业论学集》，第207页。

④ 《周礼注疏》卷二，（清）阮元校刻《十三经注疏》上册，第648页中栏。

⑤ 徐养原、孙诒让均驳其说，参见（清）孙诒让撰，王文锦、陈玉霞点校《周礼正义》卷三，中华书局，1987，第1册，第105页。

⑥ 张烈点校《两汉纪》上册《汉纪》卷二五《孝成皇帝纪二》，第438页。

是比“董仲舒”具有更为久远的历史影响的大人物，这是我们在讨论“古文”争议缘起的问题时必须公允地看到的一个大关节。

（二）《左氏》学的发皇与挫折

处于这样的时代，以刘歆等所争立的主角《左氏》学为例，久经发扬滋长，渐至跻身朝廷官学的地步了。史称：

> 汉兴，北平侯张苍及梁太傅贾谊、京兆尹张敞、太中大夫刘公子皆修《春秋左氏传》。谊为《左氏传训故》，授赵人贯公，为河间献王博士，子长卿为荡阴令，授清河张禹长子。禹与萧望之同时为御史，数为望之言《左氏》，望之善之，上书数以称说。后望之为太子太傅，荐禹于宣帝，征禹待诏，未及问，会疾死。授尹更始，更始传子咸及翟方进、胡常。常授黎阳贾护季君，哀帝时待诏为郎，授苍梧陈钦子佚，以《左氏》授王莽，至将军。而刘歆从尹咸及翟方进受。由是言《左氏》者本之贾护、刘歆。[①]

张苍、贾谊、张敞、刘公子为汉兴以来治《春秋左氏传》的第一批。其中以张、贾二氏的贡献为最大。根据许慎《说文解字序》的说法，张苍为《春秋左氏传》文本的进献者。贾谊则不单为《左氏传》作了训故，而且其学问被绵延不绝地传承了下来，前引刘歆传说“初《左氏传》多古字古言，学者传训故而已”，盖可以提示其学初起之际的艰难，但不能抹杀筚路蓝缕的意义。参伍《景十三王传》，贾氏传人贯公盖即“其学举六艺”的河间献王所立“《左氏春秋》博士”，[②] 可知兴学之初，不可能有多么复杂系统的师说，略通训诂就可立为博士，虽则不能算是朝廷正式所立之官学。而贾氏又自演其家学，贯公之子贯长卿上传父学，下授张禹等且不说，《移书》明确提到：“孝成皇帝……传问民间，则有鲁国（柏）【桓】公、赵国贯公、胶东庸生之遗学与此同，抑而未施。”[③] 此所谓“赵国贯公”，若不是贯长卿本人，亦当为其后人或族人。这可以说是汉代《左氏》

① （汉）班固撰《汉书》卷八八《儒林传》，第3620页。
② （汉）班固撰《汉书》卷五三《景十三王传》，第2410页。
③ （汉）班固撰《汉书》卷三六《楚元王传》，第1970页。

学在民间发皇的阶段。

不过，传其学者显然不会满足于只在“民间”之传延，最多只是得到河间献王等的尊重。张禹通过同事萧望之而上达天听于宣帝，这是《左氏》学向朝廷进发的努力。可惜“未及问，会疾死”，相对《左氏》学的发展来说，他死得太不是时候，否则，经学史很可能就为之改写了。这是左氏学发展史中一个不小的顿挫。

至哀帝时，左氏学延为两枝，一本于贾护，一本于刘歆，而同源于尹更始。其中，王莽之《左氏》学为贾氏之再传，与刘歆不同枝；而刘歆则受学于尹咸与翟方进，《翟方进传》说：“方进虽受《穀梁》，然好《左氏传》、天文星历，其《左氏》则国师刘歆，星历则长安令田终术师也。”[①]明称翟氏为刘氏师，前引《楚元王传》说“歆略从咸及丞相翟方进受，质问大义”，盖刘歆虽学有所承而发明独多，故其学最显也。

通过上面的回溯，可以清楚地看到，刘歆等之争立《左氏春秋》，绝非孤峰突起，而是渊源有自：它是前汉历代《左氏》学发展所积累的巨大势能来到突破口时的兴奋的释放，是由民间学术向官学提升运动中的重新出发。不过，公允地说，它显然不是也更不可能一开始就以与已立学官的《公羊》《穀梁》等公开挑战的姿态出现的，更不是面对什么铁板一块的今文经学而自我作古。

那一段《春秋》学自《公羊》而《穀梁》而《左氏》代兴的历史，让我们对这一趋势看得更为真切：

> （《穀梁春秋》）自（汉宣帝）元康中始讲，至甘露元年，积十馀岁，皆明习。乃召《五经》名儒太子太傅萧望之等大议殿中，平《公羊》《穀梁》同异，各以经处是非。时《公羊》博士严彭祖、侍郎申輓、伊推、宋显，《穀梁》议郎尹更始、待诏刘向、周庆、丁姓并论。《公羊》家多不见从，愿请内侍郎许广，使者亦并内《穀梁》家中郎王亥，各五人，议三十馀事。望之等十一人各以经谊对，多从《穀梁》。由是《穀梁》之学大盛。庆、姓皆为博士。姓至中山太傅，授楚申章昌曼君，为博士，至长沙太傅，徒众尤盛。尹更始为谏大夫、长乐户将，

① （汉）班固撰《汉书》卷八四《翟方进传》，第3421页。

又受《左氏传》，取其变理合者以为章句，传子咸及翟方进、琅邪房凤。咸至大司农，方进丞相，自有传……始，江博士授胡常，常授梁萧秉君房，王莽时为讲学大夫。由是《穀梁春秋》有尹（尹更始、尹咸——引者按）、胡、申章、房氏（房凤——引者按）之学。[①]

很显然，不单刘歆的本师翟方进“虽受《穀梁》，然好《左氏传》”，争立《左氏》的同道房凤也是传《穀梁春秋》的，甚至自成“房氏之学”，前述在《左氏》学推进史上起重要作用的尹更始、尹咸父子原本都是《穀梁春秋》学家，而《汉书》所述尹更始“又受《左氏传》，取其变理合者以为章句”之“章句”，盖即陆德明《经典释文序录》所著录之“尹更始《穀梁章句》十五卷”，[②] 亦即范宁《春秋穀梁传序》所称“释《穀梁传》者虽近十家”杨《疏》所引第一家“尹更始”[③] 是也。[④] 这一事实更鲜明地折射了诸儒治学由《穀梁》而兼及《左氏》的内在关联：两者既与《春秋》密切相关，《左氏》有关内容岂不可以成为《穀梁》学家制作章句的好材料吗？而“名誉”有所不及却堪称“先进”的胡常，已然“以明《穀梁春秋》为博士、部刺史，又传《左氏》。”[⑤] 是其“与方进同经”，[⑥] 同习《穀梁》而兼传《左氏》，这似乎同样意味着，随着《穀梁》的大兴而《左氏》渐受瞩目，乃极为自然之势，正如《穀梁》继《公羊》而得立于学官之先例。

前引成帝时张霸“又采《左氏传》”伪造“百两篇”的轰动案件，则从一个侧面证明了《左传》的风行，时人对它的假借已经超出《春秋》学之外。张氏既然将其用作伪古文《尚书》的底子，可见《左传》在民间之传流不能说是不广的。刘歆好以“微学”自鸣，或许也是一种论辩策略使然吧。不过，由于《左传》在其中扮演了不光彩的角色，会不会影响到后人对它本身的观感呢？

---

① （汉）班固撰《汉书》卷八八《儒林传》，第3618～3620页。

② （唐）陆德明撰，吴承仕疏证，张力伟点校《经典释文序录疏证（附经籍旧音二种）》，第116页。

③ 《监本附音春秋穀梁传注疏序》，（清）阮元校刻《十三经注疏》下册，第2361页。

④ 参见沈钦韩、钱穆说，钱穆：《两汉经学今古文平议》，第229～230页。

⑤ （汉）班固撰《汉书》卷八八《儒林传》，第3607页。

⑥ （汉）班固撰《汉书》卷八四《翟方进传》，第3411页。

无论如何，《左氏》立博士之议，也早在成帝时已经出现了。《华阳国志》卷一〇下引《春秋穀梁传·首叙》曰：

> 成帝时，议立三传博士，巴郡胥君安独驳《左传》不祖圣人。[①]

所谓“议立三传博士”，这不是刘歆等争立《左氏》的预演吗？所谓“《左传》不祖圣人”，这不就是《移书》“谓左氏为不传《春秋》”[②] 的意思吗？[③] 文献不足，我们不能确知当时“议立”之主事者为谁、其正面理由为何，但是可以肯定地说，这是左氏学向朝廷进发的长征中的又一大顿挫。

而刘歆等人亦当为闻此风而起者也，所以，哀帝的辩护词：“歆欲广道术，亦何以为非毁哉？”[④] 应当说是精辟地道出了“古文”争议缘起之内在逻辑。

二　《春秋》古经出于孔壁说

问题是刘歆辈凭什么旧案重提，还拓展议题，兼及诸经？有一个环节是至关重要的，那就是他们对中秘典藏尤其是孔子壁中书的校阅调查，这种凭借之得天独厚，也许只有在殷墟甲骨、敦煌简牍卷轴等类似地下材料大发现时代的人们才能充分理解到：

---

① （晋）常璩：《华阳国志》卷一〇下，郑尧臣辑《龙溪精舍丛书》第 2 册，中国书店，1991，第 640 页。此处文字，学者有异读。钱穆、蒙文通将“博士”两字属下读，钱氏说：“此当时博士反对立《左传》之姓名仅存者。”蒙氏谓：“则刘歆所谓‘抑此三军（当为“学”字之讹——引者按），谓《左氏》不传《春秋》’者，胥君安也。”分别见钱穆《刘向歆父子年谱》，《两汉经学今古文平议》，第 81 页；蒙文通《经学抉原》，《经史抉原》，巴蜀书社，1995，第 75 页。而洪业、黄彰健则将“博士”两字属上读，分别见洪业《春秋经传引得序》，《洪业论学集》，第 249 页；黄彰健《论汉哀帝时刘歆之建议立古文经学》，《经今古文学问题新论》（《中央研究院历史语言研究所专刊》之七十九），中研院历史语言研究所，1982，第 82 页。愚以为洪、黄所读近是，盖常璩记“巴郡”之人特出之见解，胥君安之身份却未必为博士，而“三传博士”之称较为显朗。

② （汉）班固撰《汉书》卷三六《楚元王传》，第 1970 页。

③ 章太炎早已引及《华阳国志》此条史料，却认为：“是成帝时固以《左传》同于二传，驳者亦独有胥君安，而尚谓之《左传》，则不传《春秋》之说，非起于哀帝时而何？”章太炎：《春秋左传读叙录》，《章太炎全集》（二），第 832～833 页。然章氏似过于专执于“《左传》”之名义——后人常璩的表述方式，而不顾此议实已出现在成帝时之事实也。

④ （汉）班固撰《汉书》卷三六《楚元王传》，第 1972 页。

> 古来新学问起，大都由于新发见。有孔子壁中书出，而后有汉以来古文家之学……然则中国纸上之学问赖于地下之学问者，固不自今日始矣。自汉以来，中国学问上之最大发现有三：一为孔子壁中书……①

处于足以傲视往古的“发见时代”，王国维提到这段掌故时，还流露出不能自抑的兴奋的激情。关于“孔子壁中书”的早出记载，就见于《移书让太常博士》，而处于尚没有后来者来比肩的前无古人的汉代，述学者却充满了不可名状的压抑感：

> 及鲁恭王坏孔子宅，欲以为宫，而得古文于坏壁之中，逸《礼》有三十九（《补注》：钱大昭曰：《文选》“九”下有“篇”字。先谦曰：官本有“篇”字），《书》十六篇，天汉之后，孔安国献之，遭巫蛊仓卒之难，未及施行，及《春秋》左氏丘明所修，② 皆古文旧书，多者二十馀通，臧③于秘府，伏而未发。孝成皇帝闵学残文缺，稍离其真，乃陈发秘臧，④ 校理旧文，得此三事，以考学官所傳经或脱简传或间编。⑤（“经或脱简传或间编”，《文选》作：“经或脱简或脱编”——引者按）⑥ 傳（“傳”，《文选》作“博”——引者按）问民⑦间，则有鲁国柏【桓】⑧ 公、赵国贯公、胶东庸生之遗学与此同，

① 王国维：《静安文集续编・最近二三十年中中国新发见之学问》，《海宁王静安先生遗书》第15册，商务印书馆，1940，第65页。

② 引者按：“修”，《文选》作“脩”。

③ 引者按：“臧”，《文选》作“藏”。

④ 引者按：“臧”，《文选》作“藏”。

⑤ 颜师古曰：“脱简，遗失之。间编，谓旧编烂绝，就更次之，前后错乱也。间音古莧反。”（汉）班固撰《汉书》卷三六《楚元王传》，第1970页。

⑥ 王先谦曰：《文选》无“傳”字，“間”作“脱”。《艺文志》：“刘向以古文校欧阳、大小夏侯三家经文，《酒诰》脱一简，《召诰》脱二简。”“傳或間編”，无所考见。

⑦ 引者按：“民”《文选》作“人”，应为唐人避李世民之讳而改。

⑧ 王先谦曰：“柏”当作“桓”。闽本、官本不误。宋人“桓”缺末笔，遂讹为“柏”。贯公传《左氏春秋》于贾谊，庸生传《古文尚书》于都尉朝，“桓公”即“桓生”，传《礼》于徐生，并见《儒林传》。中华书局版《汉书》校勘记曰：“王先谦说‘柏’当作‘桓’。按殿本作‘桓’，景祐本亦作‘柏’。”见（汉）班固撰《汉书》卷三六《楚元王传》，第1974页。引者按：《文选》亦正作“桓”，缺末笔。

抑而未施。此乃有识者之所惜闵，[1] 士君子之所嗟痛也。[2]

简约，传流又久，欲确得其旨，殊属不易。顾倘异文从违，歧义顿生；句读稍移，意指遂变。为讨论方便起见，谨录《汉书》所载《移书让太常博士》有关部分，并附《文选》本有关异文，将易起歧解的内容先全用逗号点开如上。

关于这一段记载，前贤的研究多集中在《古文尚书》到底是由“孔安国”还是由“孔安国家”献之以及“古文”何以“不显”等问题上。[3] 笔者反复玩味《移书》及相关文献，认为应当提出两个更为重要而密切相关的问题来讨论：

第一，文中所谓“春秋左氏丘明所修”到底是指《左氏传》还是《艺文志》所著录之“《春秋古经》”？

第二，如果指《春秋古经》，是否出于孔子壁中书？即它与《逸礼》《古文尚书》同源还是别有来历？

（一）《移书让太常博士》中隐而未彰的直接证言

将“及春秋左氏丘明所修”理解为《左氏传》，并与前文述《礼》与《书》两事断开来读，这样的读法是源远流长的。梁萧统编《文选》唐李善注已然如此：

> 及鲁恭王坏孔子宅，欲以为宫，而得古文于坏壁之中，逸《礼》有三十九篇，《书》十六篇，天汉之后，孔安国献之，遭巫蛊仓卒之难，未及施行。（李善注：《汉书》曰：“武帝末，鲁恭王坏孔子宅，欲以广宫，而得古文《尚书》及《礼》《论语》《孝经》。孔安国者，孔子后也，悉得其《书》，以考二十九篇，得多十六篇，安国献之，遭巫蛊事，未列于学官。”天汉，武帝年号也。）及《春秋左氏》丘明所修，（李善注：《汉书》曰：“仲尼以鲁周公之国，史官有法，故有

① 引者按：“惜闵”，《文选》作“歎愍”。

② 参见王先谦《汉书补注》卷三六《楚元王传》，第967页下栏；（梁）萧统编，（唐）李善注《文选》卷四三，第611页下栏~612页上栏。

③ 参见王先谦引沈钦韩说，《汉书补注》卷三六《楚元王传》，第967页下栏。

左丘明观其史记，丘明作传。）皆古文旧书，多者二十馀通，藏于秘府，伏而未发。[①]

由于李善注引《汉书》所载，有孔壁出“古文《尚书》及《礼》《论语》《孝经》”而没有《春秋》经传，又注引《汉书》以“丘明作传”云云。可见李善将“春秋左氏丘明所修”明确理解为《左氏传》，并以为其不出于孔壁。所以要将不明出处的“春秋左氏丘明所修”与得自“孔子宅”的“《逸礼》有三十九篇，《书》十六篇”分开来读。后世学者，多作这样的理解。或如中华书局版将“春秋左氏丘明所修”标点为“《春秋》左氏丘明所修”，[②] 也许有特别的考虑，所指究竟是经是传，未见说明。不过，与前文点开，是相承不改的。

值得反思的是：为什么“春秋左氏丘明所修”只能是“丘明作传”，而不可能是左氏所传习（即“修”）之《春秋》经呢？我们之所以提出这样的问题，要从《汉书》颜师古注本与《文选》李善注本的一段重要异文说起。紧接上文，《汉书》颜师古注本作：

孝成皇帝闵学残文缺，稍离其真，乃陈发秘臧，校理旧文，得此三事，以考学官所传，经或脱简，传或间编。（师古曰：脱简，遗失之。间编，谓旧编烂绝，就更次之，前后错乱也。间音古苋反。）传问民间，则有鲁国（柏）【桓】公、赵国贯公、胶东庸生之遗学与此同，抑而未施。此乃有识者之所惜闵，士君子之所嗟痛也。[③]

《文选》李善注本作：

孝成皇帝愍学残文缺，稍离其真，乃陈发秘藏，校理旧文，得此三事，以考学官所传经，或脱简，或脱编。（李善注：《汉书》曰：刘

① （梁）萧统编，（唐）李善注《文选》卷四三，第611页。标点为笔者据李善注义而施，是否恰当，读者审之。下文多有此类，不再说明，读者谅之。

② （汉）班固撰《汉书》卷三六《楚元王传》，第1969页。

③ （汉）班固撰《汉书》卷三六《楚元王传》，第1969～1970页。

向以[①]古文校欧阳、大小夏侯三家经文，《酒诰》脱一简，《召诰》脱二简。）博问人间，则有鲁国桓（“桓”字缺末笔——引者按）公、赵国贯公、胶东庸生之遗学与此同，抑而未施。此乃有识者之所叹愍，士君子之所嗟痛也。[②]

两个本子最大的区别在于：《汉书》本以为孝成皇帝时“陈发”“校理”“得此三事”所资考校的“学官所传”经典包括经与传，而《文选》本以为资以考校的“学官所传”经典只是指经而言，不包括传。学者虽多据《汉书》本立说，笔者以为当以《文选》本为近古。严可均已指出：“《文选》无‘传’字，疑此衍。”[③] 王先谦对颜师古关于“传或间编”的注释不能满意，亦注意到《文选》异文的价值，故而说“无所考见”。黄侃则作了明确的判断：“脱简者全遗其文，脱编者颠倒其次。《汉书》作‘传或间编’，案当作此。[④] 学官所传（传习之传——引者按），[⑤] 本无传（经传之传——引者按）也。”[⑥] 此说较有理趣。学者的引文中，也有依据于《文选》而不从《汉书》的。[⑦] 这些都代表了一种颇有见地的怀疑取向，一切似乎汇聚到了一个要害的突破关口。但是，对于“三事”本身，则均如王先谦般认为：“三事，谓《左氏春秋》《古文尚书》《逸礼》也。”[⑧] 这里就有一个很大的问题：如果资以考校者为只有经而不包括传，那么“三事”里面怎么可能有传？这样，“三事”内含《左氏》的说法，

① 引者按：《汉书》下有“中”字，此疑脱。

② （梁）萧统编，（唐）李善注《文选》卷四三，第611～612页。

③ （清）严可均辑《全上古三代秦汉三国六朝文（附索引）》，《全汉文》卷四〇，中华书局，1958，第1册，第348页下栏。

④ 句号为笔者所加，原书未在此处点断，致使上下文语义不明。所谓“当作此”，指以《文选》本“以考学官所传经，或脱简，或脱编”为是，以《汉书》本“以考学官所传，经或脱简，传或间编”为非。

⑤ 逗号为引者所加。

⑥ 黄侃著，黄延祖重辑《文选平点（重辑本）》，中华书局，2006，下册，第505页。

⑦ 比如张荫麟的《伪古文尚书案之反控与再鞫》一文，引及《移书》“以考学官所传经，或脱简，或脱编。博问人间……”似即据《文选》本而录。见伦伟良编《张荫麟文集》，台北：中华丛书委员会，1956，第2页。

⑧ （清）王先谦：《汉书补注》卷三六《楚元王传》，第967页下栏。这自然是李善以降通行的理解，即使如前引张荫麟的例子，他自注“得此三事”曰：“合《左氏传》”，也不例外。

就极可怀疑了。也就是说《移书》所谓"学官所传"或经或兼有传的异文，与《移书》指涉的"三事"皆经或包传的认定之间，有一种基于文本整体性的诠释关联。在很大程度上，正是出于贯彻通解《移书》的内在需要，笔者尝试着提出一种新的看法："三事"中的"春秋左氏丘明所修"，并非指丘明所作之《左传》，而是指其所传习的《春秋经》也就是《汉书·艺文志》著录之"《春秋古经》"，亦即许慎《说文解字序》所称"壁中书"之一的"《春秋》"。

这就要求我们从对《汉书》本所谓"经或脱简，传或间编"做进一步的检讨。这八个字确实让学者绞尽了脑汁，不仅让王先谦辈迷惑不解，还为章太炎与刘逢禄、康有为诸先生之间展开其有声有色的经学今古文之争提供了一个论辩场域。对此，黄彰健有扼要的说明，值得引在下面：

> 刘逢禄《左氏春秋考证》说，"传或间编"系指刘歆"比附《春秋》年月，改窜《左氏》"。康有为《新学伪经考》（卷六，页一二九）说："经或脱简"系指"刘歆欲续增《春秋》"；"传或间编"系指刘歆"比附《春秋》年月，改窜《国语》为《左氏传》。"刘、康二氏均忽略《左传》在成帝时未立于学官，故以考学官所传"传或间编"，此"传"字绝不指《左氏传》。章太炎《春秋左传读叙录》（页二五）即以此一理由而认为刘逢禄读书"不寻文义"，这是不错的。太炎先生认为："传或间编"，"或如《丧服传》辈，今文编次有讹。"

黄氏并引陈梦家所考论的《武威汉简丧服传》编简次序即与今存《仪礼》郑注本不同为证。[①]

愚以为刘、康、章、黄诸前贤专据《汉书》本的驳文，似未充分注意或竟未能留心到《文选》本异文的价值，而有此纷纭不决之论。"刘、康二氏"归狱于刘歆的说法自属说服力不足，"《左传》在成帝时未立于学官"，既不在"学官所传"范围，故不可能有用"古文旧书"《左传》来考校之事，但是"左氏"为争议之焦点，相关讯息必当在《移书》中有所侧重的交代。当然，以《左传》来考校当时"学官所传"的《公羊传》

① 黄彰健：《论汉哀帝时刘歆之建议立古文经学》，《经今古文学问题新论》，第36～37页。

与《穀梁传》是更不可能的，《公羊传》《穀梁传》与《左氏传》的差别是家数的不同，自一方面看是一望而知的，自另一方面看是一时争论不清的。只有左氏所传的古文经与公羊、穀梁所传的今文经最有考校的必要性。我们知道古者经传是分离别行的，[①] 只有如《艺文志》所著录的"《尚书》古文经四十六卷"与"大、小夏侯二家"所传"经二十九卷"、"《欧阳经》三十二卷"之间；"《礼古经》五十六卷"与"后氏、戴氏"所传"经十七篇"之间；"《春秋古经》十二篇"与"公羊、穀梁二家"所传的"经十一卷"之间，最有必要发生《文选》本《移书》所谓"孝成皇帝闵学残文缺，稍离其真，乃陈发秘藏，校理旧文，得此三事，以考学官所传经"之事，其多出篇幅章节如《逸礼》《古文尚书》诸逸篇、《左氏》之续经等，"学官所传"与其大体同类同源而又有所不同者中就有所谓"或脱简，或脱编"的现象。

所以，"孝成皇帝""校理旧文"所"得此三事"只是指经不包括传，它们就是"《逸礼》有三十九篇，《书》十六篇"及"左氏丘明所修"的"《春秋》"经——《汉书·艺文志》所谓"《春秋古经》十二篇"。

我们看《文选》本李善注只引《汉书》所述"刘向以古文校欧阳、大小夏侯三家经文"之事来注"以考学官所传经，或脱简，或脱编"，虽只解释了"脱简"一端（或因其有史文可据），并未及"脱编"（或因其可相喻而解），但已可知本文必为有"经"字而无"传"字，此注与正文"所传经"相应合；《汉书》本"傳問民間"之"傳"当为"博問人間"之"博"字形近而讹，（《文选》本"人"字因避讳而改，自不必说）试想，"傳問"为有方向感、有对象性地垂询下民，而"博問"则为无方向感、无对象性的漫天撒网式地晓谕并索资讯于众庶，从上下文来看，似当

① 孔颖达已论及此事："汉初，为传训者皆与经别行，三《传》之文不与经连，故石经书《公羊传》皆无经文。《艺文志》云：《毛诗》经二十九卷，《毛诗故训传》三十卷。是毛为诂训亦与经别也。及马融为《周礼》之注，乃云：'欲省学者两读，故具载本文。'然则后汉以来，始就经为注，未审此《诗》引经附传是谁为之。"见《毛诗正义》卷一，（清）阮元校刻《十三经注疏》上册，第269页中栏。《四库全书总目提要》亦云："《三传》与经文，《汉志》皆各为卷帙。以《左传》附经，始于杜预，《公羊传》附经，则不知始自何人。观何休《解诂》，但释传而不释经，与杜异例，知汉末犹自别行。今所传蔡邕石经残字，《公羊传》亦无经文，足以互证。今本以传附经，或徐彦作疏之时所合并欤？"见（清）纪昀、陆锡熊、孙士毅等原著，四库全书研究所整理《钦定四库全书总目（整理本）》卷二六，中华书局，1997，上册，第330页。

以“博問”为是；《汉书》本“傳或間編”之“傳”字盖涉上文“学官所傳”之“傳”之而误衍，或又涉下文“傳問”之“傳”字而讹中加讹；“間編”之“間”字盖或涉上文“简”字或涉下文“問”字，亦为形近而讹。退一步说，若“傳問民间”为原文所可能有，则“傳或間編”之“傳”字、“間”字等由涉上下文而误的可能性就更大了。从文理上看，很有可能都是为了将其与前文若把“春秋左氏丘明所修”理解为《左氏传》这一点遥相呼应所致。总之，“傳或間編”实为费解，当为错衍之文似可无疑也。

当然，笔者之所以作这样的解读，绝非专据几个字的异文校勘。关键词意义的确定，尤其取决于它在文本整体脉络与具体语境中的定位，反之亦然，一二要害纠结的破解，也会导致全篇意旨的贯通与明朗，这是一个交互为资的阅读与诠释过程。因此我们必须跟着刘歆等去重温一下经典之沉浮史，《移书让太常博士》开篇明义即云：

> 昔唐虞既衰，而三代迭兴，圣帝明王，累起相袭，其道甚著。周室既微而礼乐不正，道之难全也如此。是故孔子忧道之不行，历国应聘。自卫反鲁，然后乐正，《雅》《颂》乃得其所；修《易》，序《书》，制作《春秋》，以纪帝王之道。及夫子没而微言绝，七十子终而大义乖。重遭战国，弃笾豆之礼，理军旅之陈，孔氏之道抑，而孙、吴之术兴。陵夷至于暴秦，燔经书，杀儒士，设挟书之法，行是古之罪，道术由是遂灭。①

《五经》博士似握有凌驾于皇权之上的道尊，让争立者大吃其闭门羹。在刘歆辈看来，只有诉诸更高的道义力量与更深远的历史渊源，才能陵慑与晓谕此等抱残守缺之徒了。

刘歆之述学完整而扼要，颇具历史感。曾经巍巍“甚著”之先王之道，经周“微”而“不正”，由孔子收拾之因而不坠，“遭”战国而相形见绌于“孙、吴之术”，历“暴秦”而一惨到底：“道术由是遂灭”。经术之命运似乎是愈演而愈背运，刘氏就这样为汉代经学的上场揭开幕布：

---

① （汉）班固撰《汉书》卷三六《楚元王传》，第1968页。

汉兴，去圣帝明王遐远，仲尼之道又绝，法度无所因袭。时独有一叔孙通略定礼仪，天下唯有《易》卜，未有它书。至孝惠之世，乃除挟书之律，然公卿大臣绛、灌之属咸介胄武夫，莫以为意。至孝文皇帝，始使掌故朝错从伏生受《尚书》。《尚书》初出于屋壁，朽折散绝，今其书见在，时师传读而已。《诗》始萌牙。天下众书往往颇出，皆诸子传说，犹广立于学官，为置博士。在汉朝之儒，唯贾生而已。至孝武皇帝，然后邹、鲁、梁、赵颇有《诗》《礼》《春秋》先师，皆起于建元之间。当此之时，一人不能独尽其经，或为《雅》，或为《颂》，相合而成。《泰誓》后得，博士集而读之。故诏书称曰："礼坏乐崩，书缺简脱，联甚闵焉。"时汉兴已七八十年，离于全经，固已远矣。[①]

汉兴已那么多年，学尽一部《诗经》已如此之难；汉兴已那么多年，得到、读懂一篇《泰誓》还那么费劲。刘歆一再强调的是经术所遭遇的厄运、经典的残缺、经与"诸子传说"的分别。就这样顺理成章地为孔子壁中书的面世埋下了伏笔，为论证它的正当性、优越性配了景。刘歆的用辞是颇有分寸的，说孔子"修《易》，序《书》，制作《春秋》"，以《汉书·艺文志》称"《易》道深矣，人更三圣，世历三古"[②] 参伍观之，他说"孔子修《易》"之"修"与孔子"制作《春秋》"之"制作"，其命意之不同是显而易见的。"修"者，传前圣之业而发挥广大之，"制作"者，其义则窃取之，特标义法，以为后王法。关于孔子与《春秋》的关系（左丘明与《左传》的关系也一样），文献中虽亦不乏"修"与"作"等用辞可以互换的例子，但是在短短千字的《移书》一再渲染经传分别的语境之下，"春秋左氏丘明所修"这一内涵丰富极具有个性的表述与"孔子……制作《春秋》"的措辞近在咫尺的文脉中，将其指实为"丘明"所"作"的"传"，如李善以降流行悠悠的成见，实未见其必然，"春秋左氏丘明所修"，为什么不是"左氏丘明"所"修"亦即孔子所"制作"的"《春秋》"呢？

---

① （汉）班固撰《汉书》卷三六《楚元王传》，第1968～1969页。

② （汉）班固撰《汉书》卷三〇《艺文志》，第1704页。

进一步说，“春秋左氏丘明所修”能不能理解为是《汉书·艺文志》所谓的“《春秋古经》”，还取决于“《春秋古经》”是否出于孔壁，两者互相制约。这又推动我们对《移书》有关壁中书记载的重新解读，在此之前，回顾一下关于《春秋古经》的来历这一谜案的讨论是很有必要的。

关于《春秋》古文经的来历，有互歧的记载，有不同的说法。许慎《说文解字序》说：

> 壁中书者，鲁恭王坏孔子宅，而得《礼记》《尚书》《春秋》《论语》《孝经》。又北平侯张苍献《春秋左氏传》。[①]

是以孔壁所出有《春秋》经。（《春秋左氏传》则为北平侯张苍所献，显出二源）《汉书·艺文志》则说：

> 武帝末，鲁共王坏孔子宅，欲以广其宫，而得古文《尚书》及《礼记》《论语》《孝经》凡数十篇，皆古字也。[②]

并不言鲁恭王所得有《春秋经》（或《春秋传》）。就此，段玉裁《说文解字注》提出的看法是：“《春秋经传》，班《志》不言出谁氏；据许下云‘北平侯张苍献《春秋左氏传》’，意经、传皆其所献，古经与传别，然则班云：‘《春秋古经》十二篇、《左氏传》三十卷’，皆谓苍所献也。而许以经系之孔壁，以传系之北平侯，恐非事实。或曰：‘春秋’二字衍文。”[③]是则段氏主班《志》为说而不从《说文序》，提出《春秋古经》与《左氏传》皆张苍所献、皆非出于孔壁之说。黄彰健则提出完全相反的意见：“段氏用《汉书·艺文志》来订正许慎《说文解字序》。其实这儿应据许慎《说文解字序》来订正《汉书·艺文志》，而说：《汉书·艺文志》记鲁恭王坏孔子宅所得书，脱‘《春秋》’二字。”[④] 是则黄氏主《说文序》

---

① 丁福保编纂《说文解字诂林》，云南人民出版社，2006，第5册，第3612页上栏左、下栏右上。

② （汉）班固撰《汉书》卷三〇《艺文志》，第1706页。

③ 丁福保编纂《说文解字诂林》，第5册，第3612页上栏左下。

④ 黄彰健：《论魏石经，并论〈汉书·艺文志〉所著录古经及〈说文〉所谓古文》，《经今古文学问题新论》，第537页。

为说而不从班《志》，认为孔壁中有《春秋古经》，今本《汉书》有脱文。

今按：黄说较段说为长，而未尽也。笔者以为大本营其实更在刘歆，他才是首席发言人，而其证据就在《移书让太常博士》。当然，黄氏的看法很有见地，他以《汉书艺文志》称“《尚书古文经》”“《礼古经》”“《春秋古经》”“《论语古》”“《孝经古孔氏》”特皆加“古”“古文”字，而《左氏传》《毛诗》《周官经》未言其为古文，又未著录中古文《易经》及费氏《易》等，而认为均“可见刘歆对孔壁本的重视”。[①] 此说可谓深得班《志》著录之例。较王国维只是点到“《汉书·艺文志》所录经籍，冠以‘古文’二字，若‘古’字者”，包括“《春秋古经》十二篇”在内的诸经典“皆孔子壁中书也”，[②] 远多论证矣。但是由于黄氏对《移书》有关壁中书的记载，沿用了时行的读法，既取《汉书》本的驳文，从李善以降的理解，将《春秋左氏》与逸《礼》《书》分截而说，又以“得此三事”为“即指上文所说逸礼、书、及春秋左氏”，[③] 就与直捣黄龙的大好机会失之交臂了。

这类的理解可以从时贤的表述中更明确地了解到：“其实刘歆在陈述鲁恭王得书、孔安国献书的过程之后，再述《春秋》左氏传本如何‘藏于秘府’，明明是讲两个过程，《左氏春秋》之藏于秘府与《书》《礼》之得于孔壁，出处完全不同。”[④] 这种读法的要害是将“三事”中的前两事逸《礼》《书》与“左氏丘明所修”的“《春秋》”分开，一若前两者出于孔壁，而后者则未明言出处，要之非属孔壁本也。今按：此种理解盖正受前引《汉书·艺文志》所载不言鲁恭王有得《春秋经（传）》事的诱导（李善已如此），其实是不通的。第一，照此标点法，与逸《书》十六篇一道，三十九篇逸《礼》亦为孔安国所献又同为因故未得施行，然于史无征。考之《艺文志》：“武帝末，鲁共王坏孔子宅，欲以广其宫。而得《古文尚书》

---

① 参见黄彰健《经今古文学问题新论》之《论魏石经，并论〈汉书·艺文志〉所著录古经及〈说文〉所谓古文》章。

② 王国维：《〈汉书〉所谓古文说》，王国维著，彭林整理《观堂集林（外二种）》，河北教育出版社，2001，上册，第190页。

③ 黄彰健：《论汉哀帝时刘歆之建议立古文经学》，《经今古文学问题新论》，第32~33页。

④ 王葆玹：《今古文经学新论（增订版）》，中国社会科学出版社，1997，第40页。

(当读为“古文《尚书》”，“古文”两字总括下文，如杨树达所说[①]——引者按）及《礼记》《论语》《孝经》凡数十篇，皆古字也。共王往入其宅，闻鼓琴瑟钟磬之音，于是惧，乃止不坏。孔安国者，孔子后也，悉得其书(当作“《书》”，特指古文《尚书》，非泛指诸古文经，否则如何“以考二十九篇，得多十六篇”云云——引者按），以考二十九篇，得多十六篇。安国献之。遭巫蛊事，未列于学官。”[②]《艺文志》颇源本刘歆《七略》，极可互参。其称“安国献之。遭巫蛊事，未列于学官。”云云乃专限于“古文《尚书》”为说，甚或专指“得多十六篇”而言——如《移书》所说“《书》十六篇，天汉之后，孔安国献之，遭巫蛊仓卒之难，未及施行”——不及其他。《艺文志》又说：“《礼古经》者，出于鲁淹中及孔氏，(學七十)【與十七】篇文相似，多三十九篇。及《明堂阴阳》《王史氏记》所见，多天子诸侯卿大夫之制，虽不能备，犹愈仓等推《士礼》而致于天子之说。”[③] 亦绝不及孔安国献《礼古经》之事。《后汉书·儒林传》说“孔安国所献《礼古经》五十六篇”，[④] 刘师培等亦云然：“而孔安国所献《礼古经》五十六篇（即今《仪礼》），”[⑤] 诸如此类，盖均系误读《汉书·艺文志》及《移书》，或率而牵合或勉强割裂，而出的纰漏。此其一。其二，若真如这样读的人们所想，“左氏丘明所修”的“《春秋》”或“丘明”所作之《春秋左氏》虽与逸《礼》《书》来源不同却同为“古文旧书”，则后文当用“亦”字而非“皆”字了。皆者，统总之辞，皆出于孔壁，皆为“古文旧书”，并皆臧于秘府，伏而未发也。《移书让太常博士》下文紧接着明明说：“孝成皇帝闵学残文缺，稍离其真，乃陈发秘臧，校理旧文，得此三事。”可知皆源出于孔壁，再聚集于秘府，乃得“校理”。岂有并述“三事”，两举出处，一则缄默之理乎？所以，我认为正确

① 杨树达：《汉书窥管》卷三，上册，第212页。

② （汉）班固撰《汉书》卷三〇《艺文志》，第1706页。

③ 此处学者又有异读，刘敞以为“學七十”当作“與十七”，叶德辉又以为“學”字属上读。杨树达从刘敞说正读，是也。但是他以“范书云［《礼古经》为］孔安国献之者，即本之《艺文志》及《歆传》”为有根据，乃狃于传说，实不可从。参见杨树达《汉书窥管》卷三，上册，第212～213页。

④ （宋）范晔撰《后汉书》卷七九《儒林列传》，中华书局，1965，第2576页。

⑤ 刘师培：《国学发微》，刘师培著，邬国义、吴修艺编校《刘师培史学论著选集》，第134页。

的读法应当是：

> 及鲁恭王坏孔子宅，欲以为宫，而得古文于坏壁之中：逸《礼》，有三十九篇；《书》，十六篇，天汉之后，孔安国献之，遭巫蛊仓卒之难，未及施行；及《春秋》，左氏丘明所修——皆古文旧书，多者二十馀通，臧【藏】于秘府，伏而未发。

只有将“安国献之，遭巫蛊仓卒之难，未及施行”专系于《书》乃可通，只有将“皆古文旧书，多者二十馀通，臧于秘府，伏而未发”总属于“三事”[①] 而非专系于《春秋》乃可通。而所谓“多者二十馀通”云云究竟意指何在？敦煌本《文选注》恰有关于刘子骏《移书让太常博士》的部分，它是这样注的：“各写廿通，藏之于秘阁，伏隐藏陈。”[②]

是则古写本《文选》注者已有将逸《礼》《书》与“左氏丘明所修”之《春秋》归并一说的。[③] “各写廿通”者，乃谓将此三种经典每一种写二十通，自汉武帝“建藏书之策，置写书之官”[④] 以来，典籍间出，渐受尊尚，此三种经典颇幸亦得此种优待，将每种古本各写二十馀通，藏于秘府。千载之下，还可以想见成帝之前的汉廷已尊尚“古文旧书”有如此者，岂谓“二十馀通”乃专指《春秋左氏》经或传之比《公羊》《穀梁》经或传之多出者？岂更如学者所推：“此《左氏经》较《公》《穀》二家之经，多出获麟后二十八条，合共二百十一字……为条二十八，为简二十七；此即刘歆所谓多者二十馀通欤？”[⑤] 又有学者说：“是当时秘府古文经

---

① 张心澂说：“所云‘得古文于坏壁之中’，即《逸礼》《书》及《春秋左氏》。下文云‘皆古文旧说（张氏引文如此，“说”当为“书”字之讹——引者按），多者二十馀通，藏于秘府，伏而未发。’皆指此三书，故下文云‘得此三事’也。”见张心澂编著《伪书通考》，上海书店出版社据商务印书馆 1939 年版影印，1998，第 410 页。张氏云“三书”当通总而读，可谓先得吾心，而以“春秋左氏丘明所修”为《春秋左氏》，则不确。

② 罗国威笺证《敦煌本〈文选注〉笺证》，巴蜀书社，2000。见该书所收天津艺术博物馆藏敦煌本《文选注》照片第 15 页，罗氏《笺证》第 53 页。

③ 虽然注者也是将“春秋左氏丘明所修”理解为“《左氏春秋》”，见罗国威笺证《敦煌本〈文选注〉笺证》，第 54 页。

④ （汉）班固撰《汉书》卷三〇《艺文志》，第 1701 页。

⑤ 洪业：《春秋经传引得序》，《洪业论学集》，第 285 页。

不止一本。"[①] 恐亦不确，无论如何，再多也不可能多至二十馀本的。

进而论之，笔者颇疑《汉书》与《文选》本此处文字均有传写之误。盖注文"各写廿通"文从字顺，与上下文密合无间，以"写"字指涉"通"字，尤为确当，似很难找到更好的替代辞了。或者原本正文就有"各寫廿通"四字，而"藏之於祕閣，伏隱藏陳"为解释之辞。"各"字与"多"字、"寫"字与"者"字形近而讹，以讹传讹而至今本模样。总之，李善绝不会凭空发注。反过来说，若以为"各寫"为"多者"之讹，意在强调三种"古文旧书"比"学官所传"者"多"的那一重点上，亦颇合文理。无论如何，"二十馀通"绝非专指《春秋》，文字绝非只有二十馀简之少，而文本绝非二十馀本之多，这是能断言的。《后汉书·贾逵传》记汉章帝"令逵自选《公羊》严、颜诸生高才者二十人，教以《左氏》，与简纸经传各一通。"[②] 此处所载与《移书》所说不同在于，刘氏所谓"各""二十（馀）通"分《尚书》《礼》《春秋》为说，而《后汉书》之"各一通"则以"简""纸"为别，"一通"则包"经传"而论。而"通"的意味当不至于相差太远，即以某一种典籍为单元。《北堂书钞》引《东观汉记》有云："章帝赐黄香《淮南》《孟子》各一通。"[③] 亦可以相阅而解矣。

（二）《移书》之外的旁证

在这里，笔者必须郑重地指出，我们反对孤立的、割裂的或专执一辞的文本解读，我们得出：刘歆已明确指出：逸《礼》《书》《春秋》古经，同出于孔壁，复共进于秘府，为孝成皇帝所校理考论。这一结论，绝不仅仅得力于《移书》本文所提供的内证，它也深深地依托于相关文献所提供的旁证。事实上，正是在多种文本的交互联络中，《移书让太常博士》才露出她鲜活的面容。

在诸多旁证中，许慎的证言无疑最具有证据的力量。这首先是由他的身份决定的。他的儿子许冲在进献《说文解字》的上书中说："臣父故太

---

① 黄彰健：《论汉哀帝时刘歆之建议立古文经学》，《经今古文学问题新论》，第 47 页。

② （宋）范晔撰《后汉书》卷三六《郑范陈贾张列传》，第 1239 页。

③ 《北堂书钞》卷一〇一《艺文部七》，董治安主编《唐代四大类书》第一卷，清华大学出版社，2003，第 427 页左下栏。

尉南閤祭酒慎，本从逵受古学。”[①] 这就道出了乃父的师承。而贾逵是东汉《左氏》学大权威，也是提升《左氏传》地位的领袖人物，并曾“与班固并校秘书，应对左右。”[②] 许沖又说“慎前以诏书校书东观，教小黄门孟生、李喜等。”[③] 是则许慎亦有缘得窥中秘，[④] 绝非传闻耳食之辈。而许氏与《左氏》又因缘特深，正如诸可宝《许君疑年录》所云：“许君固‘五经无双’者，而尤以《左氏》为专门名家之学，《隶释·高彪碑》引‘□□尉汝南许公……明于《左氏》’，范书亦专叙《左氏》学之次即列许君传，虽前有服、颖、谢三人（诸氏原注：皆汉末人），其意自见。”[⑤] 巍按：诸氏节引《高彪碑》之文容易引起误会，以为碑文“明于《左氏》”径指许慎，其实碑文是说高彪“明于《左氏》”，但前有碑文说“师事□□尉汝南许公”，[⑥] 联系诸氏所引《后汉书》等记载来看，许君为《左氏》大师，当无疑义。像这样既有师承又自成家——特别是《左氏》“专门名家”——的学者说（而所说又极关乎左氏经传）：“壁中书者，鲁恭王坏孔子宅，而得《礼记》《尚书》《春秋》《论语》《孝经》。又北平侯张苍献《春秋左氏传》。”[⑦] 对此我们必须要高度重视和慎重对待。即使与今传本《汉志》有出入，我们也宁肯相信许慎而不从《汉志》，更何况他的话与我们所了解的《移书让太常博士》若合符节，互相支持。而同为后汉时人的王充，说法又有不同。《论衡·案书篇》云：

> 《春秋左氏传》者，盖出孔子壁中。孝武皇帝时，鲁共王坏孔子教授堂以为宫，得佚《春秋》三十篇，《左氏传》也。[⑧]

---

① 丁福保编纂《说文解字诂林》，第5册，第3630页上栏左下。

② （宋）范晔撰《后汉书》卷三六《郑范陈贾张列传》，第1235页。

③ 丁福保编纂《说文解字诂林》，第5册，第3630页下栏右下。

④ 《太平御览》引沈约《宋书百官志》曰：“昔汉武帝建藏书之册，置写书之官，于是天下文籍皆在天禄、石渠、延阁、广内秘府之室，谓之秘书。至成、哀世，使刘向父子以本官典其事。至于后，则图籍在东观，有校书郎，又有著作郎；又硕学达官往往典校秘书，如向、歆故事：或但校书东观，或有兼撰《汉记》也。”见（宋）李昉等撰《太平御览》卷二三三《职官部三十一》，中华书局，1960，第2册，第1106页下栏。是述中秘藏处源流甚明。

⑤ 丁福保编纂《说文解字诂林》，第1册，第241页下栏右。

⑥ 参见（宋）洪适撰《隶释·隶续》，《隶释》卷一〇，中华书局，1985，第122页上栏。

⑦ 丁福保编纂《说文解字诂林》，第5册，第3612页上栏左、下栏右上。

⑧ 黄晖：《论衡校释》卷二九《案书篇》，第4册，第1161～1162页。

《论衡·佚文篇》有类似的记载，均谓出于孔壁者为《左氏传》，而非如许慎所谓孔壁出者为《春秋》经，张苍献者为《左氏传》。传闻之异是很明显的。

“鲁共王坏孔子教授堂以为宫”的确切时间，应如《论衡·正说篇》所载“孝景帝时”而非“孝武皇帝时”，[①] 且不必说。王充那孔壁出《左氏传》之传说虽不确，但它恰恰也反映了孔壁出《春秋》经的史影。对此，黄晖的《论衡校释》作了有力的论证。他引《说文序》《移书让太常博士》（他引此书，仍沿袭旧读——引者按）、《汉书·艺文志》、卫恒《四体书势序》而谓：“是并未言《左氏传》出于孔壁也。”又引刘贵阳《说经残稿》“壁中古文之数”云云以驳前引段玉裁之说曰：

> 盖《春秋古文经》出壁中，《古文传》出张苍所献……不知孔壁之经，《志》皆首列，加以‘古文’，此孟坚之特重古文也。张苍有传无经，即有经，亦以孔壁古文该之可耳。《论衡》说《左氏传》出共王壁中，正见经出孔壁，即传亦误归之矣。[②]

黄氏谓“孔壁之经，《志》皆首列，加以‘古文’，此孟坚之特重古文也。”正与前引王国维、黄彰健诸先生所阐发的“可见刘歆对孔壁本的重视”之类的见解互相发明，此《汉书·艺文志》著录壁中经之大例，而本文以为深可参据之第二大旁证也。而由王充提供的查无实据却事出有因的“经出孔壁，即传亦误归之矣”这一事例，似亦可与本文相参证。无论如何，王氏用一疑似之辞“盖”字来隐括，颇为传神，我们似也不必过于拘泥而错过了以虚证实的一个大好机会。

不仅如此，王充“佚《春秋》”之称也很值得注意，余因此之类而颇疑“佚《春秋》”为汉人对古文《春秋》经传的一种俗称。而“佚”与“逸”字通，正如王充用“佚《春秋》”来指代《左氏传》，刘歆等用“逸《春秋》”来指代“春秋古经”亦可以相喻而解。笔者由此而认为

---

① 参见王先谦《汉书补注》卷三〇《艺文志》，第868页下栏王先谦说；余嘉锡《〈汉书艺文志索隐〉选刊稿（序、六艺）上》，见彭林主编《中国经学》第2辑，广西师范大学出版社，2007，第8页。

② 黄晖：《论衡校释（附刘盼遂集解）》卷二九《案书篇》，第4册，第1162～1163页。

《移书》中的“逸”亦字当统摄《礼》《书》和《春秋》“三事”为说的，“逸”经之谓，似乎也不仅仅指（比学官所传本为多出而无师说者如）“逸《礼》，有三十九篇；《书》，十六篇”而言，此“逸”字又当连《春秋》而说的。古人行文简约而不废文气之连贯，“以意逆志”，虚心体会，庶几得之。若如此读法与古人之心曲欲近反远，欲亲弥疏，则请读者审之！

三　刘歆等对官学势力的回应与反击
——申论《移书》“古文”特指壁中书

当然，《移书》之引人注目，绝不仅仅关乎某一部或几部经典的来源，更重要的是涉及所谓汉代经学今古文的派分问题。秉承晚清今古文经学之争而来的一种强势的看法认为——刘歆为至少传衍及后汉的“古文”经学派的始祖宗师，《移书》则不啻为开派宣言。如顾颉刚认为：

> 及歆校秘书，见“古文《春秋左氏传》”，大好之。这是“古文”二字的起源……这一篇移书是今古文问题的第一次辩论，是学术史上的最重要的材料。[①]

这是一种承受了康有为等以《史记》“孔氏有古文《尚书》，而安国以今文读之”等带有“古文”字样的记载均为刘歆所窜乱的观点。但是说到经学史上的“辩论”，这一次确为关于“古文”争议之大公案。短短千字文的《移书太常博士》竟有四次特标“古文”之目。除上文讨论到的，《移书》一则曰：得“古文”于孔子宅坏壁之中；再则曰：逸《礼》《书》《春秋》皆“古文旧书”。《移书》又说：“且此数家之事，皆先帝所亲论，今上所考视，其[②]古文旧书，皆有征验，外内相应，岂苟而已哉！”《移书》

---

① 顾颉刚：《五德终始说下的政治和历史》，顾颉刚编著《古史辨》（五），上海古籍出版社，1982，第525、528页。

② 王先谦曰：《文选》“其”下多“为”字。见《汉书补注》卷三六《楚元王传》，第968页上栏。

复云："夫礼失求之于野，古文不犹愈于野乎？"[①] 如此一而再、再而三地直白强调与标举"古文"（"古文"为"古文旧书"之省称，其义一也），使人们不免要质疑其居心究竟何在？若非谓明张"古文"之旗帜似颇难以为解。

自觉意识到"就于史学立场，而为经学显真是"[②] 的学者钱穆，乃力辟此类见解：

> 此歆力言三者之为古文旧书，盖明其与朝廷所立博士诸经同类，此歆争立诸经之最大理由也……自歆言之，《公》《穀》《左氏》，其为《春秋》一经之传则一也。孔壁《尚书》之与伏生《尚书》，其为往古旧书亦一也。乌尝以己所争立者为"古文"，而排诋先所立者为"今文"乎？[③]

是则认为，汉今古文同条共贯地分门别派、势同水火的看法乃晚清今古文经学家张皇过甚之论，无当于汉代经学史之真际。故对所谓分派之始的见解，开篇就错。

（一）《移书》之所针对

如此严重的分歧，关乎对刘歆等争立诸经的背景与《移书》的基本精神的整体把握。钱穆的见解容有未尽当者，却足为讨论的基础。愚谓钱氏的看法有得于前，而有失于后。所谓"有得于前"者，是说他对刘歆等争立诸经学的心态与处境有深切的把握。请看《移书》所援引的先例：

> 往者博士《书》有欧阳，《春秋》公羊，《易》则施、孟，然孝宣皇帝犹复广立《穀梁春秋》，《梁丘易》，《大小夏侯尚书》，义虽相反，犹并置之。何则？与其过而废之也，宁过而立之。[④]

---

① 以上见（汉）班固撰《汉书》卷三六《楚元王传》，第1971页。
② 钱穆：《两汉经学今古文平议》，《自序》，第6页。
③ 钱穆：《两汉博士家法考》，《两汉经学今古文平议》，第232～233页。
④ （汉）班固撰《汉书》卷三六《楚元王传》，第1971页。

刘歆原本以“过”自处,[①] 低调得不能再低调了，希冀“立之”，岂非欲与已立者同排共列为同类而处同位乎？其明言至宣帝时已立之同一经典之各家博士亦不避“义虽相反”，实自知所争立之诸经与已立者“义”有不同，而无害于争立也。如此则以往已立之经学博士已经不是同条共贯，更无有一顶大帽子如“今文”可共戴之，如晚清之今文家所云云者真可以熄矣，此为钱氏破除门户之见的贡献所在。这种看法的根据还在于：《移书》明确宣称所争立“此数家之事”“其（为）古文旧书，皆有征验，外内相应”。[②] 何谓“外”，何谓“内”？《汉书补注》引何焯之说曰：“内谓陈发秘藏，外谓民间桓公、贯公、庸生遗学。”[③] 钱氏则引刘歆《七略》“外则有太常[④]博士之藏，内则有延阁广内祕室之府，百年之间，书积如山”以为说。[⑤] 孝成皇帝既然“陈发秘藏”——“延阁广内祕室之府”之书（内），“以考学官所传经”——“太常博士之藏”（外），既能考之，岂非“盖明其与朝廷所立博士诸经同类，此歆争立诸经之最大理由也”乎？今按：钱释“内外”深切过于何氏，何氏所谓“内外”其实应指“征验”，兼两氏之说，其义乃足。

笔者认为钱穆的矫枉过正之处在于他认为：“歆所云云，正欲显其同，非以别其异。”[⑥] 在刘歆等争立之初，未尝不是如此，好听点说是“理由”，难听点说是“借口”。但是在遭遇五经博士迎面泼来的一盆冷水之后，其不能自抑更不能被压抑的真正动机就暴露出来或者说激发出来——由《移书太常博士》所反映出来的基本精神——正在于“别其异”。尝试论之，约得二义。

---

① 皮锡瑞云：“刘歆欲立古文诸经，故以增置博士为例。然义已相反，安可并置；既知其过，又何必存；与其过存，无宁过废。强词饰说，宜博士不肯置对也。博士于宣、元之增置，未尝执争；独于歆所议立，力争不听。盖以诸家同属今文，虽有小异，尚不若古文乖异之甚。”见（清）皮锡瑞著，周予同注释《经学历史》，第 81 页。这是一种典型的以“今”裁“古”的非历史态度。

② （汉）班固撰《汉书》卷三六《楚元王传》，第 1971 页。

③ （清）王先谦：《汉书补注》卷三六《楚元王传》，第 968 页上栏。

④ 此下《汉书・艺文志》如淳注等引有“太史”二字，钱引疑有脱文，或者主经立说，故删去之？并参见（汉）刘向、刘歆撰，（清）姚振宗辑录，邓骏捷校补《七略别录佚文・七略佚文》，第 92 页。

⑤ 钱穆：《刘向歆父子年谱》，《两汉经学今古文平议》，第 79 页。

⑥ 钱穆：《刘向歆父子年谱》，《两汉经学今古文平议》，第 80 页。

其一，《移书》认为，他们所援据之“古文旧书”比五经博士所传经典远为完整。五经博士的一个基本反应，是“以《尚书》为备”。不管这句话是否如学者常引《论衡·正说篇》所引的“或说”那样的意思：学官所传二十九篇《尚书》，具有如同北斗加上二十八宿般天人相应的神圣性与完备性。① 但是它的确生动地刻画了五经博士那种真理皆备于我的不容分享更不可挑战的习惯性或者也是惰性的思维与若不能说是蛮横至少有点霸道的气焰。与《汉书·艺文志》：“《礼古经》五十六卷”“《尚书》古文经四十六卷”云云作整合的著录有所不同，刘歆书以“逸《礼》，有三十九篇；《书》，十六篇”，正是强调其比“学官所传”“多”出者而言也。以“逸”字冠经，当然在一定意义上显示出对已立于学官的《礼经》“十七篇”（从刘敞校——引者按）《尚书经》“二十九卷”的尊重，也就是对朝廷体制的尊重；但是从《移书》对五经博士“保残守缺”以及“专己守残，党同门，妒道真”等②指责相合而观，那种似谦实傲、咄咄逼人的意态可谓溢于言表。《汉书·艺文志》的话颇与之相发明：“《礼古经》者，出于鲁淹中及孔氏，（學七十）【與十七】篇文相似，多三十九篇。及《明堂阴阳》《王史氏记》所见，多天子诸侯卿大夫之制，虽不能备，犹愈仓等推《士礼》而致于天子之说。”③ 刘歆很明白，就理想型的“备”来说，《礼古经》仍不足当之，但是与五经博士之所传相比，岂不是显然具有五十步笑一百步的资格吗？《移书》又厉声斥道：“至于国家将有大事，若立辟雍封禅巡狩之仪，则幽冥而莫知其原。”④ 则不仅批评其文本的“残”“缺”（如学者所推《逸礼》中应有学礼、封禅之礼、天子巡守礼等⑤），更从通经致用的高度批评其学术精神的残缺。用今天的话来说是：既觊觎“饭碗”，又触及“神经”。像这样对五经博士构成的挑战，应该只有“空前”一词足以当之。⑥

① 参见（清）皮锡瑞著，周予同注释《经学历史》，第 83 页；黄彰健：《论汉哀帝时刘歆之建议立古文经学》，《经今古文学问题新论》，第 42～43 页。

② （汉）班固撰《汉书》卷三六《楚元王传》，第 1970～1971 页。

③ （汉）班固撰《汉书》卷三〇《艺文志》，第 1710 页。

④ （汉）班固撰《汉书》卷三六《楚元王传》，第 1970 页。

⑤ 参见黄彰健及其引刘师培说，黄彰健：《论汉哀帝时刘歆之建议立古文经学》，《经今古文学问题新论》，第 51～52 页。

⑥ 就他们并没有关于“逸礼”方面的直白攻击（也可能《移书》有脱文）来看，五经博士似确是很难招架的。

其二，对左氏所传《春秋》经传作了坚决的辩护，对学官所传《春秋》经传作了激烈的反击。《移书》认为：就经而言，左氏所传正为孔子之《春秋》经，比学官所传为完整近真；就传而言，《左氏传》比《公羊传》等立于学官者为得孔子之真传。五经博士的另一个更为严重的反应，是“谓左氏为不传《春秋》”。洪业对这种气氛有很好的描摹：

> 上有明旨，诏议兴学，太常博士辈岂皆不稍检阅《左氏》，以备置对？然犹为其拒《左传》之言者，其意盖谓《左氏》不传孔子所著之《春秋》耳。立于学官者，《公羊春秋》也，公羊传孔子所著之《春秋》也。孔子因旧史而删改之文，越数百年而犹存者，具存于经；孔门解释《春秋》之义，经数十子而流传者，具载于传：此说在《春秋》博士心中，先入为主；《穀梁》谓孔子录旧史，有因而无改，其异于《公羊》，虽至微犹曾拒之，况《左氏》乎？[①]

“在博士心中，先入为主”的成见确足拒人于千里之外，不过我们知道，就经而言，《汉志》：“《春秋》分著《古经》十二卷，《公羊》《穀梁经》十一卷者，不惟分卷不同，以《左氏》有续经，《公》《穀》无续经也。”[②] 此仅就其不同之大概而论；就传而言，诚如后来杜预所揭示者，《左氏传》：“或先经以始事，或后经以终义，或依经以辩理，或错经以合异，随义而发。其例之所重，旧史逸文，略不尽举，非圣人所修之要故也。”[③] 对承其学者来说或不失为传经之“例”，对“先入为主”者来说则恰为“不传《春秋》”之证，因此博士们的反应也是无风不起浪的。而处于风口浪尖的刘歆对博士们质疑的反击则更强劲，他援引出于孔壁（意味着渊源于孔子，而为左氏所本）藏于秘府而又经“先帝所亲论，今上所考视”的《春秋》古经为据，而指斥“学官所传”《春秋》经为“残”“缺”。“经或脱简或脱编”的讥辞正当包括《春秋》而发的，你们不是说“左氏”“不传《春秋》”吗，刘歆反唇相讥道，你们连所传之经都可议，

---

① 洪业：《春秋经传引得序》，《洪业论学集》，第 269 页。

② 余嘉锡：《古书通例》，刘梦溪主编《中国现代学术经典》，李学勤、刘国忠、王志平编校《余嘉锡、杨树达卷》，河北教育出版社，1996，第 234 页。

③ 《春秋左传正义》卷一，（清）阮元校刻《十三经注疏》下册，第 1705 页中栏。

更何况传呢?!而《春秋》古经之出于孔壁，则成为他认为“左氏”“传《春秋》”的重要依据。前文已引论及之《移书》所见几乎是绝无仅有又颇为费解的表述:“春秋左氏丘明所传”，只有进一步联系到刘歆回应博士之攻击的针对性，才得洞明之望。行文至此，我们才充分了解他的真正意图:“左氏”不仅传《春秋》经，而且所传之经具有无可置疑的优越性。千载之下，我们还能体会到博士们所遭遇的打击之沉重。

就《传》而言，刘氏又发挥出一大套理论，而指责五经博士“信口说而背传记，是末师而非往古。”[①] 这是他蓄意已久的关于三传比较之见解的喷发，如《楚元王传》所说:“歆以为左丘明好恶与圣人同，亲见夫子，而公羊、穀梁在七十子后，传闻之与亲见之，其详略不同。歆数以难向，向不能非间也，然犹自持其《穀梁》义。”[②] 又如《汉志》所说:“丘明恐弟子各安其意，以失其真，故论本事而作传，明夫子不以空言说经也……及末世口说流行，故有《公羊》《穀梁》《邹》《夹》之《传》。”[③] 如此等等，此不独与乃父持论有别，亦正如学者所指出者:“此故明著丘明论本事作传，以破不传《春秋》之说”[④] 也。关于左氏的这一特点，以往未有发挥深切著明有如刘氏者，后世《左氏》学家亦鲜有不如影从之的，即使对刘氏疾恶如仇雠的今文经学家之类也莫不是在这一基点上打转转。而刘氏之所以能够有此类重大的创获，正缘其有特别的凭借，这种凭借主要就在于他有幸在秘府不仅看到了传自民间的《左氏传》，而且也看到了源于孔壁的《春秋》古经，因此能作高度综合的研究。让我们回过头来再读班固关于刘歆的传记:

> 及歆校秘书，见《古文春秋》《左氏传》，歆大好之。时丞相史尹咸以能治《左氏》，与歆共校经传。歆略从咸及丞相翟方进受，质问大义。初《左氏传》多古字古言，学者传训故而已，及歆治《左氏》，引传文以解经，转相发明，由是章句义理备焉。[⑤]

---

① (汉)班固撰《汉书》卷三六《楚元王传》，第1970页。

② (汉)班固撰《汉书》卷三六《楚元王传》，第1967页。

③ (汉)班固撰《汉书》卷三〇《艺文志》，第1715页。

④ 余嘉锡:《目录学发微》，刘梦溪主编《中国现代学术经典》，李学勤、刘国忠、王志平编校《余嘉锡、杨树达卷》，第66页。

⑤ (汉)班固撰《汉书》卷三六《楚元王传》，第1967页。

“古文春秋左氏传”学者多读为“古文《春秋左氏传》”，意只限于指《传》，愚以为当从洪业读为“《古文春秋》《左氏传》”，[①] 乃兼指经传也。“《古文春秋》”盖即《班志》所著录之“《春秋古经》”、《周礼·小宗伯》郑司农注所援引之“《古文春秋经》”[②] 从上下文看，据《班志》“太史令尹咸校数术”[③] 是其所专职在“数术”而非“经传”，是则“时丞相史尹咸以能治《左氏》，与歆共校经传”之“经传”正特指“《古文春秋》《左氏传》”，有经本亦有传本也。盖尹咸以前民间所习者自以《左氏传》为传统，自刘歆校得秘府本《古文春秋》与《左氏传》，乃有非常凭借使《左氏》学获致一大进境：“及歆治《左氏》，引传文以解经，转相发明，由是章句义理备焉。”[④] 离开这诸种经传汇集于秘府的得天独厚的条件，真是很难理解的。晚清的今古文经学家为此吵得不可开交，我们在这里提供的只是或有助于“知人论世”的一个很小的侧面而已。

（二）“古文”真义

当我们看到，刘歆等不仅有条件援据“古文”，而且确实借重以“古文”的名义以绝不弱于五经博士的声势对之进行了全面反击。人们心中蓄积盘旋的疑团毋宁会欲驱还重的：他们到底有没有坚树“古文”的壁垒呢？

首先，应该公允地承认刘歆等确实突出地提升了某一部分经典，被冠以“古文”之目，而特指壁中书，如果说这也是一个壁垒的话。

---

① 参见洪业：《春秋经传引得序》，《洪业论学集》，第 249 页。

② 《周礼注疏》卷一九，（清）阮元校刻《十三经注疏》上册，第 766 页上栏。

③ （汉）班固撰《汉书》卷三〇《艺文志》，第 1701 页。

④ 关于这句话的理解，颇起争议。刘逢禄以之为“今本《左氏》书法及比年依经饰《左》缘《左》增《左》”，均“歆所附益之明证”，康有为《新学伪经考》、崔适《史记探源》、顾颉刚《古史辨》第五册自序均牢持此说。刘师培则以是乃“谓引传例以通诸他条之经耳”，章太炎亦以此“言传之凡例始由子骏（刘歆）发挥，非谓自有所造”云云。参见黄彰健《论汉哀帝时刘歆之建议立古文经学》，《经今古文学问题新论》，第 28 页。黄氏以刘、章诸说近是，复谓还当包括“刘歆撰条例”之类而言。郜积意则批评黄氏“以条例与章句为一，则误。”并发挥章、刘之说曰：“总之，‘引传文以解经，转相发明’是刘歆以经、传互证，而非自创传文。他不仅引《左传》解经，而且也引《公羊传》解经，而他引用《公羊传》解经，有时却导致与《左传》相悖的结果。所有这些，都表明刘歆伪窜《左传》的观点有诸多逻辑的缺陷。”参见氏著《刘歆之学及后世的评述》，载《国学研究》第 19 卷，北京大学出版社，2007，第 322、295 页。今按：就对班固意思的了解来说，诸君或稍离其本事。

在刘歆那里，“古文”有泛称之义。在上《山海经》的奏书中，他说：

> 禹别九州，任土作贡，而益等类物善恶，著《山海经》。皆圣贤之遗事，古文之著明者也，其事质明有信。[①]

是以《山海经》为“古文”，《艺文志》著录于《术数略》中。[②] 此盖以“古文旧书”之泛称目《山海经》，与《移书》专以六艺说者不同类，更不用说《移书》虽泛称“古文旧书”而实指壁中书也。前文已涉及《艺文志》已反映出对壁中书的特别尊重，今试再申论之。《艺文志》著录六艺中有带“古文”与“古”字样者如下：

> 《尚书》：古文经四十六卷……
> 《礼》：古经五十六卷……
> 《春秋》：古经十二篇……
> 《论语》：古二十一篇……
> 《孝经》：古孔氏一篇……[③]

可注意者，其称“《尚书》：古文经”而不称“《古文尚书》”者，盖著录之例，先冠经名，再分别文本之是否“古”也。而列于“经二十九卷”之前，则刘向、刘歆父子，班固之重古文本可知。下同。只有《尚书》称“古文经”（如《礼》《春秋》只称“古经”而不称“古文经”，而《论语》“古”、《孝经》“古孔氏”亦不带“文”字）者，古文《尚书》，为《班志》著录古文经典之首，故整全称之，以下似皆省“文”字。如《初学记》卷二十一引刘歆《七略》曰：

> 《春秋》两家文，或具四时，或不。于古文，无事不必具四时。[④]

---

① 参见（汉）刘向、刘歆撰，（清）姚振宗辑录，邓骏捷校补《七略别录佚文·七略佚文》，第77页。
② （汉）班固撰《汉书》卷三〇《艺文志》，第1774页。
③ （汉）班固撰《汉书》卷三〇《艺文志》，第1705、1709、1712、1716、1718页。
④ （汉）刘向、刘歆撰，（清）姚振宗辑录，邓骏捷校补《七略别录佚文·七略佚文》，第118页。

姚振宗按云："此言两家谓公羊氏、穀梁氏之今文经也；言古文即古经十二篇，左氏经也。此《七略》言左氏经善于公、穀之一端。"[①] 此则"《春秋》古经"虽不具"文"字，实指"古文""经"之一例也。而"古"字又特指孔壁。如皇侃《论语义疏序》引《别录》曰："鲁人所学谓之《鲁论》，齐人所学谓之《齐论》，古壁所传谓之《古论》。"[②] 荀悦《汉纪》云："《论语》有齐、鲁之说，又有古文。"又云："鲁恭王时，尝欲以孔子宅为宫，坏【壁】，得古文《论语》……"姚振宗按曰："何晏《论语集解序》篇首称'汉中壘校尉刘向言'，知此一段皆《别录》文，亦与《艺文志》《释文》相出入。"[③]

综合而观，可以得刘氏父子校理六艺群书称"古"与"古文"之要领矣。依其重视程度之由低而高排列，盖分三类：一是刘歆所奏进的《山海经》之类的古书；二是前文讨论已涉及刘向所校理过的但未著录于《艺文志》的《易经》"古文"写本[④]之类；三是以"古文"或省文"古"著录于《艺文志》、以"古文旧书"或省文"古文"一再称举于《移书让太常博士》之孔子壁中书。

---

① （汉）刘向、刘歆撰，（清）姚振宗辑录，邓骏捷校补《七略别录佚文·七略佚文》，第118页。

② （汉）刘向、刘歆撰，（清）姚振宗辑录，邓骏捷校补《七略别录佚文·七略佚文》，第36页。此条，姚氏本于严可均辑刘向《别录》，而严辑根据"皇侃《论语义疏序》"，见（清）严可均辑《全上古三代秦汉三国六朝文》（附索引），《全汉文》卷三八，第1册，第337页下栏。今检文渊阁四库全书本《论语集解义疏序》作："鲁人所学谓之《鲁论》，齐人所学谓之《齐论》，合壁所得谓之《古论》。"章太炎《七略别录佚文征》亦辑有此条，引与四库本同。章氏按云："皇叙上文，亦言汉时合壁所得，称孔壁为'合壁'，其义未闻。"见《章太炎全集》（一），上海人民出版社，1982，第379页。今按：皇序上文有"至汉时合壁所得及口以传授遂有三本"云云，是说："至汉时"，"合"计"壁"中"所得"《古论》，加上"及口以传授"之《齐论》《鲁论》，总共"遂有三本"。诸家所引"合壁所得谓之《古论》"之"合壁"两字，疑系牵合上文而误。严辑未知何所据而云然，但意以原文为"古壁"，即以"合"字为"古"字之讹（既有上文"合壁"之说影响，"古"与"合"字形亦相近似），则极有可能。

③ （汉）刘向、刘歆撰，（清）姚振宗辑录，邓骏捷校补《七略别录佚文·七略佚文》，第16～17页。

④ 至于"本《志》明言'刘向以中《古文易经》校施、孟、梁丘经'，何以古文经不著录耶?"余嘉锡解释道："凡《七略》著录者，皆向、歆校定后，杀青缮写奏进之书。此《古文易》藏于中秘者，犹是先秦人手写古文旧书，向、歆未尝别写，故不著录。"余嘉锡：《〈汉书艺文志索隐〉选刊稿（序、六艺）上》，见彭林主编《中国经学》第2辑，第5页。此可备一说。

而《艺文志》所著录之“《尚书》：古文经”“《礼》《春秋》：古经”，三者正为《移书》所一再称述之“古文（旧书）”即本文着力论证的孔子壁中书是也。

与之密切相关的还有一事，《楚元王传》记刘歆事迹明称“及歆亲近，欲建立《左氏春秋》及《毛诗》《逸礼》《古文尚书》皆列于学官。”[①] 而《移书》称“古文”再四，却无一言涉及“《毛诗》”，此何故也？王先谦《汉书补注》引叶德辉云：

> 三事不及《毛诗》者，以《毛诗》无先师也。班志艺文叙《毛诗》则云“自谓子夏所传，河间献王好之。”《儒林传》则云：“毛公为河间献王博士，授同国贯长卿，长卿授解延年，延年授徐敖，敖授九江陈侠为王莽讲学大夫。由是言《毛诗》者本之徐敖。”班意皆有微词，歆亦知《毛诗》不如《书》《礼》《左传》之可信，故只专重三事也。[②]

此说余嘉锡、黄彰健等多从之，[③] 而杨树达则曰：

> 《毛诗》本不出于秘府，故歆不及耳。此在当时为先朝掌故，歆未能以意为去取也。[④]

笔者以为，叶氏说刘歆对《毛诗》不自信，此于《艺文志》有征，杨氏说“三事”为“先朝掌故”不可任意取舍，于《移书》有征，皆是也，而未尽也。杨以为“《毛诗》本不出于秘府”此实无明据，蒙文通又谓“岂博士唯拒立《左氏》及《佚礼》《佚书》。固不非弃《毛诗》。故歆于《移书》中不再论及《毛诗》耶！”[⑤] 意亦出于推测。考虑到《艺文志》不

① （汉）班固撰《汉书》卷三六《楚元王传》，第1967页。

② （清）王先谦：《汉书补注》卷三六《楚元王传》，第967页下栏。

③ 参见余嘉锡《目录学发微》，刘梦溪主编《中国现代学术经典》，李学勤、刘国忠、王志平编校《余嘉锡、杨树达卷》，第66页；黄彰健《论汉哀帝时刘歆之建议立古文经学》，《经今古文学问题新论》，第54页。

④ 杨树达：《汉书窥管》卷四，上册，第300页。

⑤ 蒙文通：《经学抉原》，《经史抉原》，第72页。

称《毛诗》为古文、《说文序》数壁中书不及《毛诗》，它与“《左氏》及《佚礼》《佚书》”诸学不同，未有壁中“古文”书可以参证，所以底气不足，免起争端，故更不便于《移书》中涉及之。而刘歆等仍能力主建立为官学，庶几乎“与其过而废之也，宁过而立之”之谓也。参伍以观，尤可证《移书》所谓“古文”特指壁中书是矣。

或有献疑于本文之所论证者曰：又下面今上圣明“故下明诏，试《左氏》可立不……”，亦是指《左传》而言，所以不能把“春秋左氏丘明所修”解释为春秋古经。当时立《春秋》博士，都是立传，而不是单立春秋经。刘文说“得此三事”中只有经而无传，这说不通。因为下面说“左氏不传春秋”，正是说的传。[①]

识者谓汉立博士乃主于立传为说，此见是也。正如沈文倬所指出者：

> 在两汉，《公羊传》、《穀梁传》和伏生《尚书大传》、申公《诗传》一样，都属传记，没有升格为经，观《艺文志》自明。某些经学史家有意无意间以为《公》、《穀》二经立于学官，那是十分错误的。[②]

是则史称刘歆等“欲建立《左氏春秋》及《毛诗》《逸礼》《古文尚书》皆列于学官。”意味着建立《春秋》之左氏家某氏学、《诗》之毛氏家某氏学，《逸礼》与《古文尚书》家之某氏学。笔者非谓所建立者“单”为“春秋古经”等，而是说《移书》一再称引以征所立“三学”之“古文”必为壁中书是也。《移书》称：

> 孝成皇帝闵学残文缺，稍离其真，乃陈发秘藏，校理旧文，得此三事，以考学官所传经，或脱简，或脱编。博问民间，则有鲁国桓公、赵国贯公、胶东庸生之遗学与此同，抑而未施。此乃有识者之所惜闵，士君子之所嗟痛也。往者缀学之士不思废绝之阙，苟因陋就寡，分文析字，烦言碎辞，学者罢老且不能究其一艺。信口说而背传

---

① 此点为房德邻前辈对本文初稿的诸多赐教之一，特申谢忱。

② 沈文倬：《黄龙十二博士的定员和太学郡国学校的设置》，《菿闇文存——宗周礼乐文明与中国文化考论》，商务印书馆，2006，下册，第589页。

记，是末师而非往古，至于国家将有大事，若立辟雍封禅巡狩之仪，则幽冥而莫知其原。犹欲保残守缺，挟恐见破之私意，而无从善服义之公心，或怀妒嫉，不考情实，雷同相从，随声是非，抑此三学，以《尚书》为备，谓左氏为不传《春秋》，岂不哀哉！[①]

汉成帝时所考“得”之“三事”与为时流所“抑”之“三学”，虽有联系又当分别而观，这一点的澄清也很重要。“三事”是从“学残文缺”之“文”的意义上说的，所谓“理校旧文”之“旧文”以及一再称述之“古文”或“古文旧书”均指此而言，主要是指古经，也就是本文所证明的壁中书，“三学”是从“学残文缺”之“学”的意义上说的，成帝时有“鲁国桓公、赵国贯公、胶东庸生之遗学”就是根源于“古文”而像滚雪球一样传衍于后世之民间学派。两者之间具有互相证明与支持援助的关系，这是显而易见的。刘歆等所欲建立为官学的正是发展到哀帝时的此“三学”加上《诗》毛氏学，但是至少自成帝时以来“以《尚书》为备，谓左氏为不传《春秋》”的成见就根深蒂固了，我们千万不要以为只是哀帝时的博士们才如此，这从《移书》“往者”“今则”等层次分明的措辞方式可以看得很清楚。这种“抱残守缺”“深闭固距”的态度，自然出于官学博士因缘禄利讲究“师法”的传统势力。为了打破它的垄断，《移书》引《论语》里子贡之言壮大自己的声势：“传曰：‘文武之道未坠于地，在人；贤者志其大者，不贤者志其小者。’今此数家之言所以兼包大小之义，岂可偏绝哉！”[②] 所谓“今此数家之言”正指“文武之道”之由“贤”或“不贤”之“人”传衍至今之“三学”等，与“古文”当有源流之别。《移书》先叙：“《尚书》初出于屋壁，朽折散绝，今其书见在，时师传读而已。”又述：“至孝武皇帝，然后邹、鲁、梁、赵颇有《诗》《礼》《春秋》先师，皆起于建元之间。”再批评：“信口说而背传记，是末师而非往古”。[③] 从“时师”“先师”“末师”之辨，可知其锋芒主要针对孝武以后的博士师法而发，再从《艺文志》“及末世口说流行，故有《公羊》《穀梁》《邹》《夹》之《传》。四家之中，《公羊》《穀梁》立于学官，邹氏

① 这一段文字，窃以私见参校了《汉书》与《文选》。
② （汉）班固撰《汉书》卷三六《楚元王传》，第 1971 页。
③ （汉）班固撰《汉书》卷三六《楚元王传》，第 1968 ~ 1970 页。

无师，夹氏未有书"[1]的记载来看，可知刘歆辈由对博士师法的批评又波及"立于学官"的"《公羊》《穀梁》"。至于他们之一再渲染的"古文"，正由"师""书"两项立学之基本要件中特别强调了"书"，尤其是孔子壁中书而又彰显了宗孔的师法观念，从而论证了相对于末世博士师法的优越性。由此可见，"古文"若不是他们要建立的直接对象，则一定是证明（即《移书》"皆有征验，外内相应"之所指向）其所要建立之"学"的身份及其合法性、合理性的权威力量。

四　《移书》余响

从执政大臣大司空儒者师丹最激烈的反应——"奏歆改乱旧章，非毁先帝所立"[2]——来看，对方的攻击焦点完全回避了《移书》关于"古文"的说辞，可以说，有关的论述的确是有力的，故足以杜反对者之口。但是理胜拗不过势强，刘歆等争立《左氏》等诸学的努力，终于还是失败了。

到东汉章帝时，《左氏》学专家贾逵论及此事云：

> 建平中，侍中刘歆欲立《左氏》，不先暴论大义，而轻移太常，恃其义长，诋挫诸儒，诸儒内怀不服，相与排之。孝哀皇帝重逆众心，故出歆为河内太守。从是攻击《左氏》，遂为重仇。[3]

以建武初，时议欲立《左氏传》博士，而遭范升等的反对而因循未果的事例证之，[4]贾逵所谓"从是攻击《左氏》，遂为重仇。"也许确可以归罪于刘歆。有意思的是，贾逵以善于附会"图谶"而得章帝隆遇，[5]刘歆虽攀援"古文"而终不免获罪贬官的命运。其间的幸与不幸固有不同，然而"古文"与"图谶"的功能不是很一致吗？就提升《左氏》学等的地位而

---

① （汉）班固撰《汉书》卷三〇《艺文志》，第1715页。

② （汉）班固撰《汉书》卷三六《楚元王传》，第1972页。

③ （宋）范晔撰《后汉书》卷三六《郑范陈贾张列传》，第1237页。

④ 详见（宋）范晔撰《后汉书》卷三六《郑范陈贾张列传》。

⑤ 详见（宋）范晔撰《后汉书》卷三六《郑范陈贾张列传》。

言，贾逵之于刘歆，正是所谓后辈视先进，然而从贾氏对刘氏“不先暴论大义，而轻移太常”等的指责来看，除了表明后学者以成败论英雄的自以为是之外，已经完全不能体会前辈因遭压抑而出愤辞的处境了。同样，后世对《移书》中的有关“古文”论述的了解，是否也存在着愈演愈烈的似是而非之嫌疑呢？

（本文原载《社会科学研究》2012 年第 4 期）

后　记

余前有《中国学术之近代命运》一书，出版于北京师范大学出版社；今则继之以《〈孔子家语〉公案探源》一稿，寄托在社会科学文献出版社。两书体制、断限乃至文风迥乎不侔，变而不离其宗者，我也；或积年讨论所得，或一气呵成，敝帚自珍，一也。与前书“后记”有所不同，此处，不说感谢或不感谢的话，只叙缘分。如此，“感谢”也在其中，非一声“感谢”所能道尽者，亦在其中。

与本书有缘者，她们是：徐思彦、徐秀丽、许丽梅、韩峰、胡玉娟、刘文楠、贾亚娟、杨宏……；他们是：彭林、钱逊、周永东、徐到稳、祝安顺、李锐、张涛、於梅舫、马勇、谢维、黄晓军、房德邻、岳庆平、王晓毅、张勇、仲伟民、程刚、刘晓峰、桥本秀美、竹元规人、戚学民、顾涛……

还有那些无法得知其姓名者，或为本书贡献过意见，或提供了宝贵支持……诸如支持本书列入院文库的学者，有本单位的，也有非本单位的。

在或以激愤，或以无奈，或以麻木的心境，均可将“学术界”轻易混同于“江湖”的今天，她/他们，使笔者仍能感受到一种《庄子》所谓“不如相忘于江湖”之“江湖”的存在，何其幸也！

书已成编，如放鱼归海……

希望读者喜欢我的书。

刘　巍

2013 年 11 月 28 日于北京方庄桥东寓所

图书在版编目（CIP）数据

《孔子家语》公案探源/刘巍著. —北京：社会科学文献出版社，2014.3
（中国社会科学院文库·历史考古研究系列）
ISBN 978-7-5097-5649-2

Ⅰ.①孔… Ⅱ.①刘… Ⅲ.①孔丘（前551～前479）-生平事迹 ②《孔子家语》-研究 Ⅳ.①B222.25

中国版本图书馆CIP数据核字（2014）第021819号

中国社会科学院文库·历史考古研究系列
《孔子家语》公案探源

著　　者／刘　巍

出 版 人／谢寿光
出 版 者／社会科学文献出版社
地　　址／北京市西城区北三环中路甲29号院3号楼华龙大厦
邮政编码／100029

责任部门／近代史编辑室（010）59367256
电子信箱／jxd@ssap.cn
项目统筹／宋荣欣
责任编辑／宋　超
责任校对／张　曲
责任印制／岳　阳
经　　销／社会科学文献出版社市场营销中心（010）59367081　59367089
读者服务／读者服务中心（010）59367028

印　　装／北京季蜂印刷有限公司
开　　本／787mm×1092mm　1/16
印　　张／17.75
版　　次／2014年3月第1版
字　　数／288千字
印　　次／2014年3月第1次印刷
书　　号／ISBN 978-7-5097-5649-2
定　　价／69.00元